유치원 교사를 위한

교직실무

박은혜 / 곽아정 /김난실 / 김현주 / 김희진 / 유청옥 / 이혜경

창지사

개정서문

이번 개정판의 전반적인 구조에는 큰 변화가 없다. 그러나 사회의 변화, 법령의 개정, 그리고 교육과정의 변화 등으로 인하여 세부적인 내용이나 통계 등을 최신 자료로 수정할 필요가 있기에 교직실무를 개정하기로 하였다. 사회의 변화와 관련해서는 저출산과 관련된 유아교육 생태계 변화의 문제, 새로운 유아교육정책의 변화 등의 내용이 중점적으로 개정되었다. 해당 내용은 1~2장에 제시되어 있으며, 코로나 19로 인해 책의 전반에 걸쳐 안전 및 위생과 관련된 내용이 보완되었다. 법률적인 것과 관련해서는 교원 및 사립유치원과 관련된 내용이 중점적으로 보완되었다. 교원의 임용절차, 복지, 수당과 관련하여 변경된 내용은 3장에서 집중적으로 다루었다. 사립유치원에 대한 공공성 강화로 인하여 전반적으로 사립유치원에서도 필수적으로 적용 운영해야 하는 행정 업무의 내용이 보완되었다. 11장에서 주로 이 내용을 다루고 있으며, 학교안전공제회 관련, 행정과 재정 문서를 다루는 K-에듀파인에 대한 설명, 유치원 입학 관리시스템인 '처음학교로' 등에 대한 설명이 보완되었다. 2019년에는 누리과정이 유아중심, 놀이중심으로 개정되었다. 개정된 교육과정은 기존에 사용하던 교육과정 용어, 교육계획안, 교육평가, 교원의 전문성 신장 방법 등에 상당한 정도의 변화를 요구하기 때문에 5~10장은 전반적으로 이에 맞추어 개정을 하였다.

본문에 대한 개정도 있었지만, 숫자나 통계, 양식 등과 관련된 부분에 대한 개정이 많아서 편집팀의 수고가 특별히 많았다. 이 자리를 빌어 감사의 인사를 드린다.

2020년 여름
저자 일동

차 례

CONTENTS

CONTENTS

CONTENTS

제 1 부

교사의 전문성 관리

제1장에서 학습할 내용은 다음과 같다.

1. 유치원 교사의 법적 지위가 명시되어 있는 관련 법규에 대해 이해한다.
2. 유치원 교사를 위한 교직실무의 성격을 이해한다.

교원의 역량

- 인성과 사명감 및 윤리의식
- 평가에 대한 이해 및 실행
- 학습자의 특성 및 문화에 대한 이해
- 공동체와의 협력 및 의사소통
- 교육과정에 대한 이해 및 실행
- 학급운영
- 교수-학습과정에 대한 이해 및 실행
- ✓ 전문성 발달

제 1 장

유치원 교사와 교직실무

교사는 학습공동체 안에서 평생 동안 배워 가는 존재이다.

전문성을 가진 교사는

- 자신이 평생 학습을 하는 학습자임을 인식한다.
- 유치원 교사가 전문직임을 인식한다.

전문성이 없는 교사는

- 일단 직장을 구한 것에 만족한다.
- 하루하루 수업하는 것에만 관심을 가진다.

아직도 마음은 대학생

K 유치원의 초임교사인 A와 B는 같은 대학을 졸업한 동기생이다. 대학 시절에는 그리 가깝게 지내지는 않았으나 같은 직장에서 생존기 교사 생활을 서로 격려하고 위로하며 지내게 되었다. 평소에는 유아를 의식해서 서로 존대하고 선생님이라는 호칭을 잊지 않지만, 교무실에서는 서로 반말을 하거나 이름을 부른다. 가끔 원감 선생님으로부터 지적을 받았으나 친구에게 존댓말을 하는 것이 어색하여 고치지 않고 있었다. 어느 날 오전 활동 중 물어볼 말이 있어 무심코 서로 이야기하던 A와 B 교사를 보고는 한 유아가 "왜 선생님은 반말해요?"하고 물었다. 그제야 정신이 든 A와 B 교사는 자신들이 더 이상 대학생이 아니라는 것을 깨달으며 유아에게 미안하고 민망한 마음이 들었다.

어느 초임교사의 정신없는 하루

영희는 자유 놀이 시간이 되자마자 블록을 가지고 예쁜 집을 만들기 시작한다. 집이 거의 완성될 무렵 지나가던 철수가 건드려서 무너진다. 영희는 너무나 속이 상해 울음을 터뜨린다. 교사가 다가가서 무슨 일인지 물어보려고 하자 여러 명의 유아가 곁에 와서 서로 상황을 설명하느라 주변이 시끄러워진다. 상황을 정리하는 중에 색종이로 꽃을 오리고 있던 한 명의 유아가 도와달라고 교사를 부른다. 다른 쪽에서는 경찰놀이를 하던 유아들이 도둑을 잡아야 한다며 우르르 교실을 뛰어다니기 시작한다. 이때 며칠 동안 아파서 나오지 못했던 유아가 막 엄마 손을 잡고 교실로 들어섰다.

유치원 교사와 교직실무

제 1 장

1. 교직실무의 성격

2007년 교육인적자원부는 교사자격 취득을 위한 세부기준을 고시하며(교육부고시 제2007-161호, '07. 12. 31) 하며 「특수교육학개론」과 「교직실무」를 교직소양 필수 과목으로 지정하였다. 해당 고시에 따라 교직실무는 유치원 교사 자격증을 취득하고자 하는 사람이 필수로 이수해야 하는 교과목이 되었다. 이후 교직소양 영역에 2013년 「학교폭력예방의 이론과 실제」가 추가되었고, 해당 과목은 2017년 이후 「학교폭력예방 및 학생의 이해」로 명칭이 바뀌었다.

2020년도 교원자격검정 실무편람에 제시된 「교직실무」의 기본교수요목은 다음과 같다.

> 교사로서 직무를 수행하면서 교직윤리, 사회변화와 교육, 진로교육, 학교·학급경영, 학사·인사·행정실무 등 다양한 분야에서 필요한 지식과 기술을 습득하며 교직을 실질적으로 이해할 수 있도록 하는 것을 목표로 한다. ▪교직윤리 영역은 교직 수행에 필요한 올바른 국가관, 교직관 등의 형성에 필요한 사항을 포함한다. ▪사회변화와 교육 영역은 교육정책의 변화를 중심으로 자유학기제, 진로탐색 등의 계획 수립, 운영의 실제를 다루는 내용, 다문화 사회로의 이행에 따른 교사의 역할을 포함하여 운영한다. ▪진로교육은 학생의 진로를 탐색·설계할 수 있도록 지역사회와 연계하여 진로수업, 진로상담, 진로체험, 진로정보제공 등의 활동을 포함하여 운영한다.

위의 법적인 기준에 따라 교직실무 교과목이 다루어야 하는 내용은 다음의 5가지이다. 첫째, 교직실무 교과는 교사의 학습 지도 영역을 직접 포함하지 않는 영역을 다루어야 한다. 따라서 교직이론과목에서 다루는 교육과정, 교육심리, 교육방법 및 교육공학에서 다루는 내용을 중복해서 포함시키지 않아야 한다. 둘째, 교직실무 교과목에는 '교직윤리'가 포함되어야 한다. 셋째, '사회변화와 교육'은 사회의 변화에 따라 교사와 학교에 요구되는 것이 무엇인지를 알려줄 수 있도록 교육의 현안을 다루어야 한다. 넷째, '학급관리와 학생지도'는 교직이론 과목의 '교육행정'과는 차별화하여 '학급경영'에 초점을 맞추도록 한다. 마지막으로 학사, 인사, 행정실무를 다루어야 한다(고전, 강은주, 김민지, 2012).

이상의 제언에 따라 이 책에서는 유치원에서의 수업과 직접적으로 관련되는 교수법을 최대로 배제하고 교직윤리를 강조하기 위하여 교직문화, 교직단체, 교사로서의 권리와 의무 등을 포함하였다. '사회변화와 교육'의 원칙을 반영하기 위하여 이 책에서는 '사회변화와 유아교육'이라는 장을 별도로 배정하여 우리나라 유치원 교육에 영향을 미친 사회, 경제, 정치적 현안 및 정책 변화를 설명하였다. 또한 세계적인 유아교육의 동향을 함께 소개함으로써 우리나라 유아교육이 나아가야 할 방향도 함께 생각해 볼 수 있도록 하였다. 학습자인 유아의 경우 저출산으로 인한 외동이의 증가와 그와 관련된 문제, ADHD 성향을 가진 유아를 비롯하여 특수교육이 필요한 유아의 증가, 편식이나 소아비만과 같은 식습관의 문제, 인터넷을 비롯한 스마트 기기 사용의 증가로 인한 문제점 등을 새롭게 조명하였다. 교사가 현장에 투입될 때 실무 능력이 이미 일정한 수준에 도달할 수 있도록 실무 실습을 강조하였다.

교사교육에서 교직실무가 배치된 이유에는 여러 가지가 있을 수 있으나 교사교육의 패러다임이 이론 지식에서 실천적 지식을 강조하는 것으로 변화한 것이 가장 크다고 볼 수 있다.

2. 유치원 교사직의 성격과 특성

1) 교원지위 법정주의

우리나라에서 교육은 모든 국민이 누려야 하는 권리이다. 「헌법」 제31조 제1항에 따르면 모든 국민은 능력에 따라 균등하게 교육을 받을 권리가 있다. 모든 국민에게 교육하기 위해서는 교육제도와 이를 운영하는 규정이 있어야 하고, 이를 뒷받침할 수 있는 재정이 마련되어야 한다. 그리고 그 무엇보다도 학생을 교육할 수 있는 교원이 있어야 한다. 「헌법」에서는 교원의 지위에 관한 기본적인 사항을 법률로 정하도록 규정하고 있어 교원의 지위에 관한 법정주의를 채택하고 있다. 다음에서는 헌법을 비롯한 여러 법률에서 규정하고 있는 교원의 지위를 살펴보자.

(1) 헌법과 교육기본법

우리나라의 모든 법률을 모아 놓은 국가법령정보센터(http://www.law.go.kr)를 방문하여 헌법을 검색해 보자. 「대한민국헌법」에서 교원의 지위를 법률로 규정하도록 하는 조항을 찾아보자.

활동

우리나라 「헌법」 제31조 제6항은 국민의 교육받을 권리와 관련하여 다음의 네 가지를 규정하고 있다. 첫째, 국가는 학교교육과 평생교육을 포함한 교육제도에 관한 기본적인 사항을 법률로 규정해야 한다. 둘째, 국가는 학교교육과 평생교육을 포함한 교육제도를 운영하는 기본적인 사항을 법률로 규정해야 한다. 셋째, 국가는 교육재정에 관한 기본적인 사항을 법률로 규정해야 한다. 넷째, 국가는 교원의 지위에 관한 기본적인 사항을 법률로 규정해야 한다.

대한민국 헌법

제31조 ① 모든 국민은 능력에 따라 균등하게 교육을 받을 권리를 가진다. ⑥ 학교교육 및 평생교육을 포함한 교육제도와 그 운영, 교육재정 및 교원의 지위에 관한 기본적인 사항은 법률로 정한다.

「헌법」 제31조 제6항에 근거하여 교원의 지위를 포함하여 교육에 관한 기본적인 사항을 정한 법률은「교육기본법」으로 다음의 사항을 규정하는 것을 목적으로 한다(제1조).

- 교육에 관한 국민의 권리와 의무를 정한다.
- 교육에 관한 국가와 지방자치단체의 책임을 정한다.
- 교육제도와 그 운영에 관한 기본적 사항을 규정한다.

「교육기본법」 제14조에는 교원의 권리와 의무에 관한 사항이 제15조에는 교원단체에 관한 사항이 규정되어 있다.

활동

교육기본법 제14조와 제15조를 읽고 교원의 권리에 해당하는 조항과 의무에 해당하는 조항을 찾아보자.

교육기본법 (시행 2013.3.23.)

제14조(교원) ① 학교교육에서 교원(敎員)의 전문성은 존중되며, 교원의 경제적·사회적 지위는 우대되고 그 신분은 보장된다. ② 교원은 교육자로서 갖추어야 할 품성과 자질을 향상시키기 위하여 노력하여야 한다. ③ 교원은 교육자로서의 윤리의식을 확립하고, 이를 바탕으로 학생에게 학습윤리를 지도하고 지식을 습득하게 하며, 학생 개개인의 적성을 계발할 수 있도록 노력하여야 한다. ④ 교원은 특정한 정당이나 정파를 지지하거나 반대하기 위하여 학생을 지도하거나 선동하여서는 아니 된다. ⑤ 교원은 법률로 정하는 바에 따라 다른 공직에 취임할 수 있다. ⑥ 교원의 임용 · 복무 · 보수 및 연금 등에 관하여 필요한 사항은 따로 법률로 정한다. 〈전문개정 2007.12.21〉

제15조(교원단체) ① 교원은 상호 협동하여 교육의 진흥과 문화의 창달에 노력하며, 교원의 경제적·사회적 지위를 향상시키기 위하여 각 지방자치단체와 중앙에 교원단체를 조직할 수 있다. ② 제1항에 따른 교원단체의 조직에 필요한 사항은 대통령령으로 정한다. 〈전문개정 2007.12.21〉

「교육기본법」의 제14조 제1항과 제6항 그리고 제15조 제1항의 후반부는 교원의 권리를 규정하고 있고 제14조 제2, 3, 4, 5항과 제15조 제1항의 전반부는 교원의 의무를 규정하고 있다.

(2) 유아교육법

위의 교육기본법을 유치원 교원에게도 적용하기 위해서는 가장 기본적인 전제조건으로 유치원이 학교기관에 속하는지를 살펴보아야 한다.

활동

유치원이 초·중·고등학교와 마찬가지로 학교인 근거를 「교육기본법」과 「유아교육법」의 조항을 들어 설명해 보자.

교육기본법

제9조(학교교육) ① 유아교육·초등교육·중등교육 및 고등교육을 하기 위하여 학교를 둔다.

유아교육법

제1조(목적) 이 법은 「교육기본법」 제9조에 따라 유아교육에 관한 사항을 정함을 목적으로 한다.
제2조(정의) 이 법에서 사용하는 용어의 뜻은 다음 각 호와 같다.
1. "유아"란 만 3세부터 초등학교 취학 전까지의 어린이를 말한다.
2. "유치원"이란 유아의 교육을 위하여 이 법에 따라 설립·운영되는 학교를 말한다.

교육의 가장 근간이 되는 「교육기본법」 제9조에는 유아교육을 위하여 학교를 두어야 하며 「유아교육법」 제1조에는 이에 관한 사항을 정하기 위하여 『유아교육법』이 제정되었다고 밝히고 있다. 또한 「유아교육법」 제2조 2항에는 유아의 교육을 위하여 설립 운영되는 학교를 "유치원"이라고 규정한다. 「교육기본법」 과 「유아교육법」에 의하면 유치원의 교사는 초·중등학교 교사와 마찬가지로 교원에 관련된 모든 법률의 적용을 받는다고 할 수 있다.

(3) 국가공무원법, 교육공무원법, 교원의 지위 향상 및 교육활동 보호를 위한 특별법, 공무원 연금법

「교육기본법」 제14조와 제15조는 교원의 권리와 의무에 관한 법률을 제정할 것을 규정하고 있는데 이와 관련된 법률은 「국가공무원법」, 「교육공무원법」, 「교원의 지위 향상 및 교육활동 보호를 위한 특별법」, 「공무원 연금법」 등이 있다. 이 법률은 국·공립유치원 교원에게는 모두 적용되고 사립유치원 교원은 이를 준용하도록 되어 있으며 「사학연금법」과 같이 독립적으로 적용되는 규칙이 있다. 사립유치원 교원에게 적용되는 법률에 대해서는 다음 절에서 자세하게 설명할 것이다.

① 국가공무원법과 교육공무원법

앞서 살펴본 「헌법」 제31조 제1항에는 교원(教員)의 전문성을 존중하도록 되어 있다. 교원의 전문성이란 교육을 통하여 국민 전체에 봉사하는 특수성을 의미하는 것이며, 이 때문에 『국가공무원법』 제2조 제2항 제2호에는 교육공무원이 국가공무원의 지위를 가지고 있다고 밝히고 있다.

국가공무원법

제2조(공무원의 구분)

② "경력직공무원"이란 실적과 자격에 따라 임용되고 그 신분이 보장되며 평생 동안(근무기간을 정하여 임용하는 공무원의 경우에는 그 기간 동안을 말한다) 공무원으로 근무할 것이 예정되는 공무원을 말하며, 그 종류는 다음 각 호와 같다. 〈개정 2012.12.11〉

2. 특정직공무원: 법관, 검사, 외무공무원, 경찰공무원, 소방공무원, 교육공무원, 군인, 군무원, 헌법재판소 헌법연구관, 국가정보원의 직원과 특수 분야의 업무를 담당하는 공무원으로서 다른 법률에서 특정직공무원으로 지정하는 공무원

우리나라의 공무원은 중앙정부에 소속된 국가공무원과 지방자치단체에 소속된 지방공무원으로 구분되며, 전자에 관련된 사항은 「국가공무원법」으로 후자에 관련된 사항은 「지방공무원법」으로 규정하고 있다. 국·공립유치원 교원은 국가공무원이고

기타 공립에 소속된 직원은 지방공무원에 해당하여 원칙적으로는 「국가공무원법」과 「지방공무원법」의 적용을 받아야 하지만 교원의 특수성을 고려하여 「교육공무원법」이 독립적으로 제정되어 있다. 「교육공무원법」에는 교원의 자격, 임용, 보수, 연수 및 신분보장 등과 관련된 특례를 따로 규정하고 있으며 유치원 교원과 관련된 내용을 중심으로 일부 발췌하면 다음과 같다. 사립유치원의 경우에는 특별한 경우를 제외하고는 「교육공무원법」을 준용해야 한다.

표 1-1 | 「교육공무원법」의 구성

장	항목	조항
제1장	총칙	제1조(목적), 제2조(정의)
제2장	교육공무원 인사위원회	제3조(인사위원회의 설치), 제4조(인사위원회의 기능), 제5조(대학인사위원회)
제3장	자격	제6조(교사의 자격), 제6조의2(수석교사의 자격), 제7조(교장 · 교감 등의 자격)
제4장	임용	제10조(임용의 원칙), 제11조(교사의 신규채용 등), 제16조(신체검사), 제17조(보직관리의 원칙), 제23조(인사기록), 제23조의2(인사관리의 전자화), 제24조의2(선거운동의 제한)
제5장	보수	제34조(보수결정의 원칙), 제35조(보수에 관한 규정), 제36조(명예퇴직)
제6장	연수	제37조(연수의 기회균등), 제38조(연수와 교재비)
제7장	신분보장, 징계, 소청	제43조(교권의 존중과 신분보장), 제48조(교원의 불체포특권), 제49조(고충처리), 제50조(징계위원회의 설치), 제51조(징계의결의 요구)

② 교원의 지위 향상 및 교육활동 보호를 위한 특별법

「교육기본법」 제14조 제1항에는 교원을 사회적으로 예우하고 처우를 개선하며 신분을 보장하는 법률을 구체적으로 제정하도록 명시하고 있다. 이에 「교원지위향상을 위한 특별법」이 제정되어 있는데 제2조 1항의 공공난체에는 사립학교법인이나 유치원도 포함되므로 국·공립유치원 교사뿐만 아니라 사립유치원 교사도 본 법의 예우를 받을 수 있다. 이 법은 크게 두 번 개정되었는데, 그 중 한 번은 2016년이다. 2016년 개정에는 교원의 교육활동을 보호 및 침해행위와 관련된 내용과, 교육활동이 침해되었을 때 이를 치유할 수 있도록 지원하는 내용이 추가 되었다. 이 법은 또한 두 가지의 개정 이유를 들어 2020년 6월에 「교원의 지위 향상 및 교육활동 보호를 위한 특별법」으로 개정되었다. 첫째는 교육활동 침해행위에 대한 조치가 신속하게 이루어질 수 있도록 공립 · 사립의 고등학교 이하 각급학교에서 발생한 교육활동 침해행위의 내용과 보호조치 결과의 보고체계를 보완하는 것이며, 둘째는 도서·벽지에서 근무하는 교원의 안전한 근무환경을 보장하기 위하여 교육부장관 및 교육감이 도서 · 벽지에서 근무하는 교원의 근무실태를 파악하기 위하여 3년마다 실태조사를 실시하도록 하려는 것이다.

표 1-2 | 교원의 지위 향상 및 교육활동 보호를 위한 특별법의 구성

법 조항	항목	내용
제1조	목적	이 법은 교원에 대한 예우와 처우를 개선하고 신분보장을 강화함으로써 교원의 지위를 향상시키고 교육 발전을 도모하는 것을 목적으로 한다.
제2조	교원에 대한 예우	① 국가, 지방자치단체, 그 밖의 공공단체는 교원이 사회적으로 존경받고 높은 긍지와 사명감을 가지고 교육활동을 할 수 있는 여건을 조성하도록 노력하여야 한다. ② 국가, 지방자치단체, 그 밖의 공공단체는 교원이 학생에 대한 교육과 지도를 할 때 그 권위를 존중받을 수 있도록 특별히 배려하여야 한다. ③ 국가, 지방자치단체, 그 밖의 공공단체는 그가 주관하는 행사 등에서 교원을 우대하여야 하며, 교원이 교육활동을 원활하게 수행할 수 있도록 적극적으로 협조하여야 한다.
제3조	교원 보수의 우대	① 국가와 지방자치단체는 교원의 보수를 특별히 우대하여야 한다. ② 「사립학교법」 제2조에 따른 학교법인과 사립학교 경영자는 그가 설치·경영하는 학교 교원의 보수를 국공립학교 교원의 보수 수준으로 유지하여야 한다.
제4조	교원의 불체포특권	교원은 현행범인인 경우 외에는 소속 학교장의 동의 없이 학원 안에서 체포되지 아니한다.
제5조	학교 안전 사고로부터의 보호	① 각급학교 교육시설의 설치·관리 및 교육활동 중에 발생하는 사고로부터 교원과 학생을 보호함으로써 교원이 그 직무를 안정되게 수행할 수 있도록 하기 위하여 학교안전공제회를 설립·운영한다. ② 학교안전공제회에 관하여는 따로 법률로 정한다.

법 조항	항목	내용
제7조-제10조	소청심사관련	교원소청심사위원회의 설치, 위원의 자격과 임명, 소청심사의 청구 등, 소청심사 결정
제11조-제13조	교원의 지위 향상 관련	교원의 지위향상을 위한 교섭·협의, 교섭·협의사항, 교원지위향상심의회의 설치
제14조-제16조	교원의 교육활동 보호 및 침해행위	교원의 교육활동 보호, 교육활동 침해행위에 대한 조치, 교육활동 침해행위의 축소·은폐 금지, 교원치유센터의 지정, 교육활동 침해 학생에 대한 조사 등
제19조	권한의 위임	이 법에 따른 교육부장관의 권한은 그 일부를 대통령령으로 정하는 바에 따라 교육감에게 위임할 수 있다.

③ 공무원 연금법

「공무원연금법」에는 「국가공무원법」과 「지방 공무원법」에 공무원으로 명시된 자는 모두 해당한다고 밝히고 있어 국·공립유치원 교사는 「교육기본법」 제14조 제6항에 명시된 교원의 연금과 관련하여 「공무원연금법」의 적용을 받게 된다.

④ 사립학교법상의 교원조항, 사립학교직원 연금법

사립학교 교원에게는 기본적으로 「사립학교법」이 적용되기 때문에 사립유치원 교원에게도 동일한 법이 적용된다. 실상 「사립학교법」은 자격과 복무는 국·공립학교 교원에 대한 규정을 준용하며 법이 적용된다. 실상 「사립학교법」은 자격과 복무는 국·공립학교 교원에 대한 규정을 준용하며 제60조 제2항의 사회보장을 위한 「사립학교 교직원 연금법」이 제정되어 있다.

사립학교법

제52조(자격) 사립학교의 교원의 자격에 관하여는 국·공립학교의 교원의 자격에 관한 규정에 의한다.

제55조(복무) ① 사립학교 교원의 복무에 관하여는 국·공립학교의 교원에 관한 규정을 준용한다.

제56조(의사에 반한 휴직 · 면직 등의 금지) ① 사립학교 교원은 형의 선고·징계처분 또는 이 법에 정하는 사유에 의하지 아니하고는 본인의 의사에 반하여 휴직 또는 면직 등 불리한 처분을 받지 아니한다. 다만, 학급·학과의 개폐에 의하여 폐직이나 과원이 된 때에는 그러하지 아니한다. ② 사립학교 교원은 권고에 의하여 사직을 당하지 아니한다.

제60조(교원의 불체포특권) 사립학교의 교원은 현행범인의 경우를 제외하고는 소속학교장의 동의 없이 학원 안에서 체포되지 아니한다.

제60조의2(사회보장) ① 사립학교의 교원 및 사무직원이 질병·부상·폐직·퇴직·사망 또는 재해를 입었을 때에는 본인이나 그 유족에게 법률이 정하는 바에 따라 적절한 급여를 지급한다. 〈개정 1977.12.31〉.

2) 유치원 교사의 특성

교사가 현장에서 맡은 직무를 성공적으로 수행하기 위해서는 그 직업이 가지고 있는 특성을 잘 이해하고 있어야 한다. 박은혜(2009)는 다른 각급 학교와 달리 유치원 교사직이 가지고 있는 특성을 다음과 같이 정리하였다.

(1) 유치원 교사직은 어린 연령의 유아들을 대상으로 하는 직업이다

유치원 교사는 아주 어린 연령의 유아를 대상으로 한다. 학습자가 어릴수록 교사에 대한 의존도가 상대적으로 높을 수밖에 없다. 교사는 자신이 학습자에게 미치는 힘과 영향력에 대하여 충분히 생각하고 행동하여야 한다. 어린 연령의 학습자는 음성언어로 자신의 생각이나 감정을 표현하는 일이 어렵다. 따라서 교사는 유아의 얼굴 표정, 몸짓, 손짓, 눈빛 등의 비음성적인 신호에 담긴 요구를 빨리 읽어 낼 수 있는 민감성을 가지고 있어야 한다. 영유아기의 경험은 이후 일생의 기초가 된다. 또한 학습자의 연령이 어릴수록 가소성이 있기 때문에 교육의 효과가 매우 크다. 유치원 교사는 인간에게 가장 중요한 시기에 그 기초를 닦아 주는 중요한 역할을 한다.

(2) 유치원 교사직은 유아의 전인발달을 도와주는 직업이다

유아교육법과 국가 수준 유치원 교육과정에는 유아교육의 목적이 유아의 전인발달을 도와주는 것으로 명시되어 있다. 유아교육은 인지, 혹은 신체와 같이 발달의 일부분에 중점을 두어 가르치는 것이 아니라 유아의 신체적, 인지적, 사회적, 정서적 발달을 통합적으로 발달시키는 목적을 가지고 있다. 이를 위해 유치원 교사는 유아의 전인적 경험을 도와줄 수 있는 교육과정을 계획하고, 환경을 조성하고, 통합적으로 운영하는 능력을 갖추고 있어야 한다.

(3) 유치원 교사직은 가르치는 일과 돌보는 일을 조화롭게 유지해야 하는 직업이다

일반인이 유치원 교사에게 기대하는 것과 교사 자신이 인지하고 있는 역할 사이에 차이가 있다. 유치원 교사는 교육을 하고 있다고 생각하지만 다른 사람들이 보기에는 단순히 보호하고 있다고 생각되는 활동들도 존재한다. 이는 연령이 어리거나 일상생활 지도에서 특히 많이 나타난다. 유치원 교사는 경우에 따라 가르치는 이미지와 돌보는 이미지 가운데서 상당한 갈등을 겪기도 한다. 유치원 교사는 가르치는 일과 돌보는 일이 반드시 구분된 것이 아니라는 인식을 가지고 유아에게 가장 필요한 것이 무엇인지를 살피는 태도가 필요하다.

(4) 유치원 교사직은 전문직이다

유치원 교사는 한국 표준 직업 분류에서 구분하는 9개의 직업군 가운데 전문직에 속한다. 사회에서 전문직이라 할 때는 전문적인 지식과 이를 소화할 수 있는 지적인 능력, 자격증, 자율성, 사회적인 지위와 경제적 보상, 윤리강령, 자신의 권익을 보호할 수 있는 단체 등의 특성을 요구한다.

제2장에서 학습할 내용은 다음과 같다.

1. 유치원 교육에 영향을 미친 국내외 사회변화를 이해한다.
2. 유아를 위한 보편 공교육의 개념을 이해한다.
3. 2000년대 유치원 교육과 관련된 정책의 흐름을 이해한다.

교원의 역량

- 인성과 사명감 및 윤리의식
- 평가에 대한 이해 및 실행
- 학습자의 특성 및 문화에 대한 이해
- ✓ 공동체와의 협력 및 의사소통
- 교육과정에 대한 이해 및 실행
- 학급운영
- 교수-학습과정에 대한 이해 및 실행
- 전문성 발달

제 2 장

사회 변화와 유아교육 정책

2000년 들어 우리 사회는 유아교육 및 보호에 대한 요구가 급증하였으며 정부는 이를 뒷받침할 수 있는 정책을 발표하였다.

전문성을 가진 교사는

- 사회의 변화에 관심을 가진다.
- 사회의 변화 및 정책이 유아와 학부모, 그리고 교사에게 미치는 영향을 이해하고 대처한다.

전문성이 없는 교사는

- 사회의 변화에 관심이 없다.
- 교실에서 이루어지는 교수-학습에만 관심을 둔다.

유아교육의 질이 더 나아지는 것일까?

나는 올해로 사립유치원에 근무한 지 5년 된 교사이다. 2019년 개정 누리과정이 발표되고 교사 연수를 받으면서는 2020년부터는 정말 유아와 함께 놀이를 중심으로 교육과정을 운영해 보아야겠다고 생각했다. 그런데 올해 코로나 19로 인해 많은 것이 변화하였다. 처음에는 코로나가 이렇게 장기화 될 것으로 예상하지 못하고, 가정에만 머무르는 아이들을 위해 기꺼이 자료를 만들었다. 5월에 유치원도 개학했을 때는 이제 가정으로 보내는 자료는 만들지 않아도 될 것으로 생각했다. 그러나 유치원에서도 코로나 확진자나 증상 의심자가 발생하면서, 모든 원아가 등원하는 것이 아닌 상황이 발생하였다. 이에 대면과 비대면 수업을 모두 준비하게 되니 일이 몇 배로 늘었다. 매일 방역을 하는 책임도 하다 보니, 하루 하루 살아내기가 바쁘고 교육의 질에 대한 고민을 할 시간이 없다. 놀이자료를 가정으로 보내면서 부모님들이 그 활동을 지도하다 보니, 나의 역할이 무엇인지도 애매해진 느낌이다. 우리가 전혀 경험해 보지 못했던 감염병 사태 앞에서 생명과 관련된 위생이 당연히 우선이지만, 과연 내가 교육과정을 운영하는 전문가인지 방역 전문가인지 모르겠다.

사회 변화와 유아교육 정책

제 2 장

1. 국내의 배경

1) 사회적 배경: 저출산의 문제

우리나라의 출산율은 1960년 6.0명, 1970년 4.5명으로 국가 차원에서 가족계획을 해야 할 정도로 매우 높았다. 그러던 것이 1980년에는 2.1명으로 감소하였고, 1980년대 중반부터 1990년대 중반에 이르는 약 10년간은 1.6명 내외에서 출산율이 유지되면서 저출산 현상이 고착화되었다. 정부의 다양한 정책에도 불구하고 2019 합계출산율은 0.92까지 떨어졌다.

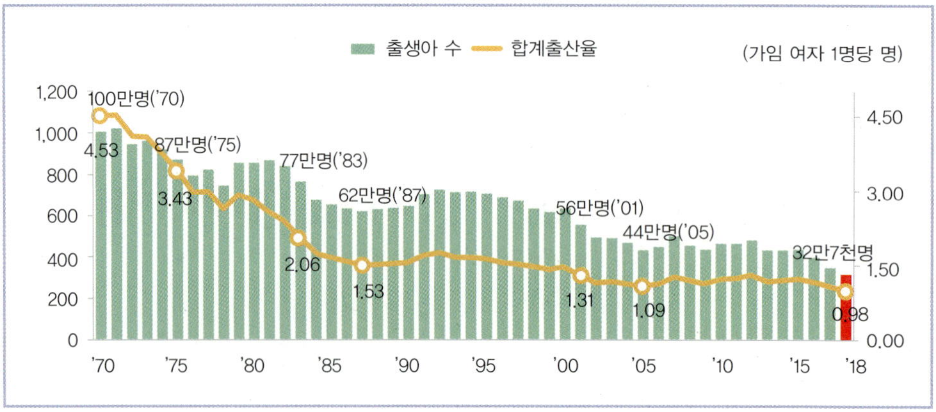

그림 2-1 | 인적 자원 투자 대비 회수 비율

출처: 통계청(2019). 2018년 출산통계(확정). p. 4의 그림 재인용.

여기에 더해 만 25~29세의 출산율이 전년도의 47.9명에서 41.0명으로 14%가 감소하여 2018년에는 통계가 조사된 이래 처음으로 만 35~39세의 출산율보다 낮아졌다. 이는 기관에 자녀를 보내는 부모의 연령이 40대 초·중반임을 의미하는 것이다.

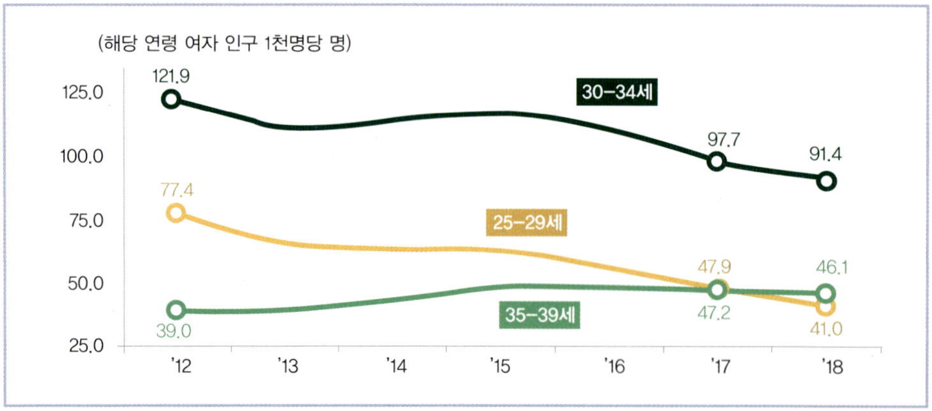

그림 2-2 | 주요 연령층 출산율 추이(2012-2018년)

출처: 통계청(2019). 2018년 출산통계(확정). p. 5의 그림 재인용.

우리나라는 저출산뿐만 아니라 고령화도 매우 빨리 진행되고 있다. 저출산과 고령화의 문제는 각 지역별로 인구가 유지될 수 있을지의 문제를 가져온다. 65세 이상의 고령 인구수 대비 20~39세 여성 인구수로 계산되는 지방소멸지수(히로야 마스다, 2015)를 통해 보면 2017년 기기준으로 전국의 전국의 1/3에 해당하는 지자체가 이미 소멸위험 지역에 들어선 것으로 나타났다. 지방소멸은 학교의 규모가 점점 작아지게 만들고 결과적으로 교원 수요, 공급, 배치 정책에 대한 문제, 지방교육행정기관의 축소로 인한 승진 기회 등의 불균형 등을 야기할 것으로 보인다(박은혜, 박신영, 2020).

2) 교육 정책적 배경: 유아기 보편교육의 시작

이명박 정부는 2012년부터 모든 만 5세 어린이를 위한 보편교육제도인 누리과정을 시작하였고 2013년에는 이를 만 3~4세로 확대하였다. 유아기의 교육의 공교육화는 시기별로 다음과 같은 과정을 거쳐 점차로 확대되기 시작하였다.

- 1949년: 교육법에 유치원이 학교기관의 하나로 포함됨
- 1969년: 제1차 국가 수준 유치원 교육과정이 제정되어 교육의 공공성이 보장되기 시작함
- 1997년: 취학 전 1년의 무상유아교육 법제화됨
- 2004년: 유아교육법 제정
- 2012년: 만 5세를 위한 공통과정이 시행됨
- 2013년: 누리과정이 만 3, 4세로 확대됨

누리과정이 만 3~5세 유아를 위한 무상교육을 시작한 것은 다음과 같은 점에서 의의가 있다.

(1) 교육재정 확대를 통한 유아교육과 보육의 재정일원화

누리과정 시행 이전 유치원은 지방교육재정교부금으로 교육비를 지원하고, 어린이집은 국비와 지방비로 보육료를 지원해왔다. 2012년부터 정부는 유치원비와 보육비를 교육재정인 지방교육재정으로 감당하기로 하였다. 이는 2015년부터 우리나라의 모든 만 3~5세 유아를 위한 기본과정을 교육재정으로 부담하여 거주지역이나 부모의 경제적 수준에 관계없이 양질의 교육경험을 공평하게 제공하는 유아기의 공교육이 제공된다는 의미이다. 우리나라는 보편교육을 운영하는 데 필요한 교육재정을 내국세의 20.27%와 교육세 전액으로 구성된 지방교육재정교부금으로 감당한다. 지방교육재정교부금은 보통교부금과 특별교부금으로 구별되며 보통교부금은 유·초·중등교육기관을 운영하는 데 필요한 경비로 사용된다. 이때 보통교부금은 특정 집단을 대상으로 하는 것이 아니라 모든 학생 전체를 대상으로 하는 경비이다(이선호, 2012).

누리과정 도입에 따라 어린이집에 지방교육재정교부금을 사용하게 되자 각 시도교육감의 반발이 있었다. 이에 정부는 유아교육지원 특별회계법을 통과시키고 2016년부터 3년간 어린이집 누리과정 예산의 일부를 국가가 지원하도록 하였다. 2019년에는 이를 다시 한 번 3년간 연장하였다.

(2) 지원 대상의 확대

누리과정은 모든 만 3~5세 어린이를 위해 일일 3~5시간에 해당하는 기본 교육을 제공하는 유아교육제도이다. 2012년 2월 27일 「유아교육법」 일부개정법률안이 국회를 통과함으로써 이전에는 초등학교 취학 직전 1년만 무상교육이 이루어지던 것에서 3년으로 확대되었다.

(3) 교육과정의 일원화를 통한 공공성 강화

정부는 만 3~5세를 위한 보편교육을 위하여 유치원교육과정과 표준보육과정을 통합하여 일원화된 교육과정을 개발 고시하였다. 누리과정을 위한 유치원 교육과정은 통합을 위한 준비가 부족한 상태에서 급하게 이루어진 것이고 또한 양쪽의 입장 차이가 너무 커서 합의를 도출하는 데 매우 어려움을 겪었다. 이에 최종적으로 고시된 교육과정에는 국가 수준 교육과정으로서 갖추어야 하는 문서 체계의 기본이 생략된 것이 많으며 특히 교육과정의 성격과 추구하는 인간상이 생략됨으로써 초등학교 교육과정과의 연계에 부족함이 나타나기도 하였으나(박은혜, 신은수, 조형숙, 2012), 2019 개정 누리과정에서는 이 부분이 다시 포함되었다.

(4) 법령 개정을 통한 누리과정의 안정화

교육과학기술부는 누리과정을 안정화하기 위하여 해당 관계 법령을 개정하였다. 5세 누리과정 도입의 근거를 마련하기 위해 2011년 9월 30일 「유아교육법 시행령」, 「영유아보육법 시행령」, 「지방교육재정교부금법 시행령」을 개정 공포하였다. 「지방교육재정교부금법 시행령」 일부 개정령은 2012년 1월 1일부터 시행되었고, 「유아교육법 시행령」과 「영유아보육법 시행령」 일부 개정령은 2012년 3월 1일부터 시행되었다. 3~4세 누리과정 확대를 위하여 2011년 12월 31일 「정보고시법」을 개정하여 정보공시제도를 도입할 수 있는 근거를 마련하였으며, 2012년 1월 26일과 2월 27일에 「유아교육법」을 개정하였다.

2. 국외의 배경

1) 경제협력개발기구(OECD : Organization for Economic Co-operation and Development)의 보고서

경제 선진국들이 가입해 있는 OECD에서는 유아를 위한 제도 구축과 질 관리를 위해 세 번의 보고서를 통해 발표하였다. 2001년에 발표한 「Starting Strong I」에서는 유아기 교육의 중요성을 언급하며 만 3~5세 어린이들의 취원율을 높이는 것을 목표로 삼았고, 2006년에 발표한 「Starting Strong II」에서는 유아기 교육제도를 교육부로 통일하는 것을 강력하게 권장하고, 만 3세 미만의 교육제도를 세울 것을 권장하였다. 이러한 OECD 권장사항에 따라 우리나라와 일본을 제외한 모든 OECD 국가들은 2014년 현재 만 3~5세 유아를 위한 제도를 교육부로 통일하였다. 2012년에 발표된 「Starting Strong III」에서는 이미 완성된 제도의 질적인 관리를 위해 교육과정, 교사, 시설, 그리고 정책에 대한 평가를 할 것을 권장하고 있다. OECD의 Starting Strong IV(2015)와 V(2018), 그리고 그 이후의 보고서는 유아교육의 질을 강화하기 위한 모니터링과 초등학교와의 연계를 강조하고 있다.

2) 유네스코의 국제표준교육분류(ISCED: International Standard Classification for Education)

국제표준교육분류(ISCED)는 유네스코가 통일된 지표를 통해 세계 여러 나라의 교육제도와 관련된 데이터를 제공하는 교육정보공시제도이다. 이 분류는 세계의 교육제도를 모두 7단계로 구분하며 유아교육은 0단계, 초등은 1단계에 해당한다. UNESCO는 2011년 국제표준교육분류를 개정하면서 유아교육의 강화와 기초교육의 범위를 넓히는 것에 중점을 두었다. ISCED 0단계의 명칭은 초등준비교육으로서의 정체성만 강조하던 명칭(pre-primary)에서 유아교육 고유의 정체성을 반영하는 명칭(early childhood education)으로 수정되었다. 또한 이전에는 유아교육의 범위가 만 3~5세만을 대상으로 하던 것에서 만 3세 미만의 영아를 위한 교육도 강조하기 시작하였다.

유아를 위한 기관이 ISCED 0단계로 구분되려면 다음의 7가지 범주의 준거를 만족시켜야 한다. 이 가운데 5, 6, 7은 권고사항이나 6번의 자격은 유치원 교사와 보육 교사를 구분하는 중요한 근거이다. <표 2-1>에 근거한 기준에 따르면 유치원은 국제사회에서 만 3~5세 유아를 교육시키는 기관으로 인정받을 수 있는 모든 조건을 만족시키나 어린이집의 경우에는 분류범주 6을 만족시키지 못한다.

표 2-1 | 국제표준교육분류의 속성

분류 범주	내용	특성
분류 범주 1	교육적 속성을 가짐	교사와의 상호작용과 교육 내용
분류 범주 2	기관에 기반을 둠	가정 기반은 제외
분류 범주 3	특정 연령	0~5세를 대상으로 함
	유아 대상	0~2세와 3세 이상 초등입학 전으로 구분하거나 주기로 구분할 수 있음
분류 범주 4	수업 시수(duration)와 수업 일수(intensity)	1일 2시간 이상의 교육과 연간 100일 이상의 수업 일수
분류 범주 5	교직원의 자격	교직을 이수한 교사
분류 범주 6	법령 체제	교육과 관련된 부처에서 고시한 교육과정이나 지침
분류 범주 7	의무교육 여부	

3) 유아교육의 경제적 효과

미국 시카고 대학의 경제학자 헤크만(Heckman)은 유아기에 국가가 공적으로 투자하는 비용이 나중에 어느 정도의 경제적 효과를 가져오는지를 계산한 그래프를 발표하였다. 이와 같은 연구 결과는 미국과 영국을 중심으로 하는 유아기 효과에 대한 장기 종단연구를 종합하여 얻은 것인데, 이 연구 결과가 주는 시사점은 유아기에 1달러를 투자하면 국가는 17배의 투자 효과를 얻을 수 있다는 것이다. 이와 같은 경제적 효과가 가능한 것은 유아기에 두뇌 발달이 급속하게 이루어져 이후 모든 학습의 근간이 되기 때문이다.

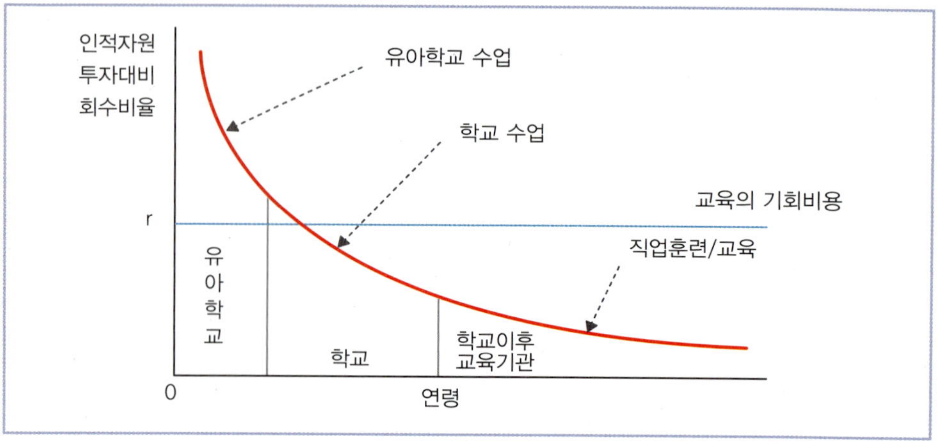

그림 2-3 | 인적 자원 투자 대비 회수 비율

3. 유아교육 정책

1) 유아교육 선진화 추진계획(2009)

교육과학기술부는 2009년 12월 9일 유아교육 선진화 추진 계획을 발표하면서 이러한 결정을 내리게 된 배경을 다음과 같이 설명하고 있다.

'05년 이후 유아교육재정 규모는 연평균 18% 이상 증가하였고, 만 5세아를 둔 가구의 70%까지 무상교육 실시, 종일반 운영 유치원 확대(전체 유치원의 95%) 및 교육과정 내실화 등 유아교육에 대한 지원과 서비스 질을 지속적으로 개선하고 있으나, 학부모가 체감하는 유아학비 부담은 여전히 높은 수준이며, 도시지역 학부모가 이용할 수 있는 질 높고 저렴한 유치원이 부족한 실정이다. 특히, 최근에는 유아대상 영어학원이 급증하는 등 유아교육의 사교육화 경향이 심화되고 있다.

이와 같은 문제를 해소하고 선진국 수준의 유아교육 기반을 구축하기 위해 교과부에서는 그동안 학계, 공·사립유치원, 학부모 및 관련 분야 전문가 등으로 구성된 유아교육 선진화 T/F를 구성·운영('09.7~10)하여 「유아교육 선진화 추진 계획」을 수립하게 되었다.

출처: 교육과학기술부 보도자료 2009.12.08.

유아교육 선진화 방안은 다음과 같은 비전과 목표를 가지고 있었다.

- 비전: 아이가 행복한 미래형 학교
- 목표: '질 높은 유아교육 서비스 제공', '생애 초기 출발점 평등 보장', '선진 유아교육 기반 마련'
- 전략: 지원(support)과 책무성(accountability)
- 원칙: 중앙정부는 표준 모델 및 기준을 제시하고 시도교육청은 재정 교육여건을 고려하여 자율적으로 추진

이와 같은 배경에 기초하여 5개 영역 25개 과제가 발표되었고 그에 근거하여 유아교육 선진화 기반조성 사업을 진행하고 일부 과제에 대해서는 법률개정과 같은 후속 작업을 마무리하였다.

표 2-2 | 유아교육 선진화 추진 계획(2009)

정책 분야	정책 과제
유아학비 부담 경감	1. 공립유치원 확충 및 적정 규모 육성
	2. 사립유치원 교육역량 제고
	3. 기업체 등의 부설유치원 설립 운영 활성화
	4. 유아 무상교육 단계적 확대
	5. 유아 대상 영어학원 등의 탈법 단속 및 제도 개선
선진 유아교육 제도 구축	1. 유치원비 등 유치원 정보공시제도 도입
	2. 유치원 재무회계규칙 및 신용카드 납부제 도입
	3. '유치원운영위원회' 운영
	4. 유치원 평가 지속 발전
	5. 유아교육 발전계획 수립 및 연차보고서 발간
미래지향적 교육과정 운영	1. 미래지향적 교육과정 개편
	2. 유치원 종일제 운영 내실화
	3. 다양한 심화 특성화 활동 프로그램 개발 보급
	4. 지역단위 공사립유치원 협력 체제 구축
	5. 교사도우미 로봇 등 첨단과학기술 활용

정책 분야	정책 과제
우수 교원 배치 활용	1. 유치원 교원 양성 및 임용 제도 개선
	2. 전문성 제고를 위한 맞춤형 연수 장학 지원
	3. 교원능력개발평가 단계적 도입
	4. 우수 교사 발굴 지원 및 사립유치원 교원 처우 개선
	5. 공립원장 평가 공모제 도입
유아교육 지원체계 강화	1. 유아교육 종합정보시스템 구축
	2. 지역별 유아교육 체험시설 확대 구축
	3. 지방자치단체 투자 확대 및 협력 연계 강화
	4. 유아교육 지원기관 육성 및 효율적인 역할 분담
	5. '유아교육 바로 알기' 홍보 강화

각 추진 분야에 따른 구체적인 과제를 '유치원 운영위원회' 도입과 같이 이전에 여러 정책 연구를 통해 제시되었던 과제를 재검토하고 구체화한 것도 있으며, T/F에서 제안한 내용이 받아들여진 것도 있고 '기업체 등의 부설유치원 설립 운영 활성화'와 같이 유치원 현장의 어려움을 반영하여 이를 지원하기 위한 노력(예: 지역단위 공사립유치원 협력 체제 구축)도 포함되어 있다. 또한 교원평가나 원장 공모제와 같이 초중등학교와의 연계를 고려한 과제도 있으며, 그 밖에 '유아교육 바로 알기 홍보' 강화와 같이 유아교육의 중요성에 대한 사회적 공감대 형성 및 유치원의 질적 우수성에 대한 학부모의 인식을 제고하기 위해 지속적으로 실시해 온 과제도 있다.

선진화 방안이 발표된 후 유아교육자들은 그동안 주장해 온 교육과 보육의 통합에 대한 언급이 전혀 없고 유치원계의 오랜 숙원인 유아학교로의 명칭 변경도 언급되지 않았기 때문에 가장 핵심적인 부분이 빠졌다는 아쉬움을 보였다. 그러나 교육과학기술부는 유아교육 선진화 계획을 통해 유아교육 인프라 강화는 물론 교육과정, 교원 정책 등 유아교육 전반에 걸친 정책을 수행하여 유아교육의 질적 수준을 향상시키고 그동안 재정투명성 등이 문제가 되어 왔던 사립유치원을 재정지원과 책무성·투명성을 강력하게 연계함으로써 유아학교라는 명칭을 직접적으로 사용하지 않아도 학교로서의 위상을 강화할 수 있을 것으로 기대하였다.

2) 누리과정(2012~)

(1) 추진 과정

① 배경 연구

교육과학기술부에서 유아교육 선진화 T/F가 운영되는 당시 국회에서는 안민석, 이종걸, 임해규, 한선교 의원 등을 중심으로 유아교육과 보육의 일원화 문제가 공개적으로 논의되고 있었다. 이에 정부(이주호 차관)에서는 임해규 의원을 통해 한국교육개발원(원장: 진동섭)에 유아 무상공교육에 관한 국민의 요구조사를 의뢰하였고, 2009년 12월 '유아 무상공교육 체제 구축에 관한 요구조사' 정책보고서(신은수, 정미라, 박은혜, 2009)가 제출되었다. 본 연구의 결과 우리나라 부모는 만 3~5세 유아를 위한 교육부 관할의 교육제도를 강력하게 원하고 있었고, 초등의무교육과 동일한 수준의 무상공교육의 필요성을 강하게 느끼고 있었다. 특히 국민의 교육에 대한 요구를 국가가 충족시키지 못할 경우 부모는 사교육을 통해서라도 자녀에게 질 높은 교육을 시키려는 경향이 있으므로 부모의 재정적 부담이 커지게 되고 결과적으로 저출산 문제로 이어질 수밖에 없음을 경고하였다.

② 취학연령 하향화 방안

이러한 상황에서 대통령 직속 미래기획위원회(위원장 곽승준)는 2009년 11월 25일 저출산의 문제를 해결하고 입직연령을 하향화시키는 방안의 하나로 초등학교 취학연령을 1년 앞당기는 학제개편 방안을 제안하였다. 이에 교육과학기술부는 2개의 T/F를 구성하고 6개월간의 검토를 한 결과 취학연령 하향화는 발달적, 재정적, 사회적 관점에서 적절하지 않다는 결론을 내리게 되었다.

T/F 운영과 동시에 취학연령 인하에 대한 대안을 마련하기 위한 정책연구가 시작되었다. '유아교육 정책 현안 분석 및 발전 방향 연구(신은수, 박은혜, 김재춘, 2010)'의 중간보고에 기초하여 교육과학기술부는 2010년 6월 22일, 만 5세 무상교육 체계를 강화하는 내용의 가칭 '만 5세 기초학년제 도입 방안'을 대통령에게 보고하였다. 대통령은 이 방안을 긍정적으로 검토할 것을 지시하였고 2010년 8월부터 국무총리실과 교육과학기술부, 기획재정부, 보건복지부, 행정안전부 등이 참여하는 범정부적인 T/F가 운영되었다.

2011년 5월 2일 이명박 대통령은 제64차 라디오·인터넷 연설에서 취학 전 유아에 대한 국가의 책임을 강화해서 사실상 정부가 부담하는 의무교육 기간을 9년에서 10년으로 확대하고, 교육과 보육 서비스의 질을 한층 더 높이기 위한 정부의 노력은 앞으로도 계속될 것이라고 발표하였으며 김황식 국무총리는 브리핑을 통해 2012년부터 유치원과 어린이집에 다니는 만 5세 모든 어린이가 새로운 공통과정을 배울 수 있게 하고, 국가의 지원도 매년 지속적으로 확대하겠다는 내용을 중심으로 '만 5세 공통과정 도입 추진계획'을 정부 합동으로 발표했다.

③ '만 5세 공통과정'을 위한 명칭 공모와 교육과정 제정

'5세 누리과정' 도입 계획이 처음 발표되었을 때는 잠정적으로 '만 5세 공통과정'이라는 명칭을 사용하였으나 전 국민을 대상으로 하는 명칭을 공모한 후 2011년 7월 15일에 '5세 누리과정'으로 변경하였다. '만 5세 공통과정'의 핵심이 유치원과 어린이집에서 각각 다르게 운영되고 있는 유치원 교육과정과 표준보육과정을 통합하는 것이었기 때문에 2011년 5월 11일부터 '만 5세 공통과정 제정 TF'를 운영하였고 그 결과 2011년 9월 5일 '5세 누리과정'을 고시하였다.

④ 법령 개정

5세 누리과정 도입의 근거를 마련하기 위해 2011년 9월 30일 「유아교육법 시행령」, 「영유아보육법 시행령」, 「지방교육재정교부금법 시행령」을 개정 공포하였다. 「지방교육재정교부금법 시행령」 일부 개정령은 2012년 1월 1일부터 시행되었고, 「유아교육법 시행령」과 「영유아보육법 시행령」 일부 개정령은 2012년 3월 1일부터 시행되었다.

⑤ 누리과정 만 3~4세로 확대

정부는 만 5세를 위한 무상교육의 기반을 다지는 한편 무상교육이 3~4세로 확대될 수 있는 방안에 대한 정책연구를 다시 의뢰하였다. '만 3~4세 유아지원체계 강화 방안 연구(신은수, 박은혜, 김병주, 2011)의 중간보고와 OECD-KOREA Policy Forum(2011. 10. 22-23)에서 도출된 토론의 결과, 정부는 무상교육의 범위를 확대하기로 결정하였다.

정부는 2012년 1월 17일 관계부처 장관회의를 거쳐 1월 18일 제3차 위기관리대책회의에서 '3~4세 누리과정 도입계획(안)'을 정부 정책으로 확정 발표하였다. 이를 뒷받침 하기 위해 2012년 2월 27일 유아 무상교육을 초등학교 취학 전 1년에서 3년으로 확대하는 내용의 「유아교육법」 일부개정안이 국회를 통과하였고, 3월 21일에는 개정안이 공포되었다. 3~4세 누리과정 도입계획 발표 후 교육과학기술부는 보건복지부와 함께 '3~4세 누리과정 제정 TF'를 구성하고, 공통과정 마련을 위한 협의에 들어갔다. 7월 10일에는 양 부처가 각각 3~5세 연령별 누리과정을 고시하였다.

(2) 누리과정의 내용

누리과정의 내용을 요약하면 다음과 같다.

표 2-3 | 누리과정의 내용

구분	2012년		만 3~4세 확대
	3, 4세	만 5세 공통과정	3~5세 누리과정
지원 대상	소득 하위 70%	전 계층(100%)	3~5세 전 계층(100%)으로 확대
교육·보육과정	유치원 교육과정, 표준보육과정으로 이원화	누리과정을 위한 교육과정	만 3~5세 누리과정으로 일원화

구분	2012년		만 3~4세 확대
	3, 4세	만 5세 공통과정	3~5세 누리과정
교사 자격	유치원: 유치원 교사 1, 2급 자격 소지자 어린이집: 보육 교사 1, 2, 3급 자격 소지자	3, 4세와 동일	유치원 교사 및 보육교사 1, 2급 자격 소지자로 제한
지원 단가	공립유치원(월 5.9만 원) 사립유치원 및 어린이집 ('11년 월 17.7만 원)	공립유치원(월 5.9만 원) 사립유치원 및 어린이집 ('12년 월 20만 원 연차적 인상: '16년 월 30만 원)	공립유치원(월 5.9만 원) 사립유치원 및 어린이집 ('13년 월 22만 원 연차적 인상: '16년 월 30만 원)
재원 부담	유아학비 및 보육료로 이원화(단, 지원범위 및 단가는 동일)	지방교육재정교부금으로 유아학비 및 보육료 부담	지방교육재정교부금으로 유아학비 및 보육료 부담
관리 체제	유치원(교과부) 어린이집(복지부)	유치원(교과부) 어린이집(복지부)	유치원(교과부) 어린이집(복지부)

결론적으로 누리과정은 2012년 이전에는 유치원은 지방교육재정교부금으로, 어린이집은 국고와 지방비로 가구 소득 수준 하위 70%에게만 유아학비와 보육료를 지원하던 것을 2012년부터 점차 지방재정교부금으로 통합하고, 연령은 3~5세로 확대하며, 지원 단가는 2012년 월 20만 원에서 2016년 월 30만 원까지 확대되는 제도를 의미한다.

(3) 유아교육 발전 5개년 계획(2013~2017)

누리과정으로 우리나라 만 3~5세 유아의 무상교육을 시작한 교육과학기술부는 여러 차례의 법률개정을 통해 법률적 기반을 마련하였다. 2012년 1월 26일 개정된 유아교육법 제3조 2항에는 유아교육에 관한 중장기 정책 목적 및 방향 설정을 위해 유아교육 발전 5개년 계획을 수립하도록 되어 있다. 이 법적 조항에 따라 교육과학기술부는 2012년 6월 인재정책실장을 단장으로 하여, 유아교육학계, 유치원 및 관련분야 전문가로 구성된 「유아교육 발전 5개년 TF」를 구성하고 운영하고 다음과 같은 비전, 목표, 전략에 기초하여 25개의 과제를 발표하였다.

- 비전: 아이가 행복한 미래형 학교
- 목표: '질 높은 유아교육 서비스 제공', '생애 초기 출발점 평등 보장', '선진 유아교육 기반 마련'
- 전략: 지원(support)과 책무성(accountability)

표 2-4 | 유아교육발전 5개년 계획(2013~2017)

영역	핵심 과제 내용
유아교육 기회 확대	① 유아 무상교육 지속 확대 ② 유치원 신증설의 적정화 ③ 유치원정보공시제도 정착 ④ 유치원 시설설비의 적정 기준 마련 ⑤ 유치원 교육환경 개선: 유치원 급식·보건·안전 개선
유치원 운영 효율화	① 공립유치원 운영 개선 ③ 사립유치원의 지원 체제 개선 ③ 유치원평가 개선 ④ 유치원 재무·회계 규칙 도입 ⑤ 유치원운영위원회 정착 및 발전
교육과정 및 방과 후 과정 내실화	① 누리과정 운영 내실화 ③ 누리과정 지속 발전 ③ 유아교육 교재교구 인증제 도입 및 우수 프로그램의 활용 ④ 방과 후 과정 운영 내실화 ⑤ 방과 후 과정 전담교사 배치
교원의 전문성 및 자긍심 강화	① 누리과정 담당 교사 자격기준 강화 ③ 전문성 제고를 위한 맞춤형 연수지원 ③ 유치원 교원능력개발평가 정착 ④ 유치원 교원임용 및 인사 방식 개선 ⑤ 유치원 교원의 윤리의식 강화 및 근무여건 개선
유아교육 지원 체계 강화	① 유아교육 종합정보시스템 구축 ③ 유아교육진흥원 및 유아체험교육원 운영 활성화 ③ 유아교육 홍보 강화 ④ 유아교육 대내외 협력네트워크 강화 ⑤ 3-5세 누리과정 운영지원 강화

(4) 유·보통합(2013)

이명박 정부가 들어서기 이전 유아교육과 보육은 모든 측면에서 이원화되어 있었다. 2012년의 만 5세를 위한 누리과정이 실시되면서 유아교육과 보육은 교육과정과 재정을 통합하기 시작하였고 박근혜 정부에 들어서는 유·보통합을 위한 본격적인 노력이 시작되었다. 2013년 6월 유·보통합을 위한 추진위원회, 실무위원회, 연구팀을 구성하여 운영한 정부는 2013년 12월 3일 국무조정실 산하 유보통합추진위원회(위원장 김동연 국무조정실장) 제2차 회의를 열어 그동안 실무조정위원회에서 검토한 '유·보통합 추진 방안'을 확정했다(연합뉴스. 2013.12.03). 이 방안은 2014년부터 유·보통합을 단계적으로 추진하되 △학부모 요구 충족에 최우선 순위를 두고 △현 정부 임기 내 완성하며 △이해관계자의 갈등 요인에 대한 효율적 관리를 통해 2016년까지 마무리 짓는다는 것을 골자로 하고 있다.

이를 위해 정부는 2014년부터 정보공시(원비·교사·특별활동·급식 등) 내용 확대, 유치원 평가와 어린이집 평가인증 연계, 재무회계규칙 적용 확대와 공통적용 항목 개발 등 통합 전 즉시 시행할 수 있는 것들을 우선적으로 추진하기로 하였고, 2015년에는 결제카드 통일, 시설기준(교실면적, 교사당 아동비율 등) 정비·통합, 이용시간·대상 및 교육과정 통합, 교사 자격 및 양성체계 정비·연계, 2016년에는 관리부처(교육부·복지부, 교육청·지자체)는 물론 재원의 통합까지 마무리하고 유치원·어린이집 간 교사 처우 격차 해소 등을 단계적으로 지원할 방침이었다. 그러나 이러한 계획은 2017년 정부가 바뀜에 따라 실행되지 못하였다.

(5) 제2차 유아교육발전 5개년 계획(2018~2022)

정부는 2017년 12월 제2차 유아교육발전 5개년 계획에 해당하는 유아교육 혁신방안을 발표하였다. 총 4개의 영역에 10개의 과제가 제시되었다.

구분	내용	
비전	유아교육에 대한 국가책임 강화와 교육문화 혁신	
목표	■ 국가 책무성 강화를 통한 양질의 유아교육 및 실질적 교육기회 평등 보장 ■ 유치원, 교원, 학부모 등 교육공동체와 함께 유아발달 지원 ■ 교육현장과의 협력체계 구축을 통해 유아교육 공공성 확보	
추진 과제	**1 유아교육의 공공성 강화를 통한 교육의 희망사다리 복원**	■ 희망사다리 복원을 통한 실질적 교육기회 평등 실현 ■ 국공립 유치원 확대를 통한 국가책임 강화 ■ 건전한 사립유치원 육성·지원을 통한 공공성 강화
	2 교실혁명을 통한 유아중심의 교육 문화 조성	■ 유아가 중심이 되는 교육패러다임 전환 ■ 영유아 개상 과도한 사교육 문화 개선
	3 교육공동체와 함께 유아의 건강한 발달 지원	■ 학부모가 안심할 수 있는 유아 교육환경 조성 ■ 학부모 참여 강화로 유아의 건강한 발달 지원 ■ 교원의 업무부담 완화를 통한 유아와의 상호작용 강화
	4 유아교육 혁신을 위한 행정시스템 구축	■ 현장에 적합한 평가체계 마련 ■ 사립유치원 행정지원 체계 개선
추진 체계	교육부–교육청–현장(유치원, 교사, 학부모), 관계부처(기관) 간 **종합적·체계적 지원체계 구축**	

제3장에서 학습할 내용은 다음과 같다.

1. 유치원 교사의 자격증 취득에 필요한 과정을 이해한다.
2. 유치원 교사로 임용되기 위한 절차를 알고 그에 필요한 서류를 작성할 수 있다.
3. 유치원 교사가 받는 보수 체계를 이해하고 호봉 획정 방법을 안다.
4. 유치원 교사의 권리가 명시된 법규를 이해한다.

교원의 역량

인성과 사명감 및 윤리의식

평가에 대한 이해 및 실행

학습자의 특성 및 문화에 대한 이해

공동체와의 협력 및 의사소통

교육과정에 대한 이해 및 실행

학급운영

교수-학습과정에 대한 이해 및 실행

✓ 전문성 발달

제 3 장

유치원 교사의 자격과 권리

교사의 자격은 교사의 전문성을 나타내고, 사회경제적 관점에서 전문가로서의 신분을 보장받는 것이다.

전문성을 가진 교사는

- 전문가에게 필요한 자격조건을 이해한다.
- 전문가가 누릴 수 있는 권리를 이해한다.

전문성이 없는 교사는

- 전문가로서 정체성을 이해하지 못한다.
- 전문가로서의 권리를 파악하지 못한다.

교사로서 지켜야 할 일

E 유치원에서 처음으로 여름방학을 맞이하게 된 초임 ○교사는 여름방학 동안 그동안 다른 일 때문에 하지 못했던 교재와 교구를 정리하고자 마음먹었다. 3일 동안의 일직 기간에 많은 양의 교재 정리와 제작을 하려니 시간도 부족하고 일손도 부족한 터에 마침 방학 중에 있던 남자친구가 도와주겠다는 제의를 하자 매우 반가웠다. 함께 일도 하면서 데이트도 겸할뿐더러 일직 기간에는 거의 혼자 있어 무섭기도 한 마음을 달랠 수 있었기 때문이다. 그런데 마침 휴가 중이던 원감이 유치원에 볼일이 있어서 들렀다가 남자친구와 함께 있는 ○교사를 보고 깜짝 놀라 주의를 주었다. 그러나 주의를 들으면서도 ○교사는 유치원 일을 도와주겠다고 찾아온 방학 중 친구의 방문이 그렇게 잘못된 것인지 의문이 갔다.

유치원 교사의 자격과 권리

제 3 장

1. 유치원 교사의 자격

이번 절에서는 앞에서 제시된 「교육공무원법」에 근거하여 유치원 교원의 자격, 임용 및 보수에 관련된 내용을 알아본다. 유치원 교원과 관련하여 구체적인 내용은 「유아교육법」 제20조부터 제23조에 걸쳐 규정되어 있으며 이를 자세히 살펴보면 다음과 같다.

1) 유치원 교직원의 구분과 임무

유치원에는 교사 이외에 다양한 직원이 근무하며 원장, 원감, 수석교사 등의 보직을 맡은 교원이 있다. 이를 자세히 구분하면 다음과 같다.

첫째, 유치원에는 교원으로 원장·원감·수석교사 및 교사가 있다. 원장은 원의 업무를 총괄하고 소속 교직원을 지도·감독하며, 해당 유치원의 유아를 교육한다. 원감은 원장을 보좌하여 원의 업무를 관리하고 해당 유치원의 유아를 교육하며, 원장이 부득

이한 사유로 직무를 수행할 수 없을 때에는 그 직무를 대행한다. 다만, 원감이 없는 유치원은 수석교사를 포함하여 원장이 미리 지명한 교사가 그 직무를 대행할 수 있다. 수석교사는 교사의 교수와 연구활동을 지원하며 유아를 교육한다. 교사는 법령에서 정하는 바에 따라 해당 유치원의 유아를 교육한다.

둘째, 유치원에는 교원 외에 촉탁의사, 영양사, 간호사 또는 간호조무사, 행정직원 등을 둘 수 있다. 행정직원 등 직원은 법령에서 정하는 바에 따라 유치원의 행정사무와 그 밖의 사무를 담당한다.

활동

유치원 교직원 현황을 비교해 보자.

① 전국 유치원의 모든 정보를 공시하는 유치원알리미 홈페이지(http://e-childschoolinfo.moe.go.kr)에 접속한다.
② 17개 시·도 교육청 가운데 한 곳을 선택한 후 공립단설유치원, 공립병설유치원, 사립유치원을 각 1곳씩 선택한다.
③ 해당 유치원에서 공시한 정보 가운데 교원 부분에 들어가 교원의 현황을 찾아서 기록한다.
④ 유치원의 유형별로 전체 교직원의 숫자나 업무에 차이가 있는지를 알아보고 그 이유를 토의해 본다.

2) 유치원 교원의 자격

(1) 유치원 교사 자격 기준

유치원 교원은 원장 및 원감, 수석교사, 교사에 따라 자격 조건이 다르다. 이 가운데 교사는 「유아교육법」 제22조 2항에 근거하는 자격을 가지고 대통령령으로 정하는 바에 따라 교육부장관이 검정·수여하는 자격증을 받은 사람이어야 한다. 2020년 현재 유치원 2급 정교사 자격을 취득하기 위한 자격 기준은 다음의 〈표 3-1〉과 같다.

표 3-1 | 교사자격 기준(제22조 제2항 관련) [별표 2] 〈개정 2013. 3. 23〉

자격 급별	자격기준
정교사 (1급)	1. 유치원 정교사(2급)자격증을 가진 자로서 3년 이상의 교육경력을 가지고 소정의 재교육을 받은 자 2. 유치원 정교사(2급)자격증을 가지고 교육대학원 또는 교육부장관이 지정하는 대학원의 교육과에서 유치원 교육과정을 전공하여 석사학위를 받은 자로서 1년 이상의 교육경력이 있는 자
정교사 (2급)	1. 대학에 설치하는 유아교육과 졸업자 2. 대학(전문대학 및 이와 동등 이상의 각종 학교와 「평생교육법」 제31조 제4항에 따른 전문대학학력인정 평생교육시설을 포함한다)졸업자로서 재학 중 소정의 보육과 교직학점을 취득한 자 3. 교육대학원 또는 교육부장관이 지정하는 대학원의 교육과에서 유치원 교육과정을 전공하고 석사학위를 받은 자 4. 유치원 준교사자격증을 가진 자로서 2년 이상의 교육경력을 가지고 소정의 재교육을 받은 자
준교사	1. 유치원 준교사 자격검정에 합격한 자

(2) 유치원 교사 무시험 자격 검정

이상의 자격을 가진 사람으로서 다음과 같은 교과목을 이수하면 유치원 2급 정교사 자격증을 취득할 수 있다. 유치원 교사 무시험 자격 검정에 필요한 내용을 정리하면 다음의 〈표 3-2〉와 같다.

표 3-2 | 유치원 교사 무시험 자격 검정을 위한 내용

분야	범주	과목
전공과목 50학점 이상 (전공기초 교과목 제외)/ 평균 75점 이상	기본이수과목(또는 분야) 21학점(7과목)이상 포함	유아교육론, 유아교육과정, 영유아발달과 교육, 유아언어교육, 유아사회교육, 유아과학교육, 유아수학교육, 유아미술교육, 유아음악교육, 유아교사론, 유아동작교육, 유아놀이지도, 유아교육기관운영관리, 아동복지, 유아건강교육, 유아관찰 및 실습, 부모교육, 유아안전교육
	교과교육영역 8학점 (3과목) 이상 포함	교과교육론, 교과교재연구 및 지도법, 논리 및 논술에 관한 교육, 기타 교과교육영역
교직과목 평균 80점 이상	교직이론 12학점이상 (6과목 이상)	교육학개론, 교육철학 및 교육사, 교육과정, 교육평가, 교육방법 및 교육공학, 교육심리, 교육사회, 교육행정 및 교육경영, 생활지도 및 상담, 기타 교직이론에 관한 과목
	교직소양 6학점 이상	특수교육학개론(2학점 이상) 교직실무(2학점 이상) 학교폭력 예방 및 학생의 이해(2학점이상)
	교육실습 4학점 이상	학교현장실습(2학점이상) 교육봉사활동 (2학점 이내 포함가능) ※ 18학년도 입학자 이후: 교육봉사활동 2학점 이상 포함 가능
교직적성·인성검사	적격판정 2회 이상	
응급처치 및 심폐소생술	적격판정 2회 이상	

출처: 교육부(2020). 교원자격검정 실무편람

활동

〈표 3-2〉에 기초하여 다음에 자신이 이수한 내용을 적어 보자.

분야	범주	과목
전공과목 50학점 이상 (전공기초 교과목 제외)/ 평균 75점 이상	기본이수과목(또는 분야) 21학점(7과목)이상 포함	유아교육론, 유아교육과정, 영유아발달과 교육, 유아언어교육, 유아사회교육, 유아과학교육, 유아수학교육, 유아미술교육, 유아음악교육, 유아교사론, 유아동작교육, 유아놀이지도, 유아교육기관운영관리, 아동복지, 유아건강교육, 유아관찰 및 실습, 부모교육, 유아안전교육
	교과교육영역 8학점 (3과목) 이상 포함	교과교육론, 교과교재연구 및 지도법, 논리 및 논술에 관한 교육, 기타 교과교육영역
교직과목 평균 80점 이상	교직이론 12학점이상 (6과목 이상)	교육학개론, 교육철학 및 교육사, 교육과정, 교육평가, 교육방법 및 교육공학, 교육심리, 교육사회, 교육행정 및 교육경영, 생활지도 및 상담, 기타 교직이론에 관한 과목
	교직소양 6학점 이상	특수교육학개론(2학점 이상) 교직실무(2학점 이상) 학교폭력 예방 및 학생의 이해(2학점이상)
	교육실습 4학점 이상	학교현장실습(2학점이상) 교육봉사활동 (2학점 이내 포함가능) ※ 18학년도 입학자 이후: 교육봉사활동 2학점 이상 포함 가능
교직적성·인성검사	적격판정 2회 이상	
응급처치 및 심폐소생술	적격판정 2회 이상	

(3) 유치원 교사의 교직 적성과 인성

예비교사의 교직 적성과 인성을 평가하기 위하여 여러 가지 도구들이 개발되고 있으며 그 가운데 한 가지 예를 들어보면 다음의 〈표 3-3〉과 같다. 〈표 3-3〉에 따르면 이 도구는 예비교사의 교직 인성을 내적 인성과 사회적 인성, 공동체적 인성의 3가지로 구분하고 있으며, 내적 인성에는 자기조절과 반성적 실천, 지속적 배움이 포함된다. 사회적 인성에는 다른 사람을 존중하고 의사소통을 원활하게 하며 협력할 수 있는 능력이 포함된다. 공동체적 인성에는 윤리의식, 정의감, 그리고 책임감이 포함된다. 다음의 〈표 3-3〉의 문항을 읽고 자신을 평가해 보자.

표 3-3 | 예비교사 교직인성평가도구

영역	구성 요소	문항
내적 인성	자기 조절	• 나는 나의 감정을 잘 다스릴 수 있다. • 나는 좌절과 스트레스에 적절하게 대처한다.
	반성적 실천	• 나는 나의 학습활동을 비판적으로 성찰하고 개선한다. • 나는 나의 교육활동(예컨대, 교수·학습 지도안 작성, 교육봉사, 교육실습, 수업 시연 등)을 비판적으로 성찰하고 개선한다. • 나는 타인의 조언과 비판을 긍정적으로 수용하고 활용한다.
	지속적 배움	• 나는 배움에 대한 열의와 지적 호기심을 가지고 있다. • 나는 최신 교육이론, 교수법, 교과지식 등에 늘 관심을 갖고 배우고자 노력한다. • 나는 교사로서의 전문성을 계발하기 위하여 교내외 다양한 활동(예컨대, 교육봉사, 학회 활동, 교육관련 사회활동 등)에 참여한다.
사회적 인성	존중	• 나는 타인의 감정을 그 사람의 입장에서 이해하고 공감한다. • 나는 나와 다른 생각, 관점, 의견 등을 존중한다. • 나는 학습 요구, 능력, 양식, 속도 등에 있어 개인차를 이해하고 존중한다.
	의사 소통	• 나는 타인의 말을 경청한다. • 나는 소통의 목적, 상황, 대상 등에 맞게 적절한 언어, 화법, 소통방식 등을 사용하여 의사소통한다. • 나는 상대방을 존중하는 태도로 의사소통한다.
	협력	• 나는 다른 사람들과 협력하는 것에 대해 긍정적인 태도를 가지고 있다. • 나는 다른 사람들과 협력할 때 팀이 성공적으로 과제를 수행할 수 있도록 나의 책임을 다해 노력한다. • 나는 다른 사람들과의 의견을 잘 조율한다.

영역	구성 요소	문항
공동체적 인성	윤리 의식	• 나는 높은 수준의 도덕적, 윤리적 가치를 가지고 있다. • 나는 개인적 어려움이나 희생을 감수하고라도 도덕적, 윤리적으로 행동한다. • 나는 정직하고 진실하게 행동한다.
	정의감	• 나는 교육과 관련된 편견, 차별, 불평등 해소를 위해 노력한다. • 나는 사회적, 경제적 불평등 문제에 관심을 가지고 있다. • 나는 교육을 통해 사회정의를 향상시키고자 노력한다.
	책임감	• 나는 학생들을 가르치는 일에 열정과 사명감을 가지고 있다. • 나는 모든 학생의 학습과 성장을 위한 책임을 다하고자 노력한다. • 나는 교육공동체 구성원으로서 예비교사의 사회적 책임을 다하고자 노력한다.

출처: 서경혜 외(2013).

2. 임용

1) 유치원 교원 임용 업무 절차 흐름도

(1) 교사의 준비 사항

유치원에 채용된 교원은 교육청 임용 전 다음과 같은 서류를 준비해야 한다. 먼저 신원조사 의뢰를 위해 기본증명서, 신원진술서, 개인정보제공동의서 각 1부를 유치원에 제출한다. 다음으로 채용신체검사결과서, 교원자격증 원본 및 사본, 교육공무원인사기록카드 등을 미리 준비하거나 작성한다. 경력자로서 유치원을 옮기는 경우에는 관계기관으로부터 경력증명서를 발급받아 함께 제출한다.

(2) 유치원의 준비 사항

유치원은 교원으로부터 신원조사 의뢰용 서류를 제출받은 후 지역교육지원청에, 성범죄경력 및 아동학대 관련 범죄 전력 조회는 관할 경찰서에, 결격사유 조회는 임용예정 교원의 기본등록지에 공문을 발송하여 조회한다. 신원조사 조회는 법정소요 기한이 1개월이며, 결격사유 조회와 성범죄경력 및 아동학대 관련 범죄 전력 조회는 대략 1~2주 정도가 소요되므로 늦어도 새로운 학기 시작 1개월 전에는 교원 임용을 확정하고 준비 절차를 시행해야 한다.

(3) 교육청 임용 보고

유치원은 임용예정 교원의 서류가 모두 준비되고 각종 조회 결과를 확인한 후 7일 이내에 교육청에 임용보고를 해야한다. 교육청의 임용보고가 완료되어야 비로소 교원의 경력이 산정되기 시작한다. 교원의 경력은 이후 승급, 승진, 연금 등에 직접적으로 영향을 미치며, 사립유치원 교원의 경우 국가가 지원하는 교원기본급 보조와 연계되므로 교육청 임용보고가 기한 내에 시행되도록 교원과 유치원 모두 각별히 유념해야 한다.

이상의 절차를 간략히 정리하면 다음과 같다.

신원조사 의뢰용 서류 제출

교사 ⇨ 유치원

1. 기본증명서 1부
2. 신원진술서 1부
3. 개인정보동의서 1부

⇩

신원조사 의뢰

유치원⇨지역청⇨경찰서
(법정 소요 기한 1개월)

결격사유 조회

유치원⇨임용 대상 교사 기본 등록지에 공문 발송
(약 1～2주 정도 소요)

성범죄경력조회 및 아동학대 관련범죄 전력조회 의뢰

유치원 ⇨ 경찰서
(약 1～2주 정도 소요)

⇩

교사 준비 서류

1. 경력증명서(경력자에 한해)
2. 채용신체검사서
3. 교원자격증
4. 교육공무원 인사기록 카드(2부)
5. 원장: 취임승낙서

각종 결과 확인 후 임용 확정

임용제청서 작성

- 법인: 원장→법인 이사회 보고(회의록 작성)
- 사인: 원장→설립자 보고

⇨

임명장 전달

- 설립자→교사

⇩

교육청 임용 보고(임용 후 7일 이내)

1. 임용보고 공문(설립자 날인)
2. 교육공무원 인사기록 카드
3. 교원자격증 사본(원본 지참)
4. 임명장 사본 1부
5. 임용제청서 사본 1부(원장 제외)
6. 경력증명서 각 1부
7. 채용신체검사서 사본 1부
8. 성범죄경력 및 아동학대관련범죄 전력조회 회신서 사본 1부
9. 결격사유조회회보서 사본 1부
10. 이사회 회의록 사본(법인)

그림 3-1 | 유치원 교원 임용 업무 절차

2) 유치원 교원 임용 관련 서류 작성

(1) 신원진술서

신원진술서는 2020년 3월에 양식이 개정되었으며 공무원 채용후보자 및 임용예정자를 위한 양식과 민간인을 위해 비교적 간소화된 두 종류의 양식이 있다. 국·공립유치원 임용 예정인 교원은 전자의 양식을, 사립유치원 임용 예정인 교원은 후자를 사용한다. 사립유치원 교원 임용예정자가 작성하는 민간인 신원진술서 양식은 지역교육지원청의 자료실이나 인터넷 검색으로 찾을 수 있으며, 작성요령은 다음과 같다.

① 작성 요령(약식)

- 신원조사를 위한 신원진술서 작성 및 제출은 보안업무규정 시행규칙에 근거하며, 공무원이나 공사립 교원 등으로 임용되기 전에 반드시 시행하도록 되어 있다. 신원진술서 작성 시에는 해당되는 모든 사항에 대하여 성실히 기재하여야 한다.
- 신원진술서 부착 사진은 인화된 사진뿐만 아니라 사진파일로도 가능하다.
- 반드시 자필로 작성한다.

② 작성 방법

- (1) 성명(한자), (2) 주민등록번호, (3) 등록기준지
  - 주민등록등본 및 기본증명서(또는 가족관계증명서)를 참고하여 작성한다.
  - 교원 임용예정자의 신원진술서는 관할 교육지원청을 통해서 조회하며, 기본증명서를 첨부하여 원본 제출한다.
  - 등록기준지는 반드시 기본증명서의 등록기준지를 기재한다.
- (4) 주소:
  - 주민등록등본상 주소를 상세히 기재한다.
- (5) 실거주지
  - 주민등록등본상 주소와 다를 경우 기재하고, 주소와 같으면 상동으로 표기한다.

- (6) 직장

– 임용 예정인 직장에 관한 사항(직장명, 소재지, 직장 전화)을 기재한다.

- (7) 학력

– 본인의 최종학력이 나타나도록 고등학교부터 기재한다.

• 학교명: 본인이 졸업한 학교명이 현재 폐교, 학교명의 변경 등의 사유로 존재하지 않는 경우에는 졸업 당시의 학교명을 기재한다.

• 기간: 입학 연월일, 졸업 연월일을 기재하는 것을 원칙으로 하되 입학 연월·졸업 연월만 기재하는 것도 가능하다.

• 전공학과 : 전문대 이상의 학력 기재 시 적는다.

• 소재지: 학교의 소재지를 시/ 구까지 기재한다.

- (8) 경력

– 해당자는 본인의 가장 최근 경력이 나타나도록 기재한다.

– 경력사항은 공무원으로서의 재직 경력뿐만 아니라 민간기업의 근무 경력도 기재한다.

– 졸업예정자로서 해당 내용이 없으면 기재하지 않는다.

- (9) 해외거주 사실 (순서 및 내용 변경)

– 본인의 해외거주 사실이 있는 경우에만 관련 사항을 기재한다.

- (10) 병역

– 해당자에 한해 주민등록초본에 있는 본인의 병역사항을 기재한다.

• 군별, 기간, 병과, 최종계급, 미필사유 등을 기재한다.

• 미필사유: 병역면제, 입영연기 중 제2국민역, 연령미달 등을 기재한다.

- (11) 배우자, 부모, 자녀

– 해당되는 경우에는 배우자와 자녀 관련 사항을 기재한다.

– 미혼인 경우 부모 관련 사항을 기재한다.

③ 작성된 예

예시 3-1 | 신원진술서 (앞면)

[별지 제21호서식]

신 원 진 술 서(약식)

(앞쪽)

성 명	김다경	한자	金茤境	주민등록번호	950101-1234567	【사 진】 사진파일 가능 (3cm×4cm)· (3.5cm×4.5cm)
등록기준지	서울시 00구 00로 000					
주 소	서울시 00구 00길 50. 1동 1502호(00동, 00아파트)					
실거주지	상동					

직 장	직장명 : 한국유치원 소재지 : 서울시 00구 00로 000	연락처	직장전화 : 02-123-4567 휴 대 폰 : 010-1234-5678 E-mail : abcdef.com

	학 교 명	기 간	전 공 학 과	학 위	소 재 지
학력	서울고등학교	2012.03.1. ~2015.02.10.			서울시 00구
	한국대학교	2015.03.1 ~2019.02.17.	유아교육과	학사	서울시 00구
		. . ~ . .			

	기관·업체 및 정당·사회단체명	기 간	직 책(직급)	상 벌 관 계(일자)
경력		. . ~ . .		
		. . ~ . .		
		. . ~ . .		

	거주 국가	기 간	거주 목적	동반 가족
해외 거주 사실		. . ~ . .		
		. . ~ . .		

	군 별	기 간	병과	최종 계급	미 필 사 유
병역		. . ~ . .			

	관 계	성 명	생년월일	관 계	성 명	생년월일
배우자 부모 자녀	부	김범수	1963.02.13			
	모	서수지	1967.5.16			

위 내용은 사실과 다름이 없으며, **기재사항을 누락하거나 허위로 기재할 경우 관계 법령에 따라 불이익을 받을 수 있다는 사실을 고지 받았음**을 확인합니다.

2020년 1월 20일

작 성 자 성명 김다경 인(서명 또는 날인) 김다경

210mm×297mm [백상지(80/㎡) 또는 중질지(80/㎡)]

예시 3-2 | 개인정보 제공 동의서

개인정보 제공 동의서(약식)

■ 본인은 신원조사기관이 본인에 대한 신원조사를 실시할 필요가 있다는 것과 개인정보(범죄경력 등 민감정보 포함. 이하 동일) 수집 목적 등 아래 유의사항을 이해하였으며, 이를 위해 「개인정보보호법」 등에 의해 보호되고 있는 본인의 개인정보를 동법 제15조(개인정보의 수집·이용) 및 제17조(개인정보의 제공)의 규정 등에 따라 신원조사기관에 제공하는데 동의합니다.

■ 이에 따라, 개인정보 보유기관장은 원활한 신원조사를 위해 본인에 관한 개인정보를 해당 신원조사기관에게 제공하여 줄 것을 요청합니다.

■ 본인이 서명한 동의서 복사본은 원본과 동일하게 유효하다는 것을 인정합니다.

유의사항 (개인정보 수집 목적·관리방법, 정보제공 동의 거부 가능 고지)
▪ 수집된 개인정보자료·개인정보 제공 동의서는 신원조사 목적으로만 사용되고, 「공공기록물관리에관한법률」에 따라 관리·폐기되며 수집하려는 개인정보의 항목은 아래와 같습니다. ▪ 개인의 자유로운 의사에 따라 정보 제공동의를 거부할 수 있습니다. 다만, 이 경우 신원조사를 원활히 진행할 수 없음을 알려드립니다.

2020년 *1*월 *20*일

성명 **김다경** (서명)**김다경**

■ 본인 동의

성 명	생년월일	서 명	
		개인정보 제공 동의	민감정보 제공 동의
김다경	***1995.01.01.***	**김다경**	**김다경**

※ 신원조사를 위해 수집되는 정보자료 항목

개인정보	민감정보
▪ 주민 조회자료(경찰청)	▪ 범죄경력·수사·수배 조회자료(경찰청)

개인정보 보유기관장 귀하

(2) 교육공무원 인사기록 카드

교육공무원 인사기록 카드는 교원으로 재직하는 동안 계속 보관되는 자료이다. 표지 앞면의 신청자와 표지 뒷면의 본인에는 반드시 자필로 서명 날인하며, 표지 뒷면의 소속기관의 장에는 기관명 기재 후 직인 날인한다. 인사기록 카드는 2부를 작성하여 1부는 임용보고 시 교육청에 제출하고, 1부는 유치원에 비치해야 한다.

갑-1 [별지 제1호 서식]

교육공무원 인사기록카드

구비서류	제 출 서 류	담당공무원 확인사항 (동의하지 않는 경우 해당 서류 제출)
	1. 최 종 학 력 증 명 서 ☐	병적증명서 또는 병적사항이 기재된 주민등록등 초본
	2. 경 력 증 명 서 ☐	
	3. 가 족 관 계 증 명 서 ☐	
	4. 채 용 신 체 검 사 서 ☐	
	5. 결 격 사 유 조 회 회 보 서 ☐	
	6. 신 원 조 사 회 보 서 ☐	
	7. 사 진 (명 함 판 상 반 신) ☐	
	8. 그 밖 에 필 요 한 서 류 ☐	

본인은 이 건 업무처리와 관련하여 「전자정부법」 제36조 제1항에 따른 행정정보의 공동이용을 통하여 담당 공무원이 위의 담당공무원 확인사항을 확인하는 것에 동의합니다.

신청자(대표자)

285mm × 487mm(백상지 150g/㎡)

연 구 실 적								가 산 점					
연구주제·주최기관	연구기간	등급	기록자인	연구주제·주최기관	연구기간	등급	기록자인	영 역	연 도	기록자인	영 역	연 도	기록자인

적성검사	시행년월일	일반지능검사	종 합 적 성 검 사 (검사사항)								다면적적성검사 (특징적 징후)	적 성 분 야
			( )	( )	( )	( )	( )	( )	( )	( )		

비고	

작성요령	기록사항확인		
1. 이 표의 기록은 확실하고 정확해야 합니다. 2. 본인의 성명은 한글과 한자로 쓰고, 주소(연필로 적습니다) 및 본표에 기재되는 다른사항의 성명은 한글로 적습니다. 3. 적성검사란은 필요에 따라 시행한 경우 해당 검사사항을 적습니다. 4. 비고란은 기재사항의 정정 등 특기사항을 적습니다.	본인	본표의 기재사항은 사실과 상위없음을 서약함. 2020 년 3 월 2 일 직 교사 성명	
	소속기관의장	본표의 기재사항은 사실과 상위없음을 확인함. 2020 년 3 월 2 일 유치원 직인	

3. 보수

유치원 교원의 보수는 「교육공무원법」 제34조와 「교원의 지위 향상 및 교육활동 보호를 위한 특별법」 제3조에 의거하여 지급하도록 되어 있다. 「사립학교법」 제2조에 의하면 학교법인과 사립학교 경영자도 그가 설치·경영하는 학교 교원의 보수를 국공립학교 수준으로 지급할 것을 명시하고 있다. 따라서 원칙적으로 사립유치원 교원도 국공립학교 교원과 동일한 보수를 받아야 하지만 여러 가지 이유로 잘 지켜지지 않는 경우도 있다. 국가에서는 2010년부터 국공립유치원 교원과 차이가 나는 사립유치원 교원의 보수를 지원하기 위해 교원기본급을 매월 교원에게 직접 지급하고 있다.

교원의 보수란 호봉에 따른 기본 봉급과 각종 수당을 합한 금액으로 구성되며, 자세한 내용은 다음과 같다.

1) 호봉 획정

봉급은 직무의 곤란성 및 책임의 정도와 재직 기간 등에 따라 직종별, 호봉별로 지급되는 기본 급여를 말하는데 호봉은 보수를 받을 때 기준이 되는 금액을 말한다. 교사의 호봉은 다음과 같은 공식에 의해 산정된다 (「공무원보수규정」).

호봉 = (학령−16) + 가산연수 + 기산호봉 + 경력

이때 학령은 초등학교 1학년부터 시작하여 법정 수학연수를 통산한 연수를 의미한다. 2년제 전문대학 학령은 14년, 3년제 전문대학 학령은 15년, 4년제 대학 학령은 16년이 된다. 가산연수는 수학연한 2년 이상인 사범계 대학(대학에 설치하는 교육계 학과포함)을 졸업한 자에게 1년의 연수를 더해주는 것을 의미한다. 기산호봉은 「공무원보수규정」 [별표 25]에 의거하여 다음과 같이 결정된다.

표 3-4 | 기산호봉

자격별	기산호봉	비고
1급 정교사	9	원장, 원감, 교육장, 장학관, 교육연구관, 장학사 및 교육연구사에 대하여는 1급 정교사의 호봉을 적용한다.
2급 정교사	8	
준 교사	5	

출처: 「공무원보수규정」 [별표 25]

활동

나의 호봉 찾아보기

다음의 조건에 해당하는 교사의 호봉이 무엇인지 찾아보자.

① 3년제 전문대학을 졸업하고 1급 정교사 자격증을 가진 경력 6년 차의 교사
② 4년제 사범대학 유아교육과를 졸업한 교사
③ 4년제 아동학과를 졸업한 경력 3년 차 교사

2) 교원 봉급

「공무원보수규정」 [별표 11]에 의거하여 2020년 1월 7일에 고시된 2020년 유·초·중·고등학교 교원의 봉급표는 다음과 같다.

표 3-5 | 유치원 · 초등학교 · 중학교 · 고등학교 교원 등의 봉급표

호봉	봉급	호봉	봉급
1	1,656,000	21	3,156,200
2	1,706,200	22	3,272,700
3	1,757,000	23	3,388,300
4	1,807,700	24	3,504,000
5	1,858,900	25	3,619,700
6	1,909,900	26	3,735,900
7	1,960,300	27	3,857,000
8	2,010,600	28	3,977,900
9	2,061,700	29	4,104,300
10	2,117,500	30	4,231,200
11	2,172,100	31	4,357,600
12	2,228,000	32	4,483,800
13	2,329,400	33	4,612,100
14	2,431,300	34	4,740,000
15	2,533,100	35	4,868,000
16	2,635,100	36	4,995,600
17	2,735,900	37	5,106,700
18	2,841,400	38	5,217,800
19	2,946,400	39	5,329,200
20	3,051,300	40	5,439,800

출처: 「공무원보수규정」 [별표 11] 〈개정 2020. 1. 7〉

※ 비고: 유치원 · 초등학교 · 중학교 · 고등학교의 기간제교원에게는 제8조에 따라 산정된 호봉의 봉급을 지급하되, 교육부장관이 정하는 사유를 제외하고는 고정급으로 하고, 교육공무원이었던 사람이 기간제교원으로 채용되는 경우의 봉급은 공무원 연금 또는 명예퇴직 수당을 지급받은 사실 등을 고려하여 교육부장관이 정한 금액으로 한다. 다만, 「교육공무원임용령」 제13조 제2항에 따라 시간제로 근무하는 기간제교원으로 임용된 사람에게 지급하는 월봉급액은 해당 교원이 정상근무 시 받을 봉급월액을 기준으로 하여 근무시간에 비례하여 지급한다.

3) 수당

교원의 보수는 기본 봉급 이외에 각종 수당을 포함하고 있다. 공립유치원 교원은 교육청에서, 사립유치원 교원은 유치원에서 수당을 지급받게 되는데, 사립유치원의 수당 체계는 유치원별로 자체 규정에 따라 차이가 있을수 있다.

2020년 현재 교원 보수의 수당 관련 내용은 다음과 같다.

표 3-6 | 2020학년도 교원 수당 주요 내용

<table>
<tr><th>구 분</th><th>산정 기준</th><th>비고(지급 시기 등)</th></tr>
<tr><td colspan="3">◎ 상여수당</td></tr>
<tr><td>정근수당</td><td>※근무 연수별 월 봉급액 기준 지급률 적용
<table>
<tr><td>근무연수</td><td>2년 미만</td><td>3년 미만</td><td>4년 미만</td><td>5년 미만</td><td>6년 미만</td></tr>
<tr><td>지급률(%)</td><td>5</td><td>10</td><td>15</td><td>20</td><td>25</td></tr>
<tr><td>근무연수</td><td>7년 미만</td><td>8년 미만</td><td>9년 미만</td><td>10년 미만</td><td>11년 이상</td></tr>
<tr><td>지급률(%)</td><td>30</td><td>35</td><td>40</td><td>45</td><td>50</td></tr>
</table></td><td>1, 7월
(연 2회)</td></tr>
<tr><td>정근수당
가산금</td><td>
<table>
<tr><td>구분</td><td>5년 이상
10년 미만</td><td>10년 이상
15년 미만</td><td>15년 이상
20년 미만</td><td>20년 이상</td></tr>
<tr><td>금액</td><td>50,000</td><td>60,000</td><td>80,000</td><td>100,000</td></tr>
</table>
※ 추가가산금
20년 이상 25년 미만: 10,000원 / 25년 이상: 30,000원</td><td>매월</td></tr>
</table>

<table>
<tr><th>구 분</th><th colspan="5">산정 기준</th><th>비고(지급 시기 등)</th></tr>
<tr><td colspan="7">◎ 가계보전수당</td></tr>
<tr><td rowspan="3">가족수당</td><td colspan="3">배우자</td><td colspan="2">40,000</td><td rowspan="3">매월</td></tr>
<tr><td colspan="3">기타부양가족 (4인까지)</td><td colspan="2">20,000</td></tr>
<tr><td colspan="5">자녀 : 첫째(월 2만원) / 둘째(월 6만원)
셋째 이후 (월 10만원)
※자녀는 부양가족 수가 4인 초과해도 지급 가능</td></tr>
<tr><td>자녀학비 보조수당</td><td colspan="5">■ 고등학생 자녀의 학비
(단, 서울시의 국·공립학교 평균지급액을 초과할 수 없음)</td><td>2, 5, 8, 11월 (분기별)</td></tr>
<tr><td>육아휴직 수당</td><td colspan="5">■ 월봉급액의 50% (상한 120 ~ 하한 70만원)
※단 첫 3개월은 월 봉급액의 80% (상한 150 ~ 하한 70만원)</td><td>매월 (최대 1년)</td></tr>
<tr><td colspan="7">◎ 실비변상 및 그 외 수당</td></tr>
<tr><td>명절휴가비</td><td colspan="5">설, 추석이 속하는 달 월급여액의 60%</td><td>연 2회</td></tr>
<tr><td>직급보조비</td><td colspan="5">원장: 400,000원 / 원감: 250,000원</td><td>매월</td></tr>
<tr><td>보직교사수당 (부장교사)</td><td colspan="5">70,000원</td><td>매월</td></tr>
<tr><td>특수업무수당</td><td colspan="5">30,000원
※ 유치원, 초등학교, 특수학교의 등·하교 통학버스에 월 10회 이상 동승하는 자(운전만을 하는 자 제외)</td><td>매월</td></tr>
<tr><td>관리업무수당</td><td colspan="5">원장: 월 보급액의 7.8%</td><td>매월</td></tr>
<tr><td rowspan="3">교원연구비</td><td rowspan="2">원장</td><td rowspan="2">원감</td><td rowspan="2">보직교사</td><td colspan="2">교사</td><td rowspan="3">매월</td></tr>
<tr><td>5년 이상</td><td>5년 미만</td></tr>
<tr><td>75,000</td><td>65,000</td><td>60,000</td><td>55,000</td><td>70,000</td></tr>
<tr><td>기본급 보조</td><td colspan="5">520,000원(교육지원청 지급)</td><td rowspan="3">매월</td></tr>
<tr><td>담임수당</td><td colspan="5">130,000원(교육지원청 지급)</td></tr>
<tr><td>장기근속수당</td><td colspan="5">30,000원(교육지원청 지급) ※ 5년 이상 경력자만 해당</td></tr>
</table>

<table>
<tr><th>구 분</th><th>산정 기준</th><th>비고(지급 시기 등)</th></tr>
<tr><td>시간외근무 수당</td><td>
■ 시간외근무수당 정액분
– 지급대상: 월간 출근 근무일수가 15일 이상인 자
– 지급금액: 별도의 시간외근무명령이나 승인없이 월 10시간분의 시간외근무 수당을 정액(10시간×봉급기준액의 209분의 1의 150%)으로 지급
– 지급단가(2020년기준)
<table>
<tr><th rowspan="2">직위</th><th rowspan="2">원감</th><th colspan="3">교사</th></tr>
<tr><th>30호봉 이상</th><th>20~29호봉이상</th><th>19호봉 이하</th></tr>
<tr><td>시간외(시간당)</td><td>14,288</td><td>13,375</td><td>12,459</td><td>11,216</td></tr>
</table>
</td><td>매월</td></tr>
<tr><td>성과상여금</td><td>
■ 지급기준액(2020년 기준)
<table>
<tr><th>직위</th><th>원장</th><th>원감</th><th>교사</th></tr>
<tr><td>지급기준액</td><td>4,718,600</td><td>4,101,300</td><td>3,621,200</td></tr>
</table>
※2020년 공무원보수 등의 업무지침(인사혁신처 예규 제88호) 참고
</td><td>연 1회</td></tr>
</table>

※ 상기 수당은 지급에 참고할 수 있도록 기본사항만을 명시한 것이므로, 관련 규정을 참고하여 지급 대상과 금액을 명확히 하여 지급하여야 함
(공무원 수당 등에 관한 규정, 교원연구비 지급에 관한 규정, 성과상여금 업무처리 기준 등)

※ 사립유치원 교직원 인건비 지급 기준

- ■ 교원 및 직원(기타직 포함)의 보수는 「공무원 보수규정」, 「공무원수당 등에 관한 규정」, 「근로기준법」 등 관련 규정을 따름
- ■ 인건비의 집행은 반드시 법령 등에 지급 근거가 있어야 하며, 지급대상과 금액을 명시하여 집행

※ 2020년 교원 기본급 보조 지원 : 국가에서 사립유치원 교원 대상으로 기본급 일부(월 520,000원), 담임수당(월 130,000원), 장기근속수당 (월 30,000원/ 5년 이상 경력자 해당)를 보조함

※ 사립유치원의 경우 대학부속유치원이나 법인유치원을 제외하면 상기 수당의 지급 여부는 원별 자체 규정에 따라 시행하고 있음

4. 유치원 교원의 권리

유치원 교원은 교원지위 법정주의에 따라 법적으로 그 지위를 보장받으며 국민의 교육을 담당하는 자로서 예우를 받는다. 유치원 교원이 신분상으로 누릴 수 있는 권리를 법률에 근거하여 정리하여 보면 다음과 같다.

1) 신분보장 및 교원에 대한 예우

(1)「교육기본법」 제14조(교원)

① 학교교육에서 교원(敎員)의 전문성은 존중되며, 교원의 경제적 · 사회적 지위는 우대되고 그 신분은 보장된다.

(2)「교육공무원법」 제43조(교원의 존중과 신분보장)

① 교권(敎權)은 존중되어야 하며, 교원은 그 전문적 지위나 신분에 영향을 미치는 부당한 간섭을 받지 아니한다.

② 교육공무원은 형의 선고나 징계처분 또는 이 법에서 정하는 사유에 의하지 아니하고는 본인의 의사에 반하여 강임 · 휴직 또는 면직을 당하지 아니한다.

③ 교육공무원은 권고에 의하여 사직을 당하지 아니한다.

(3)「교원의 지위 향상 및 교육활동 보호를 위한 특별법」 제2조(교원에 대한 예우)

① 국가, 지방자치단체, 그 밖의 공공단체는 교원이 사회적으로 존경받고 높은 긍지와 사명감을 가지고 교육활동을 할 수 있는 여건을 조성하도록 노력하여야 한다.

② 국가, 지방자치단체, 그 밖의 공공단체는 교원이 학생에 대한 교육과 지도를 할 때 그 권위를 존중받을 수 있도록 특별히 배려하여야 한다.

③ 국가, 지방자치단체, 그 밖의 공공단체는 그가 주관하는 행사 등에서 교원을 우대하여야 하며, 교원이 교육활동을 원활하게 수행할 수 있도록 적극적으로 협조하여야 한다.

(4) 「교원의 지위 향상 및 교육활동 보호를 위한 특별법」 제6조(교원의 신분보장)

① 교원은 형(刑)의 선고, 징계처분 또는 법률로 정하는 사유에 의하지 아니하고는 그 의사에 반하여 휴직·강임(降任) 또는 면직을 당하지 아니한다.

② 교원은 해당 학교의 운영과 관련하여 발생한 부패행위나 이에 준하는 행위 및 비리 사실 등을 관계 행정기관 또는 수사기관 등에 신고하거나 고발하는 행위로 인하여 정당한 사유 없이 징계조치 등 어떠한 신분상의 불이익이나 근무조건상의 차별을 받지 아니한다.

(5) 「사립학교법」 제56조(의사에 반한 휴직·면직 등의 금지)

① 사립학교 교원은 형의 선고·징계처분 또는 이 법에 정하는 사유에 의하지 아니하고는 본인의 의사에 반하여 휴직 또는 면직 등 불리한 처분을 받지 아니한다. 다만, 학급·학과의 개폐에 의하여 폐직이나 과원이 된 때에는 그러하지 아니한다. <개정 1990. 4. 7>

② 사립학교 교원은 권고에 의하여 사직을 당하지 아니한다.

2) 징계 및 소청

(1) 「교육공무원법」 제48조(교원의 불체포 특권)

교원은 현행범인인 경우를 제외하고는 소속 학교장의 동의 없이 학원 안에서 체포되지 아니한다.

(2) 「교원의 지위 향상 및 교육활동 보호를 위한 특별법」 제4조(교원의 불체포특권)

교원은 현행범인인 경우 외에는 소속 학교장의 동의 없이 학원 안에서 체포되지 아니한다.

(3) 「사립학교법」 제60조(교원의 불체포특권)

사립학교의 교원은 현행범인의 경우를 제외하고는 소속 학교장의 동의 없이 학원 안에서 체포되지 아니한다.

(4) 「교육공무원법」 제49조(고충처리)

① 교육공무원(공립대학에 근무하는 교육공무원은 제외한다. 이하 이 조에서 같다.)은 누구나 인사·조직·처우 등 각종 직무조건과 그 밖의 신상문제에 대하여 인사상담이나 고충의 심사를 청구할 수 있으며, 이를 이유로 불이익한 처분이나 대우를 받지 아니한다.

(5) 「교원의 지위 향상 및 교육활동 보호를 위한 특별법」 제7조-제10조 (소청심사관련)

교원소청심사위원회의 설치, 위원의 자격과 임명, 소청심사의 청구 등, 소청심사 결정

법률에 근거한 유치원 교원의 징계 및 소청 관련 권리

- 형의 선고, 징계처분 또는 법률로 정하는 사유에 의하지 아니하고는 그 의사에 반하여 신분이 침해되지 아니할 권리
- 신분보장이 침해된 경우 징계회부와 그 이유를 서면으로 통지받을 권리
- 징계사유에 관한 증거를 충분히 알아볼 수 있는 권리
- 충분한 준비 기간을 가지고 스스로 변명을 하거나, 자기가 선택한 대리자로 하여금 변명하게 할 수 있는 권리
- 결정사항과 그 사유를 서면으로 통지받을 권리
- 명확히 지정된 기관이나 기구에 소청할 수 있는 권리

3) 교원의 지위 향상을 위한 교섭과 협의

교원의 신분이 법적으로 보장되고 교원을 예우해야 한다는 법률이 있기는 하지만 교원이 스스로 자신의 지위를 향상시키기 위한 교원단체를 조직하여 교섭과 협의를 할 수 있는 권리가 있다.

① 「교육기본법」 제15조 (교원단체)

교원은 상호 협동하여 교육의 진흥과 문화의 창달에 노력하며, 교원의 경제적·사회적 지위를 향상시키기 위하여 각 지방자치단체와 중앙에 교원단체를 조직할 수 있다.

② 「교원의 지위 향상 및 교육활동 보호를 위한 특별법」 제11조(교원의 지위 향상을 위한 교섭·협의)

「교육기본법」 제15조 제1항에 따른 교원단체는 교원의 전문성 신장과 지위 향상을 위하여 교육감이나 교육부장관과 교섭·협의한다.

③ 「교원의 지위 향상 및 교육활동 보호를 위한 특별법」 제12조 (교섭·협의 사항)

제11조 제1항에 따른 교섭·협의는 교원의 처우 개선, 근무조건 및 복지후생과 전문성 신장에 관한 사항을 그 대상으로 한다. 다만, 교육과정과 교육기관 및 교육행정기관의 관리·운영에 관한 사항은 교섭·협의의 대상이 될 수 없다.

4) 사립유치원 교원 권리

앞에서 살펴본 바와 같이 법률에 규정된 교원의 권리는 국공립유치원이나 사립유치원 모두 동일하다. 현재 우리나라의 사립유치원이 모두 규모가 있거나 법인이 아니기 때문에 실제에서는 모든 권리를 누리기는 어렵다. 그럼에도 불구하고 황보영란(2011)은 다음과 같은 이유로 사립유치원 교원도 국·공립유치원 교원과 마찬가지로 법에서 보장하고 있는 권리를 누릴 수 있어야 한다고 주장한다.

① 국민의 교육을 받을 권리를 보장하는 헌법 제31조 제1항, 교육제도 및 교원지위

법정지위를 규정하고 있는 같은 조 제6항을 근거로 하여 공법인 교육기본법, 교원의 지위 향상 및 교육활동 보호를 위한 특별법이 제정되어 교원은 국·공·사립학교를 불문하고 그 신분이 보장된다.

② 현재의 학교교육에서 사립학교가 차지하는 비중이 막중하고 사립학교 교원도 국가의 공교육을 담당한다는 점에서 국·공립학교 교원과 차이가 없다.

③ 학교법인은 사립학교를 설치·경영할 목적으로 설립된 법인으로 학교의 설립·운영에 관한 사항뿐 아니라 교사의 임면 등 인사에 관한 사항에 대해서도 국가의 지도·감독을 받고, 국가 및 지방자치단체로부터 각종 재정지원을 받으며, 사립학교 교원의 연금도 국가 등이 일부 부담하고 있다.

④ 학교법인은 원칙적으로 교육제도 법정주의에 따라 공공성에 비추어 법이 인정하는 범위 내에서만 그 권한과 의무를 가진다.

⑤ 교원의 지위 향상 및 교육활동 보호를 위한 특별법은 학교법인을 행정청과 유사한 지위에 있는 것으로 인정하고 있다는 것을 근거로 사립학교 교원은 공무원 내지 공무원에 준하는 지위에 있다.

제4장에서 학습할 내용은 다음과 같다.

1. 유치원 교사의 의무가 명시되어 있는 관련 법규에 대해 이해한다.
2. 유치원 교사에게 윤리강령이 필요한 이유를 이해한다.
3. 유치원 교사가 현장에서 직면할 수 있는 윤리적 딜레마 상황 및 그 원인을 이해한다.
4. 딜레마 상황에서 윤리강령을 적용하여 문제를 해결해 본다.

교원의 역량

✓ 인성과 사명감 및 윤리의식

평가에 대한 이해 및 실행

학습자의 특성 및 문화에 대한 이해

공동체와의 협력 및 의사소통

교육과정에 대한 이해 및 실행

학급운영

교수-학습과정에 대한 이해 및 실행

전문성 발달

제 4 장

유치원 교사의 책무와 교직윤리

유치원 교사를 위한 윤리강령은 유치원 교사가 딜레마에
직면했을 때 의사결정을 도와주는 지침서이다.

전문성을 가진 교사는

- 가르치는 일은 정답이 없고 매우 복잡한 일이라는 것을 인식한다.
- 가르치는 일에는 윤리적인 딜레마가 포함되어 있다는 것을 인식한다.
- 유치원 구성원 간의 권리가 충돌하는 상황에서 윤리강령을 근거로 의사결정을 할 수 있다.

전문성이 없는 교사는

- 가르치는 일에서 하나의 방법만을 고집한다.
- 유아를 가르치는 일의 복잡성을 인식하지 못하고 단순히 돌보기만 하면 된다고 생각한다.
- 유치원 구성원 간의 권리가 충돌할 때 개인적인 신념에 근거하여 판단한다.

전염성 질병에 걸린 유아의 등원

내가 근무하고 있는 곳은 유치원의 방과후반이다. 유진이는 만 4세의 여아로 부모님 모두 직장에 다니며 친가, 외가 모두 지방에 있고 서울에는 가까운 친척들이 살고 있지 않다. 유진이가 유치원에 다닌 지 2개월이 지난 5월의 어느 날이었다. 엄마와 함께 등원을 한 유진이는 교사와 인사를 나눈 후 교실로 들어왔다. 그런데 유진이의 눈을 보니 빨갛게 충혈되어 있었고 눈곱도 끼어 있었다.

어머님께 전화를 드리니 "아침에 일어나니까 조금 충혈됐더라고요. 괜찮아질 것 같아 그냥 보냈는데……." 하고 말끝을 흐리셨다. 그래서 "어머님, 혹시 유행성일 수도 있으니까 되도록 유진이 데리고 병원에 가보시는 것이 좋을 것 같아요. 또 전염성일 수도 있어서 교실에는 데리고 있을 수가 없을 것 같아요."라고 대답해 드렸다. 어머님께서는 오전에는 시간이 가능하지 않고 점심시간에 데리러 오겠다고만 하셨다.

우리 유치원은 양호실이나 양호교사가 따로 없기 때문에 오전 시간에는 원장님이 유진이를 데리고 있을 수밖에 없었다. 유진이를 데리고 있는 동안 원장선생님은 다른 일을 아무것도 할 수가 없었다. 어머니가 점심때에 오셔서 병원에 데리고 간 결과 유행성 결막염이었다. 전염성이 강한 유행성 결막염이어서 당분간 유진이는 유치원에 올 수가 없었다. 어머니가 밤에 유진이를 부산에 있는 할머니 댁에 데려다 주고 새벽에 서울로 올라오셨다.

1학기가 끝나고 개별 면담 시간에 유진이 어머니는 유진이가 유행성 결막염에 걸렸던 그때에는 너무 막막했었고 한편으로는 원장선생님과 교사가 유진이를 돌보아 줄 사정이 아니라는 것을 뻔히 알면서도 유진이를 데려가라고 해서 조금은 야박하다는 생각도 들었다고 말씀하셨다.

요즘에는 맞벌이 가정이 늘어나면서 유치원에서도 방과후반을 실시하고 있는 곳이 많다. 여러 아이가 생활하는 유치원에서 전염성이 있는 질병에 걸린 유아는 등원하지 않는 것이 원칙임을 학기 초 오리엔테이션과 통신문을 통해 수시로 부모님들께 말씀드리지만 매해 이런 돌발 상황이 발생하곤 한다. 한편으로는 갑자기 아이가 전염성이 있는 질병에 걸렸을 때 아이 맡길 곳이 없는 부모님의 입장이 얼마나 막막할까 하고 이해가 될 때도 있다. 하지만 여러 유아가 함께 생활하는 기관에서 전염성이 있는 유아를 막무가내로 보내는 부모님들을 대할 때면 참 막막하기도 하다.

이럴 때면 어떻게 하는 것이 가장 좋은 방법인지 모르겠다.

유치원 교사의 책무와 교직윤리

제 4 장

1. 유치원 교사의 의무

「헌법」 제31조에 근거하여 교원의 지위를 정하는 법률을 제정할 때는 교원의 기본권이나 지위를 보장하는 규정과 함께 국민이 교육을 받을 권리를 보다 효율적으로 보장하기 위한 규정도 반드시 함께 담겨 있어야 한다. 즉, 「헌법」 제31조 제6항을 근거로 하여 제정되는 법률에는 교원의 신분보장, 경제적·사회적 지위보장 등 교원의 권리에 해당하는 사항뿐만 아니라 국민의 교육을 받을 권리를 저해할 우려가 있는 행위를 금지하는 것과 같이 교원의 의무에 관한 사항도 규정하게 된다(헌재 1991. 7. 22. 89헌가106, 판례집 3, 387, 416-417). 다음은 우리나라 법령에 제시되어 있는 교원의 의무이다.

표 4-1 | 법령에 나타난 교원의 의무

법령	조항	내용
헌법	第7조	국민 전체에 대한 봉사자로서 국민에 대한 책임을 짐
교육기본법	第14조	② 교원은 교육자로서 갖추어야 할 품성과 자질을 향상시키기 위하여 노력하여야 한다. ③ 교원은 교육자로서의 윤리의식을 확립하고, 이를 바탕으로 학생에게 학습윤리를 지도하고 지식을 습득하게 하며, 학생 개개인의 적성을 계발할 수 있도록 노력하여야 한다. ④ 교원은 특정한 정당이나 정파를 지지하거나 반대하기 위하여 학생을 지도하거나 선동하여서는 아니 된다.
국가공무원법	第56조	성실히 직무를 수행함(성실의무) 법령준수의무
	第57조	복종의무
	第58조, 第64조	직장이탈금지의무, 영리 및 겸직 금지의무
	第59조	친절 공정의무
	第60조	비밀엄수의무
	第61조	청렴의무
	第63조	품위유지의무
	第65조	정치활동 금지의무
	第66조	집단행위 금지의무
사립학교법	第55조	국가공무원법이 정한 복무와 관련한 규정을 준용하여 사립유치원 교원도 국공립유치원 교원이 지켜야 하는 직무상의 의무 규정을 적용받는다.

이상 법령에 나타난 교원의 의무를 정리하면 다음과 같다.

1) 성실의 의무

교원에게 부과되는 가장 기본적이고 중요한 의무로서 최대한으로 공공의 이익을 도모하고 그 불이익을 방지하기 위하여 전 인격과 양심을 바쳐서 성실히 직무를 수행하도록 하는 의무이다(대법원 1989.5.23. 88누3161 판결). 교원의 직무 가운데 가장 중요한 것은 학급을 운영하면서 교육과정을 개발하고 적용하며 운영하고 평가하는 것이다. 김은영과 박은혜(2006)는 유치원 교사가 수행하는 모든 직무를 분석하여 10개의 영역으로 구분하였다. 각각의 직무는 담임하는 연령, 기관의 특성, 운영 시간, 교사의 직위 등에 따라 달라질 수 있다.

표 4-2 | 유치원 교사의 직무영역 및 구체적인 직무

직무 영역	직무 구분
교수학습 준비	교육계획, 교재교구 준비, 환경 구성, 수업 준비, 수업 협의
교수학습 실제	등·하원 지도, 놀이 지도, 생활 지도, 상호작용, 활동 운영, 현장학습 지도
교수학습 평가	유아 평가, 수업(교사) 평가, 프로그램 평가
전문성 신장	연수 참여, 참관, 연구 관련 활동, 장학, 전문가로서 활동
유아보호 관련 업무	건강, 청결, 안전
학부모 관련 업무	부모와의 연계, 부모 상담, 부모 교육, 가족 지원
행사 관련 업무	행사 준비, 행사 진행, 행사 마무리
사무 관련 업무	문서 작성, 문서 관리, 사무 관리, 물품 관리, 운영 관리
시설설비 관련 업무	안전 관리, 기자재 관리
대인관계 및 사회적인 업무	대인관계, 지역사회와의 관계

2) 직무상의 의무

(1) 법령준수의무

유치원 교사는 학급을 운영하면서 법령에서 규정하는 직무와 관련된 법규를 지켜야 하는 의무가 있다. 교사가 지켜야 하는 법령에는 교원의 신분과 관련된 것도 있지만 안전, 위생, 평가, 전문성 신장 등과 관련된 내용도 포함된다.

(2) 복종의무

정당한 권한을 가지고 있는 자가 직무와 관련하여 지시를 하였을 때는 교원의 자주성과 전문성이 보장되는 범위 내에서 이를 따르도록 해야 한다.

(3) 직무전념의무

유치원 교사는 소속 상관의 허가 없이 또는 정당한 이유 없이 유치원을 이탈해서는 안 된다.

(4) 친절 공정의무

법령에서는 교원이 서비스의 대상인 국민에게 친절하고 공정하게 직무를 집행하도록 규정하고 있는데 고전(1996)은 이를 교육의 대상인 학생을 최선을 다해 편견 없이 지도하는 것이라고 해석하였다.

3) 신분상의 의무

(1) 비밀엄수의무

유치원 교사는 학급을 운영하면서 유아 발달 상의 특징이나 학부모 관련 정보를 얻게 된다. 유치원 교사는 자신의 직무와 관련하여 얻게 된 정보를 외부에 알리지 않고 비밀을 엄수할 의무가 있다.

(2) 청렴의무

유치원 교사는 자신의 직무 이외에 학부모나 관련된 자로부터 금품을 수수하거나 부당한 방식으로 요구하는 일을 하지 않아야 한다.

(3) 품위유지의무

유치원 교사는 교원의 품위를 유지할 의무가 있다. 특별히 유아와 긴 시간 생활하는 동안 불편하지 않도록 의복이나 머리 등을 단정히 하도록 하고 비속어를 사용하거나 적절하지 않은 언어를 사용하지 않도록 주의를 기울여야 한다.

확동

유치원 교사의 의무를 위반하는 사례를 찾아보자.

2. 유치원 교직윤리의 개념 및 중요성

1) 교사의 책무성과 교직윤리

(1) 교직윤리의 개념

윤리란 사회적 의식의 한 형태로 인간이 마땅히 따라야 하는 행위 규범의 총체이다(곽영우, 1997). 윤리는 강제력을 수반하는 법률과 달리 인간의 자율적 판단에 근거하며 사람들의 양심이나 사회의 습관을 기본으로 한다. 인간이 사회에서 지켜야 하는 규범을 윤리라고 한다면 교직윤리는 교사가 교직 생활에서 지켜야 하는 실천 규범이다. 윤리강령은 이러한 규범을 담은 것이다. 윤리강령은 그 직업에 종사하는 사람이 옳다고 믿는 것을 행할 수 있도록 도와준다. 윤리강령은 그 직업에 종사하는 사람이 직무 수행 과정에서 상대하는 사람에게 최상의 이익이 된다고 판단되었을 때, 비록 사람들이 동의하지 않을지라도 자신의 전문적 판단에 따라 행동하도록 격려한다. 윤리강령이란 목표를 위해 어떤 일을 시행하는 과정에서 우리가 행동해야 할 옳고 좋은 방법에 관한 진술이다. 사실, 옳은 것과 옳지 못한 것 사이의 선택은 별로 문제가 되지 않는다. 어떤 의미에서, 윤리적 진술은 옳은 것과 더 옳은 것 사이의 선택일 수도 있다. 교직윤리는 학습자의 인권과 가정의 복지, 그리고 교육의 질과 직접적인 연관을 가지고 있기 때문에 매우 중요하다.

(2) 교원 윤리강령의 성격

교원의 윤리강령(code of ethics)은 조직의 내부 구성원이 기본적으로 지향해야 할 가치를 담은 윤리 지침이다. 이러한 윤리 지침은 교원이 직무 수행 과정에서 기대되는 바람직한 '선'을 행하고, 그렇지 않은 '악'을 피할 수 있도록 도와주는 안내자의 역할을 한다. 교직윤리강령은 교원에게 필요한 행동이 무엇이며, 하지 말아야 하는 행동이 무엇인지를 말해 준다. 교직윤리강령은 다음의 6가지 성격을 가지고 있다(한국교원총연합회, 2005).

① 규범성

윤리강령은 교원에게 기대되는 바람직한 가치판단이나 의사결정을 담고 있다는 점에서 기본적으로 규범성을 지향한다. 이러한 바람직한 행동이나 가치판단은 사회적, 문화적 속성을 반영하는 것이기 때문에, 동서고금을 막론하고 동일한 것이 존재할 수 없으며 당시의 시대상을 어느 정도 반영할 수밖에 없다.

② 실천성

윤리강령은 단순히 규범의 차원에만 머무는 것이 아니라 교원에 의하여 제대로 실천될 수 있을 때, 윤리강령이 지향하는 궁극적인 의미가 달성될 수 있다. 아무리 규범적으로 바람직하고 높은 도덕성을 표현하고 있다 하더라도, 이것이 실천되지 않는다면 윤리강령으로서의 의미를 상실하기 때문이다.

③ 자율성

윤리강령은 외부의 타율적 강제에 의하여 이루어지는 것이 아니라, 강령의 적용을 받는 해당 교원 스스로 자발적인 수용과 자율적 실천에 기초하여 운영되어야 한다.

④ 지침

윤리강령은 교원의 바람직한 행동의 방향을 제시하는 데 목적이 있지만, 지나치게 세부적인 내용보다는 어느 정도 포괄적이고 보편적인 내용에 대한 규정을 담고 있다. 지나치게 세부적인 규정은 그 자체로서 제정이 어려울 뿐만 아니라, 교원 개개인의 행동이나 의사결정이 지니고 있는 다양성으로 인하여 단일의 기준으로서 강령을 제시하는 것은 한계가 있기 때문이다. 따라서, 구체성을 지니되 개별 교원에게 어느 정도 보편적으로 적용될 수 있는 수준으로 제정되어야 한다는 것을 의미한다.

⑤ 투명성

교원도 의사나 변호사와 마찬가지로 고도의 전문성을 지니고 있는 집단이라는 점에서 외부 통제의 어려움이 있기 때문에, 윤리강령 등의 제정을 통하여 직무의 투명성 확보와 더불어 자율적 통제가 효율적으로 이루어질 수 있다.

⑥ 예방 지향성

윤리강령은 사후적 처벌보다는 사전적인 예방 기능을 주된 목적으로 하고 있다. 부패가 발생하였을 경우에 이를 원상태로 복구하는 것이 사실상 어렵다는 점에서, 사후적 처벌보다는 사전적 예방이 보다 강조되는 것이다.

2) 유치원 교직윤리의 중요성

가르치는 일은 필연적으로 수없이 많은 딜레마에 직면하게 된다. 딜레마란 같은 비중의 가치가 서로 충돌하여 그 어느 쪽으로도 의사 결정을 내리기 어려운 상태를 의미한다. 캐츠(Katz)는 직업의 특성상 발생할 수 있는 여러 가지 종류의 유혹들을 잘 다룰 수 있는 기준을 세울 수 있도록 도와주는 것이 바로 윤리강령이라고 정의한 바 있다. 윤리강령은 교사들이 바로 이런 딜레마에 직면했을 때 가장 적절한 의사결정을 내릴 수 있도록 이끌어 주는 지침이다. 유아교육에서 특히 윤리강령이 필요한 이유에 대하여 캐츠(Katz, 1989)는 다음의 4가지를 들고 있다.

(1) 유치원 교사의 힘과 지위

유치원 교사는 대개 유아의 인격을 존중하고, 그들의 요구를 들어 주기 위해 노력하며, 학급의 모든 유아를 공평하게 대하기 위하여 노력한다. 그러나 경우에 따라서 유아를 함부로 대하기도 하고, 공평하지 못하게 일을 처리하는 경우도 있으며, 유아의 의사를 무시하기도 하고, 유아의 마음에 상처를 주기도 한다. 물론 유아가 이와 같은 상황에 대해 불만을 제기하거나 이를 적절하게 수정하도록 요구를 할 수 있다면 문제가 없겠지만 유아는 스스로 자신을 방어할 수 있는 능력이 아직 부족하다.

교사는 유아에게는 상대적으로 높은 지위를 가질 수 있지만 부모와의 관계에서는 반드시 그렇지 않다. 이는 부모가 의뢰인이기 때문이다. 만일 부모의 요구와 유아의 요구가 충돌한다면 교사는 어떻게 해야 하는가? 교사는 부모의 요구를 물리치기 어렵지만 유아에게는 특별한 양해를 구하지 않고도 교사가 원하는 행동을 할 수도 있다. 유아교사를 위한 윤리강령은 바로 이러한 상황에서 유아의 안녕을 위하여 옳은 판단을 내릴 수 있도록 도와준다.

(2) 유아의 다양성

교사는 학급 전체의 유아에게 관심을 기울여야 하지만 상황에 따라서 교사 개인의 관심을 필요로 하는 유아가 있을 수도 있다. 이때 교사는 개인과 집단의 요구 가운데 어떠한 것을 받아들여야 하는가? 어떤 아이는 인지적으로 매우 뛰어나서 학급의 다른 아이를 대상으로 하는 활동을 주면 매우 지루해하고 산만해진다. 이럴 때 교사는 어떻게 해야 하는가? 자신이 속한 기관의 철학과 일치하지 않는 교육을 요구하는 부모와의 갈등은 어떻게 해야 하는가? 윤리강령은 서로 다양한 요구를 가진 유아나 부모로 인하여 발생하는 문제를 해결하는 데 도움을 준다.

(3) 경험적 기초의 애매성

유아교육과정은 다른 각 급 학교의 교육과정과는 달리 유아의 경험과 과정을 중요시한다. 이는 다시 말해서 반드시 가르쳐야 하는 유아교육의 내용이 미리 결정되어 있는 것이 아니라 끊임없이 변할 수 있다는 것이다. 이러한 교육과정 운영의 자율성은 때로는 흥미진진함을 불러일으키기도 하지만 유아교사가 끊임없이 의사 결정을 해야 한다는 의미가 된다. 교사가 내리는 대부분의 의사 결정 과정에는 교사의 의도 여부에 관계없이 교사 개인의 가치가 포함되기 마련이다. 즉, 유치원 교사는 다른 어떤 학년의 교사보다도 교사 개인의 가치에 따라 교육과정과 내용 및 방법을 정할 가능성이 높다는 것이다. 윤리강령은 이렇게 불확실성이 높은 상태에서 철학적인 기초를 제공해 줌으로써 교사의 결정에 방향을 잡아주는 역할을 할 수 있다.

(4) 역할의 애매성

최근 유아교육기관에 맡겨지는 유아의 연령은 점점 낮아지고, 시간은 더욱 길어지며, 그 숫자는 점점 더 많아지고 있다. 앞에서도 언급한 바와 같이 유아의 연령이 어리고 기관에서 지내는 시간이 더 많아지면 먹이고, 입히고, 씻기고, 기본 생활 습관을 길러 주어야 하는 등 교사의 역할이 한없이 많아진다. 이렇게 역할이 많아지다 보면 부모의 역할과 구분이 어려워지는 문제가 생긴다. 특히 이 모든 문제에 있어 부모의 의견과 일치하지 않는 경우 교사는 자신과 부모, 그리고 유아 사이에서 판단을 내리기 어려운 딜레마에 빠지게 되기가 쉽다. 윤리강령은 바로 이러한 딜레마 상황에서 교사가 옳은 판단을 내릴 수 있도록 도와줄 것이다.

3) 교직윤리의 내용

(1) 교직윤리헌장

우리나라에는 모든 교원에게 적용되는 윤리 규정인 교직윤리헌장이 있다. 교직윤리헌장은 1982년에 공포된 사도강령과 사도헌장을 대신하는 것으로 2005년 스승의 날에 발표되었다. 교직윤리 헌장을 제정한 배경에는 2004년 11월 발생한 2005학년도 대학수학능력시험 부정행위와 2005년 1월 발생한 배재고 교사의 학생 답안지 대리 작성 등의 교원 비리가 결정적인 원인이 되었다. 사회적으로 '교육계 자정운동' 전개 필요성이 제안되었고, 교육계는 교직윤리헌장을 통해 교직 구성원들에게 교육적 가치판단과 행동 선택의 기준을 제시함으로써 비리와 부정에 빠지지 않도록 가이드라인 역할을 하고, 한편으로는 학생, 학부모 등에 공개적인 약속을 하여 교육계 스스로 자정을 선언한 것이다. 교직윤리헌장 제정을 위해 교육인적자원부 및 한교조 등 10개 단체 대표, 초·중등교원 14명, 대학교원 5명이 참여하였고, 여러 차례의 회의와 설문 조사 등을 거쳐 확정하게 되었다.

한국교원단체총연합회 교직윤리헌장

우리는 교육이 인간의 가치와 존엄성을 높이며, 개인의 성장과 자아실현은 물론 국가와 민족의 미래에 중대한 영향을 준다는 사실을 명심하고, 국민으로부터 부여받은 교육자의 책무를 다하기 위해 최선을 다한다. 우리는 균형 있는 지·덕·체 교육을 통하여 미래사회를 열어 갈 창조정신과 세계를 향한 진취적 기상을 길러 줌으로써, 학생을 학부모의 자랑스런 자녀요 더불어 사는 민주 사회의 주인으로 성장하게 한다. 우리는 교육자의 품성과 언행이 학생의 인격 형성을 좌우할 뿐만 아니라 사회전반의 윤리적 지표가 된다는 사실을 깊이 인식하고, 윤리성과 전문성을 높이기 위해 노력한다. 이에 우리 모두의 의지를 모아 교직의 윤리를 밝히고, 사랑과 정직과 성실에 바탕을 둔 교육자의 길을 걷는다.

우리의 다짐

- 나는 학생을 사랑하고 학생의 인권과 인격을 존중하며, 합리적인 절차와 방법에 따라 지도한다.
- 나는 학생의 개성과 가치관을 존중하며, 나의 사상·종교·신념을 강요하지 않는다.
- 나는 학생을 학업성적·성별·가정환경의 차이에 따라 차별하지 않으며, 부적응아와 약자를 세심하게 배려한다.
- 나는 수업이 교사의 최우선 본분임을 명심하고, 질 높은 수업을 위해 부단히 연구하고 노력한다.
- 나는 학생의 성적평가를 투명하고 엄정하게 처리하며, 각종 기록물을 정확하게 작성·관리한다.
- 나는 교육전문가로서 확고한 교육관과 교직에 대한 긍지를 갖고, 자기개발을 위해 노력한다.
- 나는 교직 수행과정에서 습득한 학생과 동료, 그리고 직무에 관한 정보를 악용하지 않는다.
- 나는 학생이나 학부모로부터 사적이익을 취하지 않으며, 사교육기관이나 외부업체와 부당하게 타협하지 않는다.
- 나는 잘못된 제도와 관행을 개선하는 데 앞장서며, 교육적 가치를 우선하는 건전한 교직문화 형성에 적극 참여한다.
- 나는 학부모와 지역사회를 교육의 동반자로 삼아 바람직한 교육공동체 형성을 위해 함께 노력한다.

4) 유치원 교사를 위한 헌장·윤리강령

우리나라 유치원 교사를 위한 헌장과 윤리강령은 2010년「유아교육 선진화 방안」T/F에서 개발되었다. 개발과정에는 유치원 교원양성·임용제도 개선 연구단, 한국4년제 유아교사양성대학교수협의회, 한국전문대학유아교육과교수협의회, 한국국공립유치원교원연합회, 한국유치원총연합회, 전국사립유치원연합회가 참여하였다.

유치원 교사 헌장

유아교육은 유아의 삶에 초석이 되며, 우리 사회와 국가의 미래를 결정한다. 우리는 국민의 생애 초기 교육을 책임지며 사회로부터 존경받는 교사로서 자신을 연마하고 소명의식을 가지고 유아 교육자로서 가야 할 길을 밝혔다.

1. 우리는 유아를 사랑하고 개성을 존중하며 전인발달을 지원하고 평화로운 교실문화를 조성한다.

2. 우리는 미래지향적이며 질 높은 교육을 계획하고 실천하여 교육자로서의 책임을 다한다.

3. 우리는 가정에 대한 이해와 연대를 강화하여 교육복지 사회 구축에 공헌한다.

4. 우리는 사회의 변화와 요구에 적극 부응하여 유아교육의 혁신과 발전을 위해 노력한다.

5. 우리는 교육자로서의 품위를 유지하고 부단한 자기개발을 통해 유아교육 전문가로서의 위상을 갖춘다.

유치원 교사 윤리강령

1. 유치원 교사와 유아

■ ■ 핵심 개념: 사랑, 평등, 개성 존중, 전인교육, 안전과 보호

① 우리는 유아를 사랑하며 유아의 인격을 존중한다.
② 우리는 유아의 개인적·가정적 배경에 관계없이 모든 유아를 평등하게 대한다.
③ 우리는 유아의 개성을 존중하며 개인의 흥미와 잠재력에 적합한 교육을 제공한다.
④ 우리는 유아의 전인발달을 지원하는 교육과 환경을 제공한다.
⑤ 우리는 유아의 안녕을 위협하는 가정적·사회문화적·경제적 상황을 적극적으로 파악하고 유아를 보호하기 위해 노력한다.

2. 유치원 교사와 가정

■ ■ 핵심 개념: 가족에 대한 이해, 권리 보호, 협력, 지원

① 우리는 유아를 교육하고 지원하기 위해 가정과 연계하고 협력 관계를 구축한다.
② 우리는 교육적 목적으로 수집한 가족 정보에 대해 기밀을 유지하고 가족의 사생활을 보장한다.
③ 우리는 유치원에서 일어난 안전사고나 위험 상황에 대해 가족에게 충분히 설명한다.
④ 우리는 가족에게 유치원을 개방하며 필요한 정보를 제공한다.
⑤ 우리는 유치원 운영에 관련된 중요한 의사결정 과정에 부모를 참여시킨다.
⑥ 우리는 가족에게 필요한 지역사회 자원에 대한 정보를 구축하고 이를 가족에게 적극적으로 제공한다.

3. 유치원 교사와 사회

■ ■ 핵심 개념: 사회에 대한 이해, 교원의 지위 향상, 유아교육 위상 강화, 교직문화, 지역사회와의 협력

① 우리는 사회의 흐름을 파악하고 이를 교육에 반영하고자 노력한다.
② 우리는 유아에 관련된 법률과 정책을 이해하고, 이를 개선하기 위한 활동에 적극 참여한다.
③ 우리는 교직 관련 단체와 전문가 협회를 통해 교권 확립을 위한 활동에 참여한다.
④ 우리는 유치원 교육을 사회에 널리 알려 유아교육의 위상을 높인다.
⑤ 우리는 교직원 간의 상호존중과 협력을 통해 건전한 교직문화를 형성한다.
⑥ 우리는 유치원과 연계하여 지역사회의 생활과 문화 향상에 기여한다.

4. 유치원 교사의 책무

■ ■ 핵심 개념: 직업의식과 긍지, 인성(열정, 개방성, 창의성, 자율성), 교사로서의 품위, 연구와 자기개발

① 우리는 교육전문가로서의 직업의식을 갖는다.
② 우리는 건전한 국가관과 확고한 교육관을 가지고 교직에 종사한다.
③ 우리는 유아에게 최적의 교육을 제공하기 위해 열과 성을 다한다.
④ 우리는 건전한 언행과 생활태도로 유아에게 모범이 되도록 한다.
⑤ 우리는 열린 사고와 개방적 태도를 가지고 전문성 향상에 매진한다.
⑥ 우리는 다양한 분야의 전문가와 교류하고 새로운 지식과 정책을 비판적으로 수용한다.

3. 유치원 교사의 윤리적 딜레마와 윤리적 책임

윤리강령은 교사가 윤리적인 딜레마 상황에 처했을 때 대처할 수 있는 행동 지침이다. 윤리적 딜레마는 행위자가 두 가지 선택해야 할 문제에 대해 양자택일해야 하지만 두 가지 모두를 선택할 수 없는 상황일 때를 의미한다. 딜레마 상황에서는 어떤 선택을 하든 다른 하나보다 더 만족스럽거나 이상적이지 않은 상황에서 주어진 두 가지 행동 양식 중 하나를 선택해야 한다. 딜레마 상황에서는 서로 상충적이면서 가치가 엇비슷한 두 개의 대안 가운데 한 가지를 선택해야 하기 때문에 교사가 우선하고자 하는 가치가 중요한 판단의 기준이 되고 이때 윤리강령은 그 지침이 되어 준다. 가르치는 일은 늘 윤리적인 딜레마가 존재하기 때문에 교사는 윤리강령에 근거하여 의사결정을 하는 연습이 필요하다. 이는 다음과 같은 순서로 이루어질 수 있다.

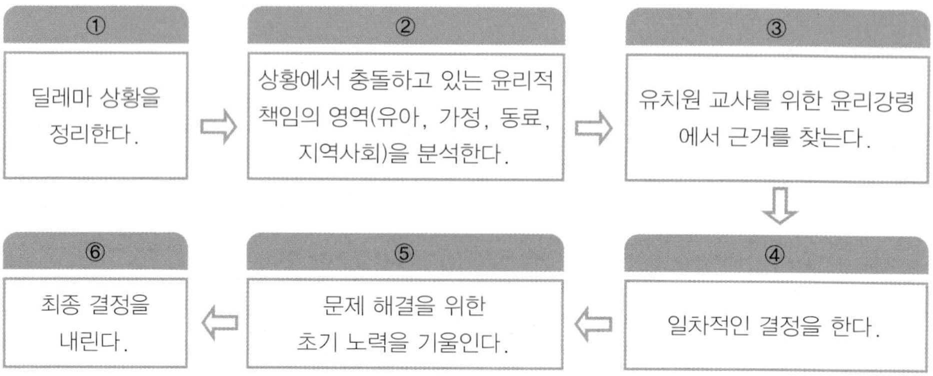

교실에서 윤리적 딜레마에 당면했을 때 유치원 교사가 고려해야 하는 책임은 유아, 가정, 동료교사, 그리고 지역사회의 영역으로 구분해 볼 수 있다. 다음에서는 NAEYC의 윤리강령에 기초하여 각 영역의 성격을 규명하고, 조형숙과 박은주의 연구(2009)를 중심으로 각 영역에서 윤리적 딜레마가 발생하는 원인과 내용을 살펴보고자 한다.

1) 유아에 대한 윤리적 책임

(1) 성격

유아기는 인생 주기에 있어서 독특하고 중요한 하나의 단계이다. 교사의 중대한 책임은 유아에게 안전하고 건전하고 반응적인 환경을 제공하는 것이다. 교사는 첫째, 유아의 발달을 지원하고 둘째, 개인 간의 차이를 존중하며 셋째, 협동적으로 생활하고 일하는 방법을 배울 수 있도록 도와주고 넷째, 건강, 자기 인식, 능력, 자기 존중감, 쾌활성을 증진시켜 주는 데 전념해야 한다.

(2) 원인

유치원 교사는 다음의 영역에서 대학에서 배운 이론을 현장에 적용하지 못한 것에 대한 후회와 함께 교사로서의 자존감에 상처를 입게 된다고 인식한다.

표 4-3 | 유아에 대한 윤리적 책임의 원인

영역	내용
유아의 흥미와 발달에 적합한 교육 계획 및 실행	• 유아 안전사고의 위험 • 원장의 반대 • 교사의 편리함 추구 • 교사가 취약한 분야에의 경시 • 교사의 교육 계획에 대한 욕심 • 절대적 시간의 부족 • 자료의 불충분 • 유아의 발달 특성에 대한 불인정 혹은 지나친 기대 • 교육 주제 변경에 대한 융통성 부족
유아에 대한 공평한 사랑	• 자신의 마음에 들지 않는 행동을 하는 유아에 대한 부정적 시각 • 유아를 부정적으로 단정 및 판단하는 태도
유아에게 적합한 문제행동 지도	• 유아에게 부적합한 지도 방법을 사용하여 공포, 수치심, 상처를 주게 됨 • 개인적 특성을 고려하여 기다려 주기보다는 대집단 활동 시간에 빨리 적응하도록 지도

영역	내용
유아에게 적합한 문제행동 지도	• 문제 행동에 대한 직접적 강화 방법 선호 • 반복적인 문제 행동을 하는 유아에게 감정적으로 지침 • 과중한 업무로 인하여 충분한 상호 작용 및 대화 시간 부족 • 교사의 순간적인 감정 절제의 어려움
유아의 가정환경과 문화 및 언어적 특성을 배려한 교육 및 지원	• 한 유아에 대한 고려가 다른 유아의 심도 있는 학습에 방해됨 • 다른 유아의 편견에 대한 염려 • 튀지 않는 조용한 유아 • 유아의 상처에 대한 고려 • 다문화 가정에 대한 지식의 부족
유아에 대한 복합적이고 객관적이며 정확한 평가	• 유아에 대한 단편적이고 외양에 치우친 편견 • 부모에게 보여 주기 위한 평가에 초점 • 다면적인 평가에 대한 관심의 부족
아동학대 및 방임의 징후가 있는 유아에의 관심 및 지원	• 유아 지원에 대한 적극성의 부족 • 부모의 상처 및 자존심 상할 것에 대한 염려
교사다운 교사의 모습 유지하기	• 유아에게 변덕스러운 교사의 모습을 보여 줌 • 부정적인 언어 습관 • 일의 피곤함 누적 • 유아에게 화풀이하기 • 자신을 돌아볼 마음의 여유 부족
교사의 전문성 발달을 위한 지식기반 유지	• 지식 개발을 위한 시간의 부족 • 기존상황(지식)에 안주하는 마음 • 원에서의 재정지원 부재

(3) 딜레마의 실제

유치원 교사가 유아와 관련하여 경험하는 윤리적 딜레마의 성격과 내용을 구체적으로 살펴보면 다음과 같다.

표 4-4 | 유아와 관련된 딜레마의 실제

<table>
<tr><th>윤리적 딜레마의 성격</th><th>내용</th><th>예</th><th>윤리적 딜레마의 주체</th></tr>
<tr><td rowspan="2">공정성
대
존중</td><td rowspan="2">공정성: 모든 유아를 항상 공평하게 대우하기(다수의 유아, 원칙, 결과 중심)
존중: 다양한 개성을 지닌 유아들을 소중하게 대하며 차별하지 않기(소수의 유아, 동기, 방법 중심)</td><td>식습관: 간식에 대한 원칙 대 개인의 편식</td><td>유아(다수) 대 유아(소수)</td></tr>
<tr><td>교육 주제 선정: 다수 유아의 흥미 대 소수 유아의 흥미</td><td>유아(다수) 대 유아(소수)</td></tr>
</table>

사례

유아와 관련된 딜레마 사례

■ 상황

당신의 학급에 몸집이 크고 극도로 공격적인 4세 유아가 다른 유아들을 겁주고 다치게 하고 있다. 원장은 도움을 주지 못하고 부모는 그의 행동이 그 또래 남자아이에게 전형적인 것으로 생각하기 때문에 상담도 받으려 하지 않는다. 당신은 스트레스를 받고 지쳐 버렸으며, 다른 유아가 필요한 관심을 받지 못하고 있을까봐 걱정하고 있다.

■ 질문

당신은 원장에게 그 유아를 당신의 반에서 빼 달라고 요구할 것인가, 아니면 비록 다른 유아가 고생할지라도 계속 노력해 보기로 결심할 것인가?

2) 가정에 대한 윤리적 책임

(1) 성격

가정은 유아의 발달에 있어서 커다란 의미를 지닌다. 가정이라는 용어는 부모뿐만 아니라 유아에 관하여 책임을 담당하는 모든 사람을 포함하는 개념이다. 가정과 유아를 담당하는 전문가들은 유아의 복지에 관하여 공통적인 이해관계를 가지고 있기 때문에 교사는 가정과 기관이 유아의 발달을 강화하는 방향으로 서로 협조해야 할 책임이 있음을 인정해야 한다.

(2) 원인

유치원 교사는 다음의 영역에서 대학에서 배운 이론을 현장에 적용하지 못한 것에 대한 후회와 함께 교사로서의 자존감에 상처를 입게 된다고 인식한다.

표 4-5 | 가정에 대한 윤리적 책임의 원인

영역	내용
기관에서의 유아의 문제행동에 관한 진실한 정보 제공	• 유아의 행동이 변화하지 않게 됨 • 부모가 자녀의 문제행동을 인정 및 수용하지 않는 경우 • 교사의 개인적 특성(연령이 어리거나 경력이 적은 경우)으로 인한 용기의 부족 • 부모의 자녀에 대한 높은 기대 수준 • 민감한 부모의 경우
부모역할 지원	• 부모의 교사에 대한 지나친 기대 심리 • 가정 상황 파악의 어려움 • 부모의 자녀에 대한 무관심 • 부모교육에 대한 실제적 지식과 능력의 부족 • 부모의 오해에 대한 염려
기관에서 일어나는 일에 대한 진실한 공개	• 안전사고나 전염병 노출의 위험성, 연구 참여 등 • 기관의 책임회피 및 이미지 고려 • 본인에게 돌아올 화살에 대한 염려 • 부모의 항의 방지 • 연구 참여의 형평성 문제 • 유아의 발달에 저해되는 경우
부모와의 사적 관계 형성 혹은 개인적인 기대하지 않기	• 교사의 인간적인 기대심리 • 부모의 권유를 뿌리치지 못하는 교사의 성격
유아와 가족의 사생활 및 사적 정보의 보호	• 가족의 비밀과 관련된 내용을 재미 혹은 무의식적으로 언급하는 것
유아에 대한 객관적이고 정확한 평가 자료의 제공	• 최대한 포장해서 부모에게 상처되지 않는 범위 내에서 평가내용 기술 • 부모 간에 정보가 알려지거나 충격받을 것에 대한 염려 • 부정적인 교사라는 인식에 대한 염려 • 원장의 시선

(3) 딜레마의 실제

유치원 교사는 부모와 관련하여 진실과 조화, 공정성과 수용, 인내와 체념 등의 문제에 대해서 윤리적인 딜레마를 경험하는데, 이를 구체적으로 살펴보면 다음과 같다.

표 4-6 | 가정과 관련된 딜레마의 실제

윤리적 딜레마의 성격	내용	예	윤리적 딜레마의 주체
진실성 대 조화	진실성: 참되고 바른 품성으로 부모에게 사실을 꾸밈없이 표현 전달하기 조화: 부모와의 관계에서 서로 잘 어울리기	진실한 정보 공유: 공격적인 유아, 장애 위험 요소를 가진 유아	유아 대 부모, 유아 대 교사
공정성 대 수용	공정성: 모든 부모에 대한 형평성, 약속과 규칙의 일관성 가지기 수용: 부모 자신의 자녀 양육 방법 혹은 개인적인 사정을 받아들이기	유아의 공격적 행동: 부모의 자녀관 대 공정한 지도	유아(다수) 대 부모, 부모 대 교사
		유치원 정책: 반일반에 재원 중인 유아의 부모가 대기자가 있는 종일반으로 옮겨달라고 하는 경우	부모(다수) 대 부모(소수)
성실과 인내 대 체념	성실과 인내: 어려운 상황에서 유아의 진정한 발달을 위해 교사가 진실한 태도로 가정과 끊임없이 의사소통하기 체념: 부모와 편안하고 안락한 상태를 유지하기 위하여 중도에 포기하기	생활 지도: 유아지도와 관련하여 부모에게 단호한 요구를 보이는 경우와 부모와의 대화를 포기하는 경우	유아(다수) 대 부모, 부모 대 교사

사례

가정과 관련된 딜레마 사례

■ 상황

당신의 학급에 있는 한 4세 유아의 어머니가 유치원에서 낮잠을 재우지 말도록 요구하였다. 왜냐하면 그가 낮잠을 잘 경우 늦게까지 잠을 안 자고, 따라서 그녀가 새벽 5시에 출근하는 것을 힘들게 만들기 때문이다. 그 유아는 오후 시간에 좋은 정신 상태를 유지하기 위해서 낮잠을 자야 할 필요가 있는 것으로 판단된다.

■ 질문

당신은 어머니의 요구를 받아들여 유아를 낮잠을 재우지 않을 것인가 아니면 유아에게 낮잠이 필요하기 때문에 어머니에게 안 된다고 이야기할 것인가?

3) 동료에 대한 윤리적 책임

(1) 성격

유치원이라는 직무 환경에서 인간의 존엄성은 존중되고, 직업에 관한 만족도는 향상되어야 하며, 긍정적인 관계가 형성되어야 한다. 이 영역에서 교사의 중요한 책임은 생산적인 직무 수행을 지원하고 직업적 요구 사항을 충족시킬 수 있는 환경과 관계를 형성하고 유지하는 것이다. 유아에게 적용되는 것과 같은 이상이 동료에 대한 책임에도 내재되어 있다.

(2) 원인

유치원 교사는 다음의 영역에서 대학에서 배운 이론을 현장에 적용하지 못한 것에 대한 후회와 함께 교사로서의 자존감에 상처를 입게 된다고 인식한다.

표 4-7 | 동료에 대한 윤리적 책임의 원칙

영역	내용
동료교사와 업무분담 및 협력적 관계 유지	• 많은 업무량으로 인해 자신의 학급만 챙기는 경우 • 맡은 일에 대한 책임 전가(무성의) • 일하는 방식의 차이(독립적인 스타일, 일 처리 속도가 늦은 교사)
동료교사의 개인적 특성 수용 및 존중(반편견)	• 교사 자신의 선입견으로 인해 동료교사의 자존감이 낮아지고 무력감을 가지게 만듦 • 동료교사와 호흡이 잘 맞지 않는 경우 • 경력이 많고 자기만의 주장이 뚜렷한 동료교사 • 외적인 기준에 의한 판단 • 무의식적으로 가지게 된 편견 • 동료교사의 호의에 대한 선입견
동료 및 기관장의 비윤리적 행위에 대한 건설적인 해결 방안 도모	• 인격에 대한 비존중 • 편애하는 태도 • 근무수당의 권리 침해 • 부당한 교사 면직 • 교사로서의 모습과 밖에서의 모습이 다른 경우 • 다음 날 일에 지장이 될 정도로 술이나 담배를 많이 하는 경우 • 유아와 함께 있으면서 핸드폰으로 문자를 보내는 경우
동료 및 기관과의 신뢰적이고 따뜻한 분위기 조성을 위한 노력	• 말이 와전되는 속도가 빠른 불신하는 기관의 분위기 • 개인적인 상황(가정사, 월차, 결혼, 병가 등)에 대한 배려가 안 되는 기관의 분위기 • 원장의 기분에 좌우되는 분위기
기관 주변의 위해요소에 대한 주의 및 안전을 위한 노력	• 기관의 재정 부족

(3) 딜레마의 실제

유치원 교사는 동료와 관련하여 기관에 순응할 것인가 용기를 내어서 변화를 줄 것인가의 문제를 놓고 갈등을 하는데 이를 구체적으로 살펴보면 다음과 같다.

표 4-8 | 동료와 관련된 딜레마의 실제

윤리적 딜레마의 성격	내용	예	윤리적 딜레마의 주체
순응 대 용기	순응: 기관의 조직체와 질서를 수용하고 조화로운 관계를 유지하며 교사 자신의 교육신념이나 유아의 입장보다 동료나 기관의 교육 방침을 우선 하기 용기: 동료나 기관의 교육 방침이 유아에게 비치는 영향에 대한 반성적 사고에 기초하여 판단하기	교수 방법에 대한 이견: 자신의 교수 방법에 대해 이의를 제기하는 다른 반 교사	동료 대 교사
		교육철학의 차이: 특별활동을 요구하는 원장, 놀이 시간을 늘리고 싶은 교사	기관 대 교사
		수업의 본질: 수업 시간에 업무를 부탁하는 원장	수업(유아) 대 기관(원장)
		근무 태도: 협동 작업에 불성실한 동료	동료 대 교사

사례

동료와 관련된 딜레마 사례

■ 상황

당신의 유치원에는 종일반이 두 반이다. 당신은 오후 낮잠이나 휴식 시간에 자지 않는 유아는 조용히 책을 보도록 한다. 그런데 옆 교실의 교사는 모든 아이를 30분씩 책상에 앉혀 놓고 아무것도 하지 못하게 한다. 아무리 생각해도 유아의 발달 특성상 교육적으로 적절한 방법이 아닌 것 같다.

■ 질문

당신은 비록 그녀와의 관계가 불편해지더라도 이를 지적하고 문제 삼겠는가 아니면 유아가 고생하는 것을 묵인할 것인가?

4) 지역사회와 공동체에 대한 윤리적 책임

(1) 성격

유아에 관한 프로그램은 가정과 유아의 복지를 담당하는 기타 기관들로 구성된 근접 지역 내에서 운영된다. 지역사회에 대한 교사의 책임은 지역사회의 요구 조건을 만족시키는 프로그램을 제공하고, 유아에 대한 책임을 나누는 기관이나 전문가와 협조하며, 새로운 프로그램을 개발하는 것이다. 더 큰 사회는 유아의 복지와 보호에 관해 그만큼의 책임을 요구한다. 유아의 발달에 관해 전문적인 지식을 가지고 있는 교사는 어떠한 경우에든지 유아를 위한 대변인의 역할을 해야 한다.

(2) 원인

유치원 교사는 다음의 영역에서 대학에서 배운 이론을 현장에 적용하지 못한 것에 대한 후회와 함께 교사로서의 자존감에 상처를 입게 된다고 인식한다.

표 4-9 | 지역사회와 공동체에 대한 윤리적 책임의 원리

영역	내용
기관 시설물 및 행사의 지역사회와의 공유	• 기관 시설물의 훼손에 대한 염려 • 일의 확대로 인한 교사 업무의 증가 • 추가 비용에 대한 부담 • 원장의 거절에 대한 염려
지역사회와의 지속적인 연계 활동을 위한 노력	• 기관의 비협조적인 자세 • 교사와 지역 기관의 유아를 보는 시각의 차이 • 교사 혼자만의 힘으로는 변화시키기 어렵다는 생각 • 일회적이고 형식적인 연계 활동
유아교육 관련법 및 정책 제정 시 적극적 참여	• 참여의 중요성에 대한 인식 및 적극성의 부족 • 정책 변화에 대해 기대 부족 • 유아교육 관련법 및 정책에 대한 이해의 부족

영역	내용
기관 운영이 법에 위배되는 경우 건설적인 해결 도모	• 교사 대 아동 비율의 초과 • 국고지원비의 불공정한 집행 • 교사자격증의 오용 • 원장의 비수용적인 자세 • 원장과의 관계가 껄끄러워질 것에 대한 염려 • 현실적인 원 운영 상태의 어려움에 대한 인식
기관 및 지역사회 아동의 요구와 권리를 위한 노력	• 지역사회의 아동이 충분히 안전하게 놀 만한 공간이 없음 • 교사의 바쁜 업무 때문에 지역 아동을 돌아볼 여유 부족 • 지역 아동을 돕기 위한 용기와 적극성의 부족 • 지역사회 아동 관련 지식과 교사의 힘의 한계

(3) 딜레마의 실제

유치원 교사는 지역사회나 원장과 관련하여 성실과 인내로 상황을 참으며 견딜 것인가 아니면 체념할 것인가의 문제를 놓고 갈등을 경험하는데, 이를 구체적으로 살펴보면 다음과 같다.

표 4-10 | 지역사회 및 공동체와 관련된 딜레마의 실제

윤리적 딜레마의 성격	내용	예	윤리적 딜레마의 주체
성실과 인내 대 체념	성실과 인내: 교육적 책임을 다하기 위해 지역사회와의 마찰을 감수하면서 적극적 희생적으로 노력하기 체념: 지역사회와의 협력적 관계 형성 및 유지에 대해 무관심하거나 소극적으로 노력하기	견학: 지역사회의 기관에 대한 견학을 허락해 주지 않는 경우	유아 대 교사

지역사회 및 공동체와 관련된 딜레마 사례

■ 상황

당신은 대학을 이제 막 졸업했다. 당신은 발달 이론적으로 적절한 교수 방법과 놀이의 가치에 관하여 잘 이해하고 있다. 당신은 집 근처에 일자리를 얻었는데 보수가 괜찮아서 기뻐하고 있다. 그러나 당신은 매일 3~4세 유아에게 오랜 시간 동안 앉아서 학습지를 시켜야 한다는 사실을 알고 깜짝 놀랐다. 당신이 이러한 방식에 의문을 제기했을 때 원장은 이것이 본인의 원 운영 방침이며 부모도 모두 그 방식에 만족하고 있다는 말을 들었다.

■ 질문

당신은 유아에게는 좋지 않은 프로그램 일이라도 보수가 괜찮은 직장에서 계속 일할 것인가 아니면 그만두고 보수가 더 적더라도 자신의 철학과 맞는 직장을 얻을 것인가?

제 2 부

학급운영 및 관리

제5장에서 학습할 내용은 다음과 같다.

1. 학급운영의 개념과 기본 원리에 대해 알아본다.
2. 학급운영 시 주기별 교사의 업무에 대해 살펴본다.

교원의 역량

인성과 사명감 및 윤리의식

평가에 대한 이해 및 실행

학습자의 특성 및 문화에 대한 이해

공동체와의 협력 및 의사소통

교육과정에 대한 이해 및 실행

✓ 학급운영

교수-학습과정에 대한 이해 및 실행

전문성 발달

제 5 장

학급운영 관리

학급 담임은 학급운영을 총괄하는 지휘자이다.

전문성을 가진 교사는

- 학급운영의 기본 원리를 이해하고 실천한다.
- 교사가 해야 할 주기별 업무를 숙지하고 실행한다.

전문성이 없는 교사는

- 학급운영에 대한 기본 개념이 부족하다.
- 교사의 주기별 업무파악이 힘들다.

옷에 물감 묻는다고 출근하자마자 허름한 옷으로 갈아입는 교사

Y유치원의 A교사는 출퇴근 시에는 항상 깔끔하고 예쁜 옷차림이지만 유치원에만 오면 허름한 면 티셔츠에 면바지로 갈아입는다. 원장이 이유를 물어보니 매일 아이들과 미술 활동이나 급식 지도를 하다 보면 자꾸 옷이 더러워진다는 것이다. 지적 후에 며칠은 조금 나아졌다가 얼마 후면 다시 허름한 옷으로 갈아입는 A교사가 학부모와 개별 면담을 하는 날, 역시나 허름한 옷으로 갈아입는 모습을 보면서 원장은 A교사가 도대체 유치원을 직장으로나 생각하고 있는 것일까 하는 의문조차 들었다.

학급운영 관리

제5장

1. 학급운영 관리의 개념과 원리

1) 학급운영의 개념

학급이란 교육과정, 유아집단, 교사, 물리적 환경, 재정 등과 같은 여러 요소를 투입하여 교육 목적을 효과적으로 성취하기 위하여 노력하는 '집단'(권기욱, 2006) 또는 교수-학습의 편의에서 일정한 편성 원리에 따라 학습자를 집단화한 것(서울특별시교육청, 2007)을 말한다. 학급운영이란 구체적인 학급을 대상으로 교육 목표 달성을 위한 교육계획을 수립하고, 계획 실행에 필요한 인적·물적 조직을 정비하고, 계획을 실행하고, 유아를 지도하고, 교육 활동을 평가하는 일련의 과정이다. 또한 교수-학습 활동과 생활지도가 효율적으로 이루어질 수 있도록 도와주는 교육 지원 활동이라고 할 수 있다(윤정일 외, 2008).

2) 학급운영의 기본 원리

모든 학급의 운영에 적용될 수 있는 단 하나의 최선의 방법은 존재하지 않는다고 할 수 있다. 학급운영은 그 학급의 본질과 특성, 목표나 성취 과업, 학급의 상황과 환경 등에 따라 결정된다. 이것이 상황적합론(권기욱, 2006)이며, 이는 교사가 상황에 따라 가장 적절한 운영 방법을 고려해 보아야 함을 말한다. 그러므로 상황적합론에 근거한 학급운영을 하려면 교사는 자신의 교육철학과 아동관, 주변의 인적·물적 환경, 다양한 상황 등을 정확히 인지해야 하며 보다 포괄적인 시야를 갖도록 노력해야 한다.

서울특별시교육청(2007)은 학급운영의 원리로 다음과 같은 내용을 제시하고 있다.

- 자유의 원리: 유아 개개인의 인격을 존중하고 개성을 발휘할 수 있도록 한다.
- 흥미의 원리: 유아가 학습활동에 흥미를 가질 수 있도록 동기유발을 자극한다.
- 창조의 원리: 무한한 상상력과 사고력, 창의력을 기를 수 있도록 다양한 관찰과 탐색·실험의 기회를 제공한다.
- 협동의 원리: 유아가 학급 구성원으로서 다른 유아와 협동하여 함께 생활할 수 있는 환경을 조성하고 지도한다.
- 노작의 원리: 자신의 생각과 느낌을 표현하도록 유도하여 스스로 목표에 도달할 수 있는 노작의 기회를 많이 제공한다.
- 요구의 원리: 교사는 유아, 가정, 지역사회의 요구사항을 파악하여 요구에 적합한 교육을 진행하기 위해 노력한다.
- 친밀의 원리: 교사와 유아의 거리감이 없을 때 교육의 효과가 높아지므로 서로 신뢰할 수 있는 분위기를 조성한다.
- 발전의 원리: 교사는 자기반성과 평가를 통해 보다 나은 학급 경영을 위하여 끊임없이 노력한다.

이러한 기본 원리에 입각하여 교사는 각자의 학급 상황을 정확히 이해하여야 하며, 가장 적절한 판단을 내릴 수 있는 의사결정 능력을 키워야 한다. 즉, 교사가 실제로 학급을 운영할 때는 기본 원리와 기초지식을 그 학급 상황에 알맞게 적용을 하는 것이 중요하다. 이와 관련하여 서울특별시교육청(2007)은 교사가 학급을 운영하는 기본 지침을 다음과 같이 제시하고 있다.

- 유아의 생각과 의견을 적극적으로 수렴한다.
- 유아와 한 약속을 매우 중요하게 생각한다.
- 유아의 정서와 감정을 존중한다.
- 유아의 조화로운 발달을 돕는다.
- 학급의 규칙을 잘 지킬 수 있는 방법을 모색한다.
- 풍부한 자료를 준비하여 적절한 시기에 알맞은 방법으로 제시한다.
- 협동을 중요시하는 분위기를 조성한다.
- 하루 일과 계획을 순조롭고 역동적으로 운영한다.
- 유아들과 함께 청결함을 유지할 수 있는 방법을 사용한다.
- 다른 학급과 함께 하는 활동을 마련한다.
- 실내와 실외 활동을 연결하여 운영한다.
- 시각적으로 잘 보이기 위한 환경보다는 유아에게 편리하고 유익한 환경을 구성한다.

3) 시간적 측면에서의 학급운영 관리

유치원은 매년 3월에 유아가 입학(또는 진급)하여 이듬해 2월에 수료(또는 졸업)하기까지 1년의 과정(3월 1일~다음 해 2월 말까지)으로 학사 일정이 운영되며, 일반적으로 학년 초에 계획한 연간교육계획에 따라 각 시기에 알맞게 월간, 주간, 일일교육계획이 구성되고 이에 따라 교육활동이 진행된다. 유치원 교사는 유아와의 하루 일과 동안에도 교실의 다른 보조교사(자원봉사자)나 개별 유아뿐만 아니라 교육 내용, 교육 자료, 시간과 공간에 이르기까지 교실 내에서 일어나는 모든 물리적· 사회적 환경을 구성하고 운영하게 된다.

구체적으로 교사가 학급을 운영하기 위해 관리해야 할 영역은 매우 광범위하다. 각 영역과 관련된 세부적인 내용은 본서의 여러 장에 걸쳐 설명되어 있으므로 관련 장을 참고하기 바라며, 본 장에서는 영역별 설명이 아니라 교사가 1년 동안 학급을 총괄하는 데 있어 시기별로 특히 유념해야 할 업무를 중심으로 살펴보고자 한다.

2. 1년 운영하기

1) 학년 초에 해야 할 일

초임교사의 경우 자신의 학급을 잘 운영하기 위해서는 먼저 그 학급이 속해 있는 유치원의 문화를 이해하고 인적 환경에 적응해야 한다. 원장, 원감은 어떤 교육철학을 지니고 있는지, 선배교사와 후배교사 간의 관계는 어떠한지, 교사는 어떤 말씨로 학부모와 전화통화를 하는지 등을 구체적으로 파악하고 나면 교사는 자신의 학급을 준비하는 데 있어 한층 자신감을 가질 수 있다. 또한 동료 교사 이외의 다른 직원(행정직원, 조리사, 버스기사)과 좋은 관계를 유지하는 것도 학급을 잘 운영하기 위해 필요한 조건이다.

교사가 해야 할 업무는 매우 다양하므로 이 책에서는 크게 교육과정 영역(건강·안전 포함), 교육환경 영역, 운영관리 영역으로 구분하여 설명하고자 한다.

(1) 교육과정

① 새 학년도 연간교육과정 계획과 편성(전체교사회의/연령별 교사회의)

학급의 교육과정을 편성하기 위해서는 우선 상위 교육과정을 충분히 이해하고 분석하여야 한다. 유치원의 경우 국가 수준의 유아교육과정, 해당 교육청의 중점 방향, 해당 유치원의 교육철학과 특징 등을 중점적으로 고려하여 교육과정을 계획하여야 한다.

2019개정 누리과정(교육부·보건복지부, 2019)에서는 계획과 관련하여 각 기관의 지역적 특성이나 철학에 맞게 교육계획의 양식이나 작성 시기, 활용방법을 자율적으로 정하도록 하고 있다. 개정 누리과정은 유아가 경험해야 할 내용을 바탕으로 배움의 통합성, 융통성, 자유성을 강조하므로 기존의 문서양식으로는 담아낼 수 없거나 필요 없는 부분이 생길 수도 있고, 작성의 시기가 변경될 수도 있다. 따라서 연간, 월간, 주간, 일일 계획안의 형식이나 분량을 자율적으로 할 수 있으며 통합하거나 선택적으로 활용할 수 있다.

연간계획은 학급 차원보다는 기관 차원에서 수립하는 것이 일반적이며 일 년간의 중요한 경험(예: 기관 적응, 계절, 명절, 그 해의 특별한 국가적 행사, 기관 행사, 진급 등)을 미리 염두에 두고 계획한다. 연간계획은 한 학급에서만 공유되는 것이 아니라 기관 전체의 구성원이 공유하는 자료이므로 기관 차원에서 연간계획을 검토해야 한다. 또한 유아에게서 발현되는 놀이 주제가 학기를 진행하는 동안 즉각적으로 반영될 수 있도록 여지를 남기고 연간계획을 작성한다(교육부·보건복지부, 2019).

② 유치원 교육과정 운영계획서 작성 및 제출(참고: 제6장 교육과정 운영 계획 관리)

모든 유치원은 전체 교사회의를 통해 1년간의 유치원 교육과정 운영계획서를 작성하여 교육청에 제출(3월)하고, 기관에 따라서는 학부모에게 배부하기도 한다. 유치원 교육과정 운영계획서에는 각 유치원의 교육과정 운영의 기본방향, 교육과정 편성 및 운영 계획, 중점 교육 활동, 유치원 평가 계획 등이 포함된다.

③ 신입유아 적응 프로그램(단축수업) 준비 및 실행

신입 유아의 유치원 생활 적응을 위해 초기에는 하루 일과를 짧게 계획하고 매일 시간을 점차 늘려서 어느 시기가 되면 정규 수업시간의 하루 일과를 운영하게 된다. 예전에는 3, 4, 5세 모두 적응 프로그램을 실시하는 곳이 많았으나 최근에는 이미 교육기관 경험을 가진 유아가 많아져서 3세만 2~3일 정도 실시하는 것이 일반적이다.

④ 신입 유아 서류 안내 및 유아와 학부모 파악하기

㉠ **신입 유아를 위한 입학관련 서류를 학부모에게 안내하고 제출받는다.**

- 입학원서(유아사진 부착)
- 동의서(원비납부, 개인정보활용, 유아학비지원시스템), 서약서
- 유아 개인조사서
- 유아건강기록부(예방접종증명서 첨부)
- 응급처치동의서 및 비상연락망
- 영유아 건강검진 정보 제공·이용에 관한 동의서
- CMS 출금이체 신청서(수업료 자동이체)
- 아동의 안전한 보호와 양육을 위한 보호자 동의서
- 영상정보처리기기(CCTV) 설치·운영 동의서
- 방과후과정 신청서, 부모님 취업증명서류(방과후과정에 해당)

이 외에도 담임교사가 필요한 수량만큼의 유아 사진을 안내하여 위의 서류들과 함께 제출받도록 한다.

㉡ **재원 유아는 전 학년도 담임교사와의 협의시간을 통해 관련 자료를 전달받는다.**

유아 개인조사서와 건강관련 서류들을 통해 유아의 특성을 파악하고 숙지한다. 유아의 발달 정도, 기질, 건강상태, 특별한 행동 습관, 주의해야 할 사항(알레르기), 가족 사항 등을 파악하고 부모의 직업을 확인하여 부모참여 수업 시 참고하도록 한다.

㉢ **비상시 연락할 연락처를 작성하여 비치해 둔다.**

원아 이름을 출석부 순서대로 기록하고, 그 옆에 비상시 연락할 보호자의 연락처를 2개 이상 기록한다.

㉣ **부모에게는 유아 학비 지원을 위한 신청 방법을 안내한다**(참고: 제11장 유치원의 행정 실무 관리).

⑤ 차량 운행 시간표 작성 및 차량 지도하기

지역별로 나누어 차량 운행 시간표를 작성하고, 차량별로 탑승하는 유아 명단을 제작하여 비치해 둔다. 차량 지도를 실시하기에 앞서 교사는 운행경로를 정확히 파악하고 안전수칙과 유아 명단을 숙지하여야 하며, 초임교사의 경우 차량 지도 시 부모와의 대면 방법에 대해서도 미리 알아두도록 한다.

⑥ 학사 운영을 위한 기본 문서 준비

㉠ **출결 관리 : 출석부**(참고: 제11장 유치원의 행정실무 관리)

개원하기 전, 미리 유아의 출석부를 준비한다. 교사는 출결상황 기록 방법을 자세히 숙지하여 출결을 기록한다. 유아들의 출결관리는 유아학비 지원에도 중요한 근거자료가 된다.

㉡ **건강·안전 관리 : 투약의뢰서·투약결과서, 사고보고서, 각종 건강 및 안전점검표**

유아가 유치원에서 약을 복용해야 할 경우를 대비하여 투약의뢰서(부모용)와 투약결과서(교사용) 양식을 준비한다. 사고 발생을 대비하여 사고보고서 양식도 준비한다. 또한 1년 동안 유아 및 교직원의 건강과 안전을 위하여 주기적으로 점검할 수 있는 다양한 점검표를 마련하고, 교사가 공동으로 관리해야 할 부분은 업무를 분장하도록 한다.

㉢ **평가 관리 : 평가자료 수집용 파일, 생활기록부**(참고: 제10장 평가 관리, 11장 유치원의 행정실무 관리)

1년간 유아 평가를 위한 평가 계획에 따라 모든 평가 자료를 담아 둘 파일을 준비한다. 생활기록부는 기록하는 내용에 따라 기록 시기가 다르므로 1년간 필요한 내용들을 시기에 맞춰 잘 작성하도록 한다.

(2) 교육환경

① 물리적 환경 파악하기

교사는 유치원의 물리적 환경을 파악해야 한다. 특히 자신이 담임 맡은 교실의 물리적 특성과 기본설비, 비품 및 교재교구 등을 철저히 파악하여 교육의 효율성을 높이도록 노력한다. 교사가 파악해야 하는 물리적 환경을 정리하면 다음의 표와 같다.

표 5-1 | 교실의 물리적 환경 파악하기

범주	내용
교실의 물리적 특성 파악	• 기본적인 교실의 모양 • 창문의 개수, 위치, 모양과 벽면의 형태(곡선, 직선 등)와 활용 정도
기본 설비 점검	• 안전 관련 : 비상구, 창문과 출입문의 안전장치, 콘센트의 위치 등 • 건강 관련 : 통풍, 환기, 온도나 습도 조절을 위한 설비 등
비품 및 교재교구 점검	• 책상, 의자, 교구장, 가리개, 게시판, 사물함 등 학급의 기본 비품 • 교재교구의 수량, 사용 방법, 공동 사용 여부 등
기본적인 동선의 확인	• 현관으로부터의 거리, 개인장(사물함)이 놓여 있는 곳, 화장실과의 거리, 체육실(유희실)과의 거리 등

② 물품 구입

교사가 제일 먼저 해야 할 일 중 하나가 물품 구입이다. 유치원에 필요한 물품을 구입하기 위해 교사가 알아두어야 할 구입 절차와 구입 요령은 다음과 같다.

표 5-2 | 물품 구입 절차

구입절차	구입요령
1. 유치원의 기존자료 점검	• 유치원에서 전체적으로 부족한 자료와 물품 점검 • 1년을 지내며 새롭게 요구된 자료 목록 확인 • 필요한 물품은 잊지 않도록 그때그때 메모해두기
2. 구입해야 할 교재교구 및 비품 목록 작성	• 전체 교사 회의를 통해 구매목록 작성 • 구매목록 작성 시 물품 종류별로 구분하기(예: 문구류, 완구류 등)
3. 물품 구입처별로 목록화	• 물품 구입처 및 구입 경로 정하기(예: 도매시장, 대형할인점, 온라인주문, 전화주문 등) • 물품구입처별로 다시 목록화하기
4. 물품 구입	• 구입처에 따라 다른 방식으로 물품 구입하기 • 직접 방문하여야 하는 경우, 교사들이 팀을 이루어 방문하고 미리 구체적인 계획을 세워야 효율적인 구매 가능
5. 영수증 정리 및 구매 물품 확인	• 구매 영수증과 물품을 대조하며 확인하기 • 부족한 물품은 추가 구매하기
6. 물품 분류 및 정리	• 구입한 물품을 분류하여 제자리에 보관하기 (예: 전체 공용 물품, 연령별 물품, 각반 물품)

③ 교실 환경 관리

필요한 물품 구입이 끝나면 교사는 각자 자신의 교실을 구성하기 시작한다. 환경 구성 원리에 충실하면서도 자신만의 색깔이 담긴 개성 있고 창의적인 교실을 만들 필요가 있다.

환경 구성은 유아의 심리적 안정, 신체적 안전, 발달적 적합성, 다양성을 고려하여 구성하는 것이 바람직하며, 그 원리는 다음과 같다(교육과학기술부·보건복지부, 2013).

- 공간은 유아가 활동할 수 있을 만큼 충분히 넓어야 한다.
- 시설 설비와 교구는 유아의 연령 및 신체발달에 적합하여 유아가 성인의 도움 없이 스스로 사용하고 정리할 수 있도록 한다. 원활한 정리정돈을 위해 자료를 보관하는 교구장의 바닥에는 자료의 모양이나 사진을 붙여 주도록 한다.
- 유아에게 매력적이고 교육적으로 의미 있는 활동을 제공하도록 환경을 구성한

다. 이를 위해 다양한 흥미 영역을 실내외 공간에 배치할 수 있다.

- 청결하고 안전한 환경을 제공하고, 적정 온도나 습도를 유지해야 한다.
- 환경은 유아의 연령별 발달특성에 적합해야 한다.
- 유아가 장시간 유치원에 머물 경우, 혼자 놀거나 쉴 수 있는 공간이 필요하며, 일상적인 보살핌이나 낮잠을 위한 물건이나 놀잇감 보관을 위한 저장 공간을 마련한다.

이 외에도 교실 환경은 기능적인 면과 심미적인 면을 모두 고려하여 구성하여야 하며, 놀이주제, 계절, 유아의 흥미 등을 고려하여 끊임없이 변화하며 창의적으로 재구성되어야 한다.

유치원의 교실 환경은 대체로 흥미 영역을 중심으로 구성하게 된다. 초임교사는 이미 대학에서 흥미 영역의 배치 원리에 대해 배워 잘 알고 있으나 실제 유치원의 교실 상황은 매우 다양하므로 놀이환경을 구성하기 위해 많은 고민을 하게 된다. 각 교실은 방향, 크기, 형태, 채광과 조명, 출입문 및 창문의 위치 등이 매우 다양하다. 교사는 이러한 점을 잘 고려하여 주어진 교실 상황 속에서 가장 효율적으로 배치할 수 있는 방안이 무엇인지 각자 연구하고, 가장 창의적이고 융통성있는 교실환경을 만들기 위해 노력해야 한다.

④ 화장실 관리

화장실은 모든 유아가 수시로 사용하는 공유 공간으로 항상 청결함을 유지해야 하는 곳이다. 화장실을 관리할 때는 기본적으로 통풍과 환기가 잘되는지, 바닥이 미끄럽지 않은지 등을 점검하고, 화장실 내의 화장지가 부족하지 않도록 수시로 확인한다. 요즘은 많은 유치원이 개인위생을 위하여 일회용 티슈나 핸드 드라이어를 사용하고 있지만 만일 불가피하게 수건을 사용해야 하는 경우에는 교사가 하루에도 여러 번 수건을 교체해 줄 필요가 있다.

- 세면대 위(거울): 손 씻는 방법에 대한 안내 그림 부착
- 화장실 내: 화장지 비치, 화장지 사용량에 대한 안내 그림
- 기본 물품: 비누(거품비누), 핸드 드라이어(또는 일회용 티슈)

(3) 운영 관리

① 유치원 홈페이지 개설 및 운영

유치원 홈페이지를 운영하게 되면 유치원과 유아, 학부모, 지역사회 공동체가 온라인상에서 소통과 공감 문화를 형성하여 원 운영의 효율성을 높일 수 있다(교육과학기술부·경기도교육청, 2013).

- 홈페이지 개설

  홈페이지 개설을 위해서는 우수 유치원 홈페이지를 방문하여 자료를 수집하고, 홈페이지 개설에 대한 학부모의 의견도 수렴한 후 기본적인 설계를 한다. 기본 설계를 할 때에는 디자인 컨셉과 콘텐츠를 결정하고, 메인메뉴와 서브메뉴 및 세부 내용 등을 구성한다. 외부 전문업체에 제작을 맡길 경우, 평소에 교사가 쉽게 내용을 변경할 수 있도록 설계해 줄 것을 요구하고, 차후 유지·보수에 관한 계약도 체결한다.

- 홈페이지 관리

  이미 개설되어 있는 경우 주기적으로 자료를 업데이트 하여야 하며, 특히 학기 초에는 학급 소개와 담임명 등 많은 내용을 새롭게 수정하여야 한다. 홈페이지의 전체적인 내용은 담당교사를 지정하여 수정하도록 하고, 각 반 담임교사는 반별로 필요한 내용을 업로드 하도록 한다. 홈페이지는 지속적으로 관리를 해 주어야 외부와 살아 있는 소통의 장이 될 수 있다.

② 유치원운영위원회 및 학부모도우미 조직(참고: 제11장 유치원의 행정실무 관리)

학기 초에는 유치원운영위원회를 조직하게 되는데, 이는 유치원 운영위원회 구성·운영에 관한 관련 규정(유아교육법 시행령 제22조의 2)에 근거한다. 규정에 의하면 유

아수 100명 이상인 유치원의 경우 운영위원회 위원은 9명 이상 11명 이하로 둘 수 있으며, 운영위원회 구성 절차 및 시기는 시·도의 조례 또는 유치원 규칙을 따르게 되어 있다. 위원 구성 비율은 학부모위원 60~70%, 교원위원은 30~40%가 되도록 하며 원장은 당연직 교원위원이 된다.

또한, 유치원에 따라 1년간 유치원의 교육과정을 운영하는 데 있어 학부모의 도움이 필요한 경우에는 도움이 필요한 내용을 학기 초에 미리 공지하여, 신청자를 중심으로 학부모도우미를 조직하도록 한다.

③ 교사 업무분장 및 담당업무 추진계획 수립(참고: 제11장 유치원의 행정실무 관리)

학기 초 전체교사회의를 통해 각자 담당업무를 나누고 담당하게 된 업무의 추진 방향과 내용을 정확히 숙지하여 구체적으로 계획을 수립한다. 업무를 분장할 때에는 교사의 개인별 업무수행능력과 희망사항 등을 고려하도록 한다.

(4) 유치원의 첫날 운영하기

새로운 학급이 시작되는 첫날 교사가 모든 유아의 이름을 불러 주는 것은 유아들이 교사를 신뢰하고 새로운 환경에서 안정감을 얻는 데 대단히 중요하다. 보통 교사는 학기 시작하기 전에 유아의 사진을 받아서 유아의 이름과 얼굴을 연관시킬 수 있도록 시간을 투자해야 한다. 처음 얼마 동안은 이름표를 달고 다니게 하는 것도 한 가지 방법이 될 수 있다.

학기 초에 적응 프로그램을 실시하는 유치원의 경우 유아가 유치원에 머무르는 시간을 학기 초에는 짧게 하다가 매일 점차 늘려나간다. 그러므로 첫 주는 정규 교육활동 시간보다 짧게 계획된다.

첫날은 보통 때보다 좀 더 일찍 출근하여 유아를 맞을 준비를 하는 것이 좋다. 우선 창문을 열어 기본적인 환기를 시키고 잔잔한 배경음악을 틀어 환영의 분위기가 나도록 준비한다.

복장은 첫날 출근해서 만나는 모든 사람에게 교사의 이미지를 전해 주는 가장 강력한 정보이다. 그러므로 최대한 전문적인 느낌이 들면서 편안하게 입는다. 유치원 교사는 초·중등교사와 같이 가만히 서서 수업을 하는 것이 아니라 유아와 함께 생활하기 때문에 지나친 정장을 입으면 불편하다. 너무 짧거나 속이 보이는 옷, 청바지나 작업복과 같이 지나치게 편안한 옷, 유치원 교사에게 부여되는 고정관념을 강화할 수 있는 지나치게 귀여운 복장 등도 부적합한 사례이다.

유아가 처음 학급에 들어오면 "안녕, ○○야 어서 와, 만나서 반갑다."와 같이 간단하게 이야기하면 되지만 초임교사의 경우 대집단으로 처음 모여 앉으면 어떤 말부터 시작해야 할지 매우 난감할 수 있다. 이럴 때 당황하지 말고 편안한 어투로, 유아가 정말 환영받는다는 느낌을 받을 수 있도록, 그리고 한 해가 즐겁고 흥미로울 것이라는 인상을 받을 수 있도록 표현한다(예: "안녕하세요? 여러분 모두 만나게 되어 정말 반가워요. 우리 반에서 함께 지내면 일 년 동안 정말 재미있고 즐거운 일이 많을 거예요.").

새로운 환경에 처음 접한 유아가 불안감을 느끼지 않도록 교사는 유아에게 최대한 친절하고 다정하게 대해 주어야 한다. 또한 흥미로운 교재교구를 안내해 주고, 친구와도 함께 놀도록 유도한다. 그럼으로써 유아가 '우리 ○○○반은 참 재미있는 곳이구나, 내일 또 오고 싶다.'라는 생각을 할 수 있도록 최선을 다하여야 한다.

첫날은 다른 날에 비해 일과가 비교적 짧게 끝난다. 귀가 시간이 되면 모두 모여 앉아 오늘 함께 지낸 기분에 대해 이야기하고, 교사는 내일의 활동에 대해 약간 언급함으로써 유아가 내일도 기대감을 가지고 유치원을 올 수 있도록 유도한다. 때로는 짧은 동화를 함께 들려주기도 한다. 교사는 아침에 유아를 맞이했던 것과 유사한 방식으로 귀가할 때도 한 명 한 명에게 인사를 건네도록 한다.

유아가 모두 귀가하고 나면 교실을 정리하고 교재교구를 재정비하며, 하루 일과에 대한 평가를 한다. 또한 첫날 유아의 모습에 대한 관찰기록을 남기는 것이 필요하다. 각 유아에 대한 관찰기록은 첫날을 시작으로 1년 내내 지속적으로 이루어져야 하는 활동이다.

2) 학년 말에 해야 할 일

1년이 마무리되는 학년 말에는 교사는 다음과 같은 업무를 중점적으로 진행하게 된다.

(1) 교육과정

① 1년의 교육실적 분석

1년간의 전체적인 교육과정 운영을 다양한 자료(예: 부모 설문)와 교사회의를 통해 구체적으로 분석하고 평가해 본다. 1년간의 교육 운영 평가에 대한 내용은 다음 해 교육과정 운영계획서를 작성하는 데 필수요소이다.

② 진급 및 진학을 위한 준비

학급의 수가 많지 않아 연령별로 한 학급씩만 있는 경우에는 그대로 진급이 이루어지지만 동일 연령의 학급이 2학급 이상일 경우에는 학급의 수, 담임교사의 경력, 재원생과 신입생의 비율, 유아들의 성비, 생년월일, 발달 수준, 기질, 주소지 등을 고려하여 진급할 학급의 반을 편성한다.

만 5세반의 경우 초등학교로 진학을 하게 되므로 교사는 유아들과 함께 가까운 초등학교의 시설을 돌아보고, 초등학교의 생활을 유치원에서 미리 경험해 볼 수 있도록 [초등학교 연계 및 적응 프로그램]을 실시한다. 또한 만 5세반은 졸업 앨범을 제작하기 위한 기념사진을 촬영하기도 한다.

③ 졸업식 계획, 실행, 평가(참고: 제8장 행사 관리)

만 5세반은 유치원 교육과정을 모두 마무리하며 졸업식을 거행한다. 학부모를 초대하여 1~3년 동안 유치원에서 지냈던 생활들에 대한 많은 기록을 영상물로 함께 보기도 하고, 유치원에서 준비한 졸업장과 졸업선물 등을 유아에게 전달한다. 졸업식을 원활하게 진행하기 위해서는 그 전날 유아와 예행연습을 해 보는 것이 필요하다.

(2) 교육 환경

① 교육 환경 점검 및 재정비

모든 교육 활동 자료를 유치원 공용 자료인지 학급별 소장 자료인지 분류한다. 학급별 소장 자료는 각 반 담임교사가 놀이주제나 자료 유형에 따라 분류된 목록과 비교하면서 점검하되, 분실된 것은 없는지, 새로 보완해야 될 것은 없는지 꼼꼼히 살펴본다.

교사가 새로운 학급을 맡게 될 경우, 기존에 학급을 담당했던 교사와 함께 각 반이 소장하고 있는 교육 자료 및 학급운영 전반에 관한 서류와 교육계획안 등을 인계받는다.

(3) 운영 관리

① 신입원아 모집 준비 및 모집

신입원아는 교육부의 유치원 입학 관리시스템인 "처음학교로"를 활용하여 선발·모집한다. 원아는 우선모집, 일반모집, 추가모집의 3형태로 모집한다. 그 중 일반모집의 업무 절차는 다음과 같다.

- 일반모집 업무 절차
  - 교육청 : 일반모집 일정 확인
  - 유치원 : 모집 요강 파일 업로드 및 통원차량, 모집 특기사항 등 입력· 수정, 선발기준번호 입력, 인원관리 입력
  - 학부모 : 온라인을 통한 회원가입(내자녀 등록 포함), 희망하는 유치원 원서 접수 진행
  - 처음학교로 : 일반모집 추첨(선발)
  - 유치원/학부모: 일반모집 선발결과 확인
  - 학부모: 선발결과에 따른 등록 완료

② 교사 간 담당업무 인수인계 준비

유치원의 모든 교사는 본인이 담당했던 1년간의 담임 및 보직교사 업무 내용을 정리하여 내년에 변경될 담당자와 관련 내용을 인수인계할 준비를 한다.

3. 한 학기 운영하기

1) 학기 초에 해야 할 일

다음은 한 학기를 운영할 때 교사가 학기 초에 해야 할 업무에 관하여 살펴보기로 하겠다.

(1) 교육과정

① 한 학기 교육과정 계획 및 준비

학년 초에 계획한 연간교육계획에 근거하여 한 학기 동안의 교육과정을 계획, 편성한다. 구체적으로는 교육 내용을 선정하고, 한 학기 동안의 행사와 현장학습, 유아평가, 안전교육계획 등을 수립하게 된다.

② 한 학기 현장학습 장소 예약(참고: 제8장 행사 관리)

한 학기 동안 현장학습 갈 장소를 계획하고 미리 예약을 하여 교육과정 운영에 차질이 없도록 한다.

③ 2학기 초: 방학 동안의 유아의 경험과 변화 점검

방학 동안 유아들이 경험한 것을 그림이나 사진 또는 글로 만들어 오면 그 자료를 벽면에 게시하거나 모임 활동 시간에 함께 보면서 이야기 나누도록 한다. 또한 방학 동안 유아에게 나타난 신체적·정신적 변화 또는 가정 환경의 변화 등을 점검한다.

(2) 교육환경

① 환경 점검

교사는 새 학기가 시작되기 전, 전기시설, 통풍, 환기, 출입문, 창문, 화장실, 세면대 등 학급의 시설 및 설비를 꼼꼼히 점검하여 안전하고 위생적인 환경을 제공할 수 있도록 한다. 또한 실외놀이 시설을 점검하여 보수가 필요한 부분은 없는지, 안전에는 문제가 없는지 자세히 살핀다. 방학 동안 사용하지 않았던 실내·외 시설 및 설비는 새 학기가 시작될 때마다 반드시 점검해야 한다.

② 필요한 물품 구입

유치원의 공동자료 보관실을 청소하고 정리하면서 기존의 자료 상태를 확인하고 보수해야 할 자료 및 보충해야 할 자료의 목록을 작성한다. 또한 한 학기 동안 소비되는 물품의 양을 파악하여 함께 구입한다.

③ 학급 환경 구성

학급에 흥미 영역을 구성하되 동선이나 소음, 공간의 크기 등을 고려하여 융통성 있게 배치한다. 특히 청결함은 환경 구성의 기본이며, 필요에 따라 채광을 적절히 조절할 수 있는 장치(예: 커튼)를 이용함으로써 유아가 청결함과 아늑함을 동시에 느낄 수 있도록 배려한다.

(3) 운영 관리

① 신학기 학부모 상담 준비 및 실행(1학기 초)

학기 초 개별 유아의 특성을 파악하기 위하여 학부모와의 상담을 실시한다. 학기 초이기 때문에 주로 학부모로부터 유아에 대한 내용을 듣는 시간이긴 하지만 담임교사도 유아를 잘 관찰하여 학기 초 유아가 어떻게 유치원 생활에 적응하고 있는지에 대해 학부모에게 전달하도록 한다. 상담은 개별면담 또는 전화상담으로 진행할 수 있다.

2) 학기 중에 해야 할 일

학기가 진행되는 동안 지속적으로 해야 할 업무에 대해 살펴보도록 하자.

(1) 교육과정

① 교육과정의 계획·실행·평가

학기 중에 교사는 유아들의 놀이상황을 잘 관찰하여 놀이의 흐름에 맞게 다양한 활동을 지원할 수 있다. 전체 교사회의를 통해 그동안 진행되었던 교육 내용에 대해 함께 평가·분석하기도 하며, 다음에 진행될 교육 내용에 대해서 자세히 계획하고 협의한다. 협의 후에는 교사회의록을 잘 기록해 둔다.

② 연령별 교육과정 협의

동일연령 담임교사는 주기적으로 만나 교육과정 운영에 대해 좀 더 구체적으로 협의한다.

③ 유치원 행사의 계획, 실행, 평가

1학기 중에 실시되는 다양한 종류의 행사를 구체적으로 계획하고, 교사 간의 업무분장을 통하여 원활히 행사를 진행한다. 행사 실시 후에는 반드시 평가를 하여 다음 행사 진행 시에 반영하도록 한다.

④ 유아 평가 자료 수집 및 분석

유아 평가를 위해 유아의 작품, 사진이나 녹음 자료, 관찰 자료 등을 학기 초에 계획한 대로 지속적으로 수집하고 분석하며 정리해 둔다. 예를 들어, 신체 발달 정도를 알아보기 위해서는 1학기와 2학기에 각각 신체검사를 실시하여 발달 정도를 비교하고 기록 내용을 잘 보관해 둔다.

⑤ 유아사진 관리

유아가 유치원 기관내에서 또는 외부로 현장학습 나갔을 때의 활동 모습을 사진으로 찍어 잘 정리해 둔다.

⑥ 공개수업(연구수업) 계획, 실행, 평가(참고: 제9장 교사의 전문성 관리)

수업의 질적 개선을 위해 유치원에서는 교사교육의 하나인 연구수업을 실시하기도 한다. 연구수업의 대상자와 수업 내용, 절차, 평가 방법 등은 각 유치원에서 정해 놓은 방식에 따라 진행되는데, 초임교사의 경우 모든 선배교사가 지켜보는 가운데에 공개수업을 하는 것이 매우 부담스러울 것이다. 하지만 너무 두려워하지 말고 교육 활동 선정과 교육계획안 작성부터 차근차근 준비해 가며 어려운 부분은 선배교사의 조언을 구하도록 한다.

(2) 교육환경

① 놀이주제 변화에 따른 환경 구성

놀이주제가 바뀌는 시기에는 놀이주제에 맞게 새롭게 환경 구성을 한다. 교실 벽면의 화보와 각 놀이 영역의 교재교구를 놀이주제에 맞게 지원해 준다.

② 수업 자료의 제작 및 관리

수업에 필요한 자료를 제작하여 사용한 후, 유치원의 교재교구 보관 방법에 따라 목록화하여 자료실에 보관해 둔다.

(3) 운영 관리

① 홈페이지 관리

학기 초에 개설한 홈페이지의 내용을 수시로 업데이트하며 지속적으로 관리한다.

② 교사연수 참여하기

학기 중에도 교육청이나 교사협회, 학회 등에서 실시하는 다양한 교사연수에 적극적으로 참여하여 교사로서의 전문성 신장을 위해 노력한다.

③ 부모교육 실시

유치원에서 전체 부모를 대상으로 진행되는 다양한 형태의 부모교육을 학기 중에 지속적으로 실시한다.

3) 학기 말에 해야 할 일

한 학기를 마무리하는 학기 말에 중점적으로 하게 되는 업무를 살펴보도록 하자.

(1) 교육과정

① 한 학기 교육과정 평가 및 다음 학기 교육과정 계획(전체 교사회의/연령별 교사회의)

한 학기 교육과정의 편성과 운영에 대해 평가해 보고, 개선해야 할 부분은 다음 학기 교육과정 계획 시 반영하도록 한다.

② 유치원생활기록부 작성(참고: 제11장 유치원의 행정실무 관리)

유아 개인별로 한 학기 동안의 유치원 생활을 다양한 자료를 토대로 누리과정의 5개 영역을 중심으로 생활기록부를 작성한다. 교사는 '유치원생활기록부'의 규정을 정확하게 숙지하고 지침에 의거하여 작성하고 관리한다.

- 유치원생활기록부는 컴퓨터 저장매체에 입력한다.
- 유치원생활기록부는 한글로 입력하고, 입력란이 부족할 때에는 유치원의 필요에 따라 추가할 수 있다.
- 입력 사항은 인적 사항, 학적 사항, 출결 상황, 신체발달 상황, 유아발달 상황 등이다.

③ 유아 평가(참고: 제10장 평가관리)

교사는 한 학기 동안 다양한 방법(관찰, 체크리스트, 유아의 작품이나 결과물 분석 등)을 통하여 유아의 발달 상황을 종합적으로 기록하고 평가·분석한다.

④ 유아 활동 결과물 및 개인 물건 정리

교사는 학기 초부터 유아 개인의 작품이나 활동 기록물(동시, 편지, 그림 사전, 미술 작품, 입체 결과물에 대한 사진 등)을 지속적으로 수집하고 정리하여 평가 자료로 활용할 것은 남겨두고 나머지 결과물은 가정으로 보낸다(예: 개인별 작품집). 또한 한 학기 동안 유치원에서 생활하면서 교사가 찍어 두었던 사진(친구와 즐겁게 노는 모습, 다양한 교육 활동에 참여하는 모습, 유치원 행사에 참여하는 모습, 현장학습 등)을 모아 USB에 저장하여 각 가정에 보내기도 한다. 이 외에도 유치원에서 한 학기 동안 사용했던 이불, 요, 여벌의 옷 등도 잘 정리하여 방학 전날 가정으로 돌려보낸다.

⑤ 방학 관련 가정통신문 준비

교사는 방학 동안 유아에게 도움이 될 만한 안내자료를 제작한다. 방학날 유아에게 배부되는 안내물에는 다음과 같은 내용을 포함시킬 수 있다.

- 방학 일정에 대한 안내
- 방학 동안 가정에서 지켜야 할 안전규칙 및 기본 생활습관
- 유아가 부모님과 함께 할 수 있는 교육활동자료
- 유아에게 유익한 체험학습 장소 및 일정에 대한 안내
- 연령별 추천도서 목록

또한 장기 여행자를 조사하여 방학 동안의 안내문이나 안부편지 발송 시에 참고하도록 한다.

(2) 교육환경

① 방학 준비 교실 정리 및 개인사물함 정리

유아와 함께 방학에 대해 이야기 나누고 교실 정리의 필요성과 정리 방법에 대해 의논한다. 의논한 방법대로 실제 교실 정리를 함께함으로써 유아도 성취감과 책임감을 배울 수 있다. 각 반 교실에서 키우던 동물이나 식물은 교사실 또는 교사실 앞 복도에 옮겨 당직 교사가 한꺼번에 관리할 수 있도록 한다.

(3) 운영 관리

① 학기 말 학부모상담 준비 및 진행(참고: 제11장 유치원의 행정실무 관리)

대부분의 유치원에서 학기말이 되면 유아 평가 자료를 토대로 학부모와의 개인면담을 실시한다. 교사는 유아의 발달 및 학습 상황에 대해 체계적으로 정리하여 부모에게 설명하되, 구체적인 예를 들어 설명하여야 부모가 잘 이해할 수 있다. 유아의 장·단점에 대해 부모와 함께 의논하고, 유아의 전인적 발달을 위해 유치원과 가정에서 지속적으로 지원해야 할 부분에 대해 의논한다. 상담을 진행하기 위해서는 학부모에게 사전에 상담에 관한 안내문을 보내고 개인별로 희망하는 상담시간을 취합하여 전체 상담시간표를 작성하여 실시한다.

② 교사의 방학 일정 협의

교사는 방학 기간에 유치원의 종일반 운영 및 전체 교사의 당직 일정과 유아에게 보낼 편지 발송 시기 등에 관해 의논한다. 또한 방학 동안 있을 교사연수 및 워크숍에 대한 일정을 점검하여 모든 교사가 골고루 참여할 수 있도록 협의한다.

4) 방학 동안 해야 할 일

방학 동안 교사가 해야 할 업무에 대해 살펴보도록 하자.

(1) 환경점검 및 재정비

한 학기 동안 사용했던 자료를 모두 제자리에 정리하는 시간을 갖는다. 교사들이 협력하여 유치원의 교구자료실을 공동으로 청소하고 재정비하며, 각 반의 교재교구도 청결히 세척한다. 수선이 필요한 자료는 따로 분류하여 수선을 마친 후 제자리에 넣고, 새로 제작된 자료는 교재교구 목록에 기재한 후 자료실에 보관한다. 유치원 실내·외 환경을 전체적으로 재점검하면서 안전 요소를 체크하고 필요한 물품은 새로 구입하도록 한다.

(2) 교육 활동 사진 및 동영상 정리

교육활동과 관련하여 찍어 두었던 사진이나 동영상 자료를 모두 검토하여 개인별 또는 활동별로 분류하고 재정비하여 보관한다.

(3) 유아에게 개별적으로 방학 편지 보내기

유아가 방학을 어떻게 보내고 있는지 개인별로 안부 편지를 보내도록 한다.

(4) 교사연수 및 자기개발 시간 가지기

방학 전에 계획하였던 대로 각자 참여하기로 한 교사연수나 워크숍에 참석하여 자기개발 시간을 갖는다. 또한 개인적으로 좀 더 공부하고자 하는 내용이 있었다면 방학 기간을 활용하여 적극적으로 추진하는 것이 좋다.

(5) 당직 근무하기

교사는 방학 동안 정해진 순서대로 당직 근무를 한다. 종일반학급 지도 및 지원과 유치원시설 관리를 한다. 이때 당직 교사는 유치원의 동·식물도 함께 점검하고 관리하도록 한다. 당직 교사는 근무일지를 작성하고, 긴급상황 발생 시 상황 처리 원칙에 따라 신속히 일을 처리하도록 한다.

(6) 2학기 교육과정 또는 1～2월 교육과정 준비

여름방학에는 1학기 교육과정의 개선안을 토대로 2학기 교육과정을 준비하고, 겨울방학에는 2학기 교육과정을 평가해 보고 1～2월의 교육과정을 계획한다.

4. 한 주 운영하기

1) 주초에 해야 할 일

(1) 정기적인 전체 교사회의

전체 교사회의에서는 한 주간의 교육 및 행사 일정을 의논한다. 진행되고 있는 놀이주제와 활동 등을 연령별 주임교사가 소개하여 함께 교육 활동에 관한 협의도 하고, 유치원 전체 행사가 있을 시에는 행사에 대한 구체적 논의를 하기도 한다. 또한 반별로 유치원의 공용 공간(마당, 체육실, 강당 등) 사용하는 시간을 함께 협의하고 조정한다. 이 외에도 유아와 학부모에 관한 내용 또는 동료장학 등에 관한 내용을 의논하기도 한다.

유치원의 상황에 따라 교사회의는 다양한 형태로 진행될 수 있으며, 꼭 주초가 아니더라도 모든 교사가 함께 모이기 쉬운 요일을 정하여 교사회의를 실시할 수 있다.

(2) 정기적인 연령별 교사회의

한 주의 교육과정 계획 및 주요 일정을 협의하고 각 반의 교육과정 진행 내용을 구체적으로 의논한다. 연령별 공동 업무 및 유아 평가를 위한 주간계획을 실행한다.

(3) 교사 공동 업무 계획 및 실행

공동으로 담당해야 할 유치원 전체 행사가 계획되어 있을 경우, 다 함께 모여 전년도 행사 진행 평가를 점검하고, 행사 준비를 위한 업무 분장을 한다. 또한 주중이나 주말에 교사연수나 워크숍이 있을 경우 어느 교사가 참여할지 미리 의논하여 결정해 둔다.

(4) 교실 환경 점검 및 수업 자료 제작

교실의 교육 환경과 안전 환경을 점검하고, 교실에 비치되어야 할 공동물품(예: 휴지 등)과 유아의 개인물품(물컵, 여벌 옷 등)도 확인한다.

한 주간 사용할 수업 자료를 점검해보고, 새로 제작해야 하는 수업자료는 주초부터 미리미리 준비하도록 한다.

(5) 도서 대출 또는 반납

유아의 독서 습관을 위하여 도서대여 프로그램을 실시할 경우, 도서 대출일과 반납일을 정하여 실시한다.

2) 주말에 해야 할 일

(1) 주간교육계획안 평가 및 작성

목요일 즈음이 되면 교사는 한 주간의 교육활동을 평가해 보고, 평가 내용을 반영하여 다음 주의 주간교육계획안을 작성한다. 주간교육활동을 계획할 때에는 동일 연령의 학급 교사가 함께 모여 진행할 활동 내용과 수업자료, 활동별 실시 요일 등에 대해 의견을 나눈다. 연령별 협의가 이루어진 후에는 각 반 유아의 흥미나 요구를 고려하여 상황에 맞게 반별로 주간교육계획을 수립한다.

(2) 가정통신문 및 개인물품 가정으로 보내기

한 주의 마지막 날에는 가정통신문(주간교육계획안, 부모교육 자료, 행사 안내 등)과 교체나 세탁이 필요한 개인 물품(칫솔, 실내화, 이불 등), 입체 작품 등을 잘 챙겨서 가정으로 보낸다. 계절이 변화하는 시기에는 여벌의 옷도 함께 보내서 계절에 맞는 옷으로 교체해 놓도록 안내한다. 요즈음은 가정통신문을 인쇄물로 배부하지 않고 홈페이지에 탑재하는 기관도 점차 증가하고 있다.

(3) 교실 정비 및 교재교구 정리

한 주간 사용한 교실을 깨끗이 청소하고 교구를 소독한다. 소모품은 교체하거나 부족한 경우 보충해 놓는다. 놀이주제가 바뀌는 경우 주제에 맞게 게시판, 교재교구, 도서 등을 모두 교체한다.

(4) 다음 주 수업 자료 준비

주간교육계획안에 따라 다음 주에 필요한 수업 자료들을 미리 점검해 보고 수정이나 제작이 필요한 경우 미리미리 계획한다.

5. 하루 운영하기

초임교사와 경력교사의 차이점을 오랫동안 연구해 온 벌리너(Berliner, 1986)는 초임교사와 경력교사의 사고과정 및 문제해결 능력에는 많은 차이가 존재한다는 것을 발견하였다. 경력교사는 학급을 운영함에 있어 먼저 해야 할 일과 조금 여유를 두고 해야 할 일의 우선 순위를 정하여 실천하는 반면 초임교사는 우선적으로 처리해야 할 일의 순위를 정하는 것에 어려움을 느낀다고 한다. 초임교사는 교실에 처음 들어섰을 때 동시에 발생하는 너무 많은 일에 압도되어 정신을 차리기 힘들지만 가능한 전체 교실을 보고 판단하는 능력을 기르기 위해 노력하는 것이 필요하다(박은혜, 2006).

유치원 교사의 하루는 전날 준비한 수업의 내용과 준비물을 검토하고, 교실 환경을 유아를 맞이하기에 적절하게 준비하면서 시작된다. 하루의 일정은 일반적으로 유아의 등원 후 실내놀이, 정리정돈, 모임활동, 바깥놀이, 간식 및 점심, 평가 및 귀가 등으로 진행된다.

1) 하루 일과 준비

교사는 출근하여 하루 일과를 검토한 후, 교실에 들어가 전날 준비해 둔 수업자료나 교구를 다시 한 번 점검하는 것으로 하루를 시작한다. 등원하는 유아를 맞이하기 위해 편안한 음악을 틀어 놓고, 창문을 열어 환기를 시키거나 온도와 습도 및 조명의 밝기 등을 조절하여 쾌적한 교실 환경을 마련한다. 이때 학급의 보조교사나 교육실습생이 있다면 함께 일일교육계획안을 놓고 유아와 지내는 시간 동안 각자의 역할을 점검해 본다.

2) 유아 맞이하기

유아가 등원하는 순간부터 교사의 실제적인 교수활동이 시작된다. 교사는 등원하는 유아의 이름을 불러 주면서 개별적인 관심을 보이며 반갑게 인사를 나눈다. 이때 교사는 각 유아의 건강 및 심리상태를 점검하고 유아의 상태에 문제가 있을 시에는 이에 적절한 조치를 취하여 유아들이 즐겁게 하루를 시작할 수 있도록 돕는다.

3) 아침 모임: 출결 확인 및 하루 일과 계획하기

계획하기는 하루의 일과가 어떻게 진행될 것인지 유아와 교사가 함께 이야기 나누는 시간으로, 유아가 대부분 등원했을 때 다 같이 모여 앉아 집단으로 하기도 하고, 어린 연령의 경우 개별적으로 또는 소집단으로 설명해 주기도 한다. 집단으로 모여 계획하기를 할 때는 각 반 유아의 출·결석 상황을 함께 알아보며, 결석했던 유아가 있을 때에는 이유를 묻고 함께 반겨 주기도 하며, 새로 제시된 교구, 친구나 유치원의 새소식, 일과 중 결정할 사항 등에 대해 이야기 나눈다.

4) 실내놀이

실내놀이는 유아가 개인의 흥미와 관심에 따라 스스로 놀이하고 싶은 놀이를 선택하여 노는 시간이다. 교사는 유아의 놀이가 원활하게 진행될 수 있도록 환경이나 자료를 지원하기도 하고, 놀이에 직접 참여하기도 하며, 놀이를 통해 유아의 학습·발달 상황 등을 관찰·기록하기도 한다.

5) 모임활동

하루 일과를 진행하면서 약 1~2회 정도의 모임 활동 시간을 가질 수 있다. 교사는 유아의 연령이나 흥미, 활동 형태, 집중 정도, 시기 등에 따라 집단의 크기, 활동 진행 시간, 활동 횟수 등을 결정한다. 모임 활동으로는 이야기 나누기, 동화·동시·동극, 음악, 신체활동, 게임, 요리 등이 있다.

6) 바깥놀이

바깥놀이 시간은 유아가 밖에 나가 넓은 공간에서 마음껏 뛰어놀기도 하고, 동·식물을 관찰하며, 여러 가지 놀이기구를 이용해 다양한 대근육 활동을 자유롭게 하는 시간이다. 교사는 유아의 놀이를 지원하기도 하지만 유아가 너무 장시간 햇볕에 노출되지 않도록, 해충에 물리지 않도록, 놀면서 다치지 않도록 유아의 안전에 각별히 신경을 써야 한다.

7) 간식 및 점심식사

간식 및 점심시간은 유아가 즐겁게 식사하도록 도우면서 유아에게 필요한 식습관을 지도하는 시간이다. 교사는 유아가 충분한 영양 공급을 통해 건강을 유지할 수 있도록 지원해야 한다. 편식 및 과식을 하지 않고 적당량을 먹을 수 있도록 지도하며, 간식 및 점심시간을 통해 유아에게 요구되는 식탁 예절이나 기본생활습관을 기를 수 있도록 돕는다.

8) 평가 및 귀가 지도

평가 및 귀가 지도 시간은 하루 일과를 끝내고 집에 돌아가기 전에 모여 앉아 하루 중 즐거웠던 일이나 속상했던 일을 이야기하며 문제를 해결하는 경험을 갖는 시간이다. 귀가 시 챙겨야 할 소지품이나 귀가안전, 다음 날 유치원 일과 및 전달 사항을 안내하기도 한다. 유아가 차량을 이용하여 귀가하는 경우, 교사는 유아를 차량 지도 교사에게 정확히 인계하여 유아가 안전하게 귀가할 수 있도록 돕는다.

9) 교실 정리: 교실 환경 및 위생 점검

교사는 유아가 귀가하고 나면 교실의 교구와 교재를 정리한다. 이때 보충하거나 보수 및 교체해야 할 것이 없는지 점검하고 실행한다. 금방 실행이 어려운 경우는 후에 보충하기로 하고 목록을 작성해 둔다. 하루 일과 동안 사용했던 수업 자료를 온전한 상태로 정리하여 각 반 자료실이나 유치원 공용 자료실에 보관한다.

10) 일일평가 및 출석부·안전교육일지·투약일지 기록

교실이 정리되고 나면 교사실로 돌아와 휴식을 취하며 하루 일과를 돌아보는 시간을 갖는다. 준비했던 수업이 설정한 목표에 맞게 잘 진행되었는지 점검하며 하루의 평가 시간을 갖고 평가한 내용을 문서에 기록하여 다음 날 수업 준비나 계획에 반영할 수 있도록 한다. 또한 하루 일과 동안 유아의 행동이나 학습·발달 상황에 대해 관찰하고 평가한 것이 있으면 함께 기록해 둔다.

출석부 출결 기록을 확인하고, 당일 안전교육일지와 투약일지를 작성한다.

11) 유아 관찰 자료 정리 및 학부모 상담

당일 실시한 유아의 일화기록이나 사진촬영 자료를 유아별로 잘 정리하여 보관하고, 결석한 유아의 가정에 전화를 걸어 결석한 사유에 대해 부모와 통화한다. 때로는 미리 예정하지 않았으나 학부모와의 상담(방문상담 또는 전화상담)을 하게 되는 경우도 발생한다. 이때 교사는 상담에 성실히 임하고 상담 내용은 상담일지에 기록해 둔다.

12) 일일교육계획안 작성 및 수업 준비

주간교육계획과 하루 일과를 평가한 내용을 토대로 다음 날의 일일교육계획안을 작성한다. 이때 동일 연령별로 협의회를 가질 수 있다. 교사는 계획한 일일교육계획안의 수업 활동에 맞게 필요한 교재와 교구를 준비하되, 자료실에 있던 자료를 활용하기도 하고 필요한 것은 새로 제작하기도 하여 유아의 흥미와 요구 및 발달을 적절히 지원할 수 있는 교육 내용이 되도록 준비한다.

13) 행사 준비 및 기타 사무 관리

다음 날의 수업 준비가 완료되면, 기타 유치원 관련 사무 업무나 기자재 및 시설 등을 관리하기도 한다. 때에 따라서는 전체 교사가 모여 연간 행사 계획에 따라 행사 준비를 위한 협의 시간을 갖고 행사 전까지 체계적으로 준비한다. 또한 당직 일정에 따라 오전·오후 유치원 점검을 하거나 차량 지도를 하기도 한다.

14) 정리 및 퇴근

교사는 다음 날의 수업 준비와 기타 사무 관련 업무 처리 등을 마치게 되면 퇴근할 준비를 한다. 사용하던 자신의 책상이나 책꽂이 등을 깔끔하게 정리한 뒤 교실을 다시 한 번 돌아보며 문제는 없는지 확인·점검하고 퇴근한다.

활동

교사가 학급을 운영할 때 가장 중점적으로 해야 할 업무를 시기별로 정리해 보자.

- 학년 초에 해야 할 업무
- 한 학기 동안 지속적으로 해야 하는 업무
- 방학 동안 해야 하는 업무
- 학년 말에 해야 하는 업무

여름방학 편지

사랑하는 지원이에게

지원아, 안녕~
푸른반 ○○○ 선생님이야.
낮도 밤도 더운 여름을 잘 지내고 있는지 궁금하구나.
지원이는 여름방학을 어떻게 보내고 있니?
선생님은 다른 선생님들과 함께 공부하며, 친구들과 여행도 다녀왔어.
선생님이 공부한 것은 푸른반 아이들과 함께 즐겁게 놀이할 수 있을 것 같아!
선생님이 여행을 다녀온 곳에는 소떼가 있는 목장, 하늘을 덮는 키가 큰 전나무도 있었단다.
개학하면 지원이의 여름방학 이야기도 들려주렴!
이제 두 주일만 지나면 보고 싶은 지원이의 얼굴을 볼 수 있겠구나.
그동안 건강하고 즐겁게 지내고,
23일(화)에 예쁘게 변한 우리 유치원 2층의 새로운 푸른반에서 웃는 얼굴로 만나도록 하자.
선생님은 먼저 가서 지원이와 친구들을 기다리고 있을게. 그때까지 안녕~

20○○년 ○월 ○일 ○요일
지원이를 사랑하는 ○○○ 선생님이

개학일: 8월 23일 화요일
등원 시간은 9시 20분까지이며 3시간 수업합니다.
차량은 정상 운행합니다.

제6장에서 학습할 내용은 다음과 같다.

1. 유치원의 교육과정 운영 계획의 내용과 작성 방법을 안다.
2. 유치원의 교육과정 운영계획서 작성을 경험한다.

교원의 역량

- 인성과 사명감 및 윤리의식
- 평가에 대한 이해 및 실행
- 학습자의 특성 및 문화에 대한 이해
- 공동체와의 협력 및 의사소통
- ✓ 교육과정에 대한 이해 및 실행
- 학급운영
- 교수-학습과정에 대한 이해 및 실행
- 전문성 발달

제 6 장

교육과정 운영 계획 관리

유치원의 교육과정 운영 계획은 국가 수준의 교육과정과 지역 수준의 교육과정을 기초로 각 유치원 실정과 특색을 반영하여 적절한 체계로 작성한다.

전문성을 가진 교사는

- 유치원 수준 교육과정의 중요성을 안다.
- 유치원의 교육과정 운영 계획의 작성 방법을 알고 적극적으로 참여한다.
- 유치원의 교육과정 운영 계획에 따라 교육을 실행하고 실행과정을 평가한다.

전문성이 없는 교사는

- 국가 수준, 지역 수준, 유치원 수준의 교육과정의 관련성을 잘 알지 못한다.
- 유치원 교육과정 운영 계획의 전체 내용을 잘 모르며, 자신이 담당한 부분에만 참여한다.
- 유치원의 교육과정 운영 계획을 형식적인 문서로 생각하고 교육에 잘 반영하지 않는다.

초임교사의 고민

신입교사여서인지 유치원이 어떻게 운영되는지 궁금할 때가 많아요. 선배교사가 앞으로 해야 할 일을 가르쳐 주긴 하지만 코앞에 닥친 행사나 업무를 처리하고 나면 또 다른 일이 기다리고 있어요. 그럴 때면 해야 하는 일의 가치나 목적에 대해 생각할 겨를도 없이 늘 하던 대로 선배교사를 따라 하느라 바빠요. 그래서 항상 어떤 일이 또 기다리고 있을지 조바심 내며 전전긍긍하는 자신을 발견하게 되죠. 유치원의 운영계획서가 교사실에 몇 권 비치되어 있기는 하지만 그것을 살펴볼 여력은 없어요. 유치원 분위기도 각 연령의 연간계획만 알면 되지 전체 운영계획의 큰 그림에 대해서는 교사에게 잘 알려 주지 않아요.

교육과정 운영 계획 관리

제 6 장

1. 유치원 교육과정 운영 계획

유치원의 교육과정 운영 계획은 교육부 고시 유치원 교육과정과 시·도 교육청 및 지역 교육지원청 유치원 교육과정 편성·운영지침에 의거하여 각 유치원 실정에 맞으면서, 유치원의 특색이 나타나도록 적절한 체계로 작성한다. 각 유치원에서는 매해 학년 초에 1년간의 교육과정 운영 계획을 문서화하여 지역 교육지원청에 보고하도록 되어 있다.

시·도 교육청의 유치원 교육과정 편성·운영지침(서울특별시 교육청, 2016)은 국가 수준 교육과정의 정신과 기준을 준수하고 시·도 교육청의 특성을 반영하면서, 단위 유치원의 교육적 요구와 특색을 고려하여 자율적으로 유치원 교육과정을 편성·운영할 수 있도록 기본 방향을 설정하고 있다. 지침의 내용에는 국가 수준 교육과정의 편성·운영이 좀 더 구체적으로 제시되어 있으며, 유치원 교육과정 편성·운영의 기타 사항으로 독서 교육, 부모 교육, 안전 교육, 문화·예술·체육 교육, 역사·평화 교육, 생태·환경 교육, 특수 교육, 다문화 이해 교육, 초등학교와의 연계 교육의 범교육과정을 제시하고 있다.

Tip

서울특별시 교육청 유치원 교육과정 편성·운영 지침 총론
서울특별시교육연구정보원(www.serii.re.kr) 〉 교육과정·진로·진학 〉교육과정 편성·운영지원 자료

지역 교육지원청의 유치원 교육계획 수립을 위한 유아장학지원계획(북부교육지원청, 2016)은 ○○교육 방향과 ○○유아교육 방향 등을 제시하고 시·도 교육청의 편성·운영 지침을 기초로 교육과정과 범교육과정의 내용이 포함되어 있다. 교수학습 지원으로 자율장학, 지원장학 및 컨설팅장학, 장학 자료 개발·보급에 대한 계획이 있으며 유치원 평가와 교원능력개발평가의 주요 내용과 절차, 참고 자료 등을 제시하고 있다. 또한 유치원 운영계획서 체제 예시와 유치원 운영에 필요한 각종 서식 및 초등학교 학사일정, 교원 봉급표 등의 참고 자료를 제공하고 있다.

Tip

2016 북부유아장학지원 계획
북부교육지원청(http://www.bbedu.sen.go.kr) 〉 교육행정정보 〉 부서업무방 〉 초등교육지원과 〉 유아교육

유치원 교육과정 운영계획(각 기관의 연간 교육과정 편성 계획 탑재)
유치원알리미(e-childschoolinfo.moe.go.kr) 〉 서비스 안내 〉 유치원·어린이집 조회 〉 해당 유치원 검색 〉 교육·보육과정

유치원 교육과정 운영 계획을 지역 교육지원청의 목차 예시와 2개 유치원의 목차를 참고하여 구체적으로 살펴보면 다음과 같다.

1) 교육계획 수립의 기저

당해 연도의 시·도 교육청 교육방향 및 유아교육 방향을 교육계획 수립의 기저로 제시하고 1년간의 유치원 교육과정 운영 계획에 반영한다. 예를 들면, 20○○년도 ○○

교육청의 유아교육 방향 중에서 '인성교육 내실화 추진으로 행복한 유치원 구현' 내용을 교육과정과 연계한 교육 활동 계획에 반영하거나 특색 활동으로 인성교육을 강조할 수 있다. 다음의 <예시 6-1>은 교육계획 수립의 기저 내용으로 지역 교육지원청 예시와 같거나 유치원 교육과정의 근거가 되는 「교육기본법」, 「유아교육법」, 「유아교육법 시행령」을 포함한 경우를 볼 수 있다.

예시 6-1 | 교육계획 수립의 기저 내용

지역 교육지원청 예시	△△유치원	○○유치원
Ⅰ. 교육계획 수립의 기저 1. 시 교육 방향	Ⅰ. 교육과정 편성의 기저 1. 시 교육 방향 2. 지역 교육 방향	Ⅰ. 교육과정 운영 계획 수립 배경 1. 유치원 교육과정 관련 법규 2. 시 교육방향 3. 시 유아교육 방향 4. 지역 교육방향

2) 교육과정 운영 기본 방향 수립

교육과정 운영의 기본 방향은 원장의 경영관, 원훈, 교육 목표, 지역적 특성을 기초로 하며, 전년도 운영 자체평가 및 학부모의 평가를 분석하여 개선 방향을 수립한다. 수립한 개선 방향을 기초로 금년도 노력 중점 사항과 추진 계획을 세운다. 다음의 <예시 6-2>는 교육과정 운영 기본 방향의 내용이다.

예시 6-2 | 교육과정 운영 기본 방향 내용

지역 교육지원청 예시	△△유치원	○○유치원
Ⅱ. 교육과정 운영 기본 방향 1. 원장 경영관 2. 원훈 및 원가 3. 교육 목표 4. 전년도 운영 자체평가 분석 및 개선 방향 5. 금년도 노력 중점	Ⅱ. 교육과정 운영 기본방향 1. 교육 목적 및 목표 2. 원훈 및 원가 3. 원장의 교육 경영관 4. 전년도 운영 자체평가 분석 및 개선방향 5. 금년도 유치원 교육 운영 중점	Ⅱ. 본 원의 교육 방향 1. 원장의 교육 경영관 2. 교육 목표 3. 원훈 4. 본 원의 지역적 특성 5. 전년도 운영 평가와 발전 과제 6. 금년도 노력 중점 및 추진 계획

(1) 원장의 경영관과 원훈

원장의 경영관과 원훈은 일반적으로 유치원의 기본 교육 목표를 반영하는 경우가 많다. (부록 예시 6-1 참조)

(2) 전년도 운영 평가

전년도 운영 자체 평가는 1~2월 중 전체 교사를 대상으로 설문 조사하고 연령별 회의 등을 통해 평가에 대한 분석 및 대안을 협의한다. 전년도에 걸쳐 이루어진 교육과정 운영, 교수학습방법, 교육환경, 특색교육, 운영관리 등에 대한 평가 내용도 종합 분석하여 개선 방안을 모색한다. 12~1월 중에 학부모를 대상으로 교육과정 운영에 대한 설문 조사를 실시한 후 분석하여 개선 방향을 수립한다. 수립한 개선 방향은 금년도 노력 중점 사항과 추진 계획에 반영한다.

① 교사 평가

평정척도를 이용한 교육과정 운영 평가 분석으로 전체 교사를 대상으로 평정한 결과와 서술평가를 함께 기록한다. (부록 예시 6-2 참조)

② 학부모 평가

교육과정 운영에 대한 학부모 설문 결과를 분석하고 학부모의 평가에 대한 대책 방안을 기록한다. (부록 예시 6-3 참조)

③ 연령별 평가

△△유치원의 경우 연령별로 교육과정(생활주제, 특색교육), 학급 운영(유아 관찰, 부모 상담, 홈페이지 관리), 현장학습 및 원내 체험 활동, 학교 환경(환경 구성, 교재 교구, 청결 및 위생)에 대한 평가 및 개선 방향을 기초로 유치원 전체의 운영 평가와 개선 방향을 작성하였다.

예시자료는 △△유치원의 운영 평가 가운데 연령별 교육과정과 관련된 부분이다. (부록 예시 6-4 참조)

(3) 금년도 노력 중점 및 추진 계획

전년도 운영 평가 후에 제시된 개선방향과 교육정책 및 지역 교육청의 교육 방향을 반영하여 계획한 금년도 노력 중점 및 추진 계획을 기록한다. 예시자료는 ◯◯유치원의 노력중점과제의 추진 계획 가운데 교육과정 운영과 관련된 부분이다. (부록 예시 6-5 참조)

3) 교육과정 운영 계획 및 실천 과제

(1) 교육과정 운영 계획 및 실천 과제의 내용

유치원 교육과정 편성·운영 방향은 교육부 고시(제2019-189호, 2019.7.24) 국가 수준 유치원 교육과정(2019 개정 누리과정)과 시·도 유치원 교육과정 편성·운영 지침을 바탕으로 각 유치원 실정에 맞으면서, 유치원의 특색이 나타나도록 제반 교육 활동과 기준을 제시한다.

〈예시 6-3〉은 교육과정 운영 계획 및 실천 과제의 내용이다.

예시 6-3 | 교육과정 운영 계획 및 실천 과제 내용

지역 교육지원청 예시	△△유치원	○○유치원
Ⅲ. 교육과정 운영 계획 및 실천 과제 1. 유치원 교육과정 편성·운영 방향 2. 20○○ 유치원 학사 일정(개원기념일, 스승의 날 등 자율휴업일 포함) 3. 연간·생활주제별 교육계획(연령별) 4. 주간 교육계획(연령별) 5. 일일 교육계획(연령별) ※ 방과후과정, 특수학급 운영 시 교육계획 수립	Ⅲ. 교육과정 운영 계획 및 실천 과제 1. 유치원 교육과정 성격 2. 유치원 교육과정 편성·운영 방향 3. 20◯◯학년도 학사일정 4. 연간교육계획 5. 주간교육계획 6. 일일 기록 및 평가 7. 놀이·교육 리포트 8. 기본생활습관 및 인성 교육 계획 9. 행사 및 현장학습	Ⅲ. 본 원 교육과정 운영 계획 1. ◯◯유치원 교육과정의 배경 2. 20◯◯학년도 학사일정 3. 수업시간 편성계획 4. 교육행사 계획 5. 3세 교육과정 6. 4세 교육과정 7. 5세 교육과정 8. 놀이주제를 반영한 교육계획안(예시) 9. 한 주간의 놀이이야기(예시) 10. 일일교육계획 계획 및 놀이 지원(예시) Ⅳ. 방과후과정 운영 계획 1. 운영방침 2. 교육계획 3. 연령별 특색활동 4. 안전교육 지도 계획 5. 현황

(2) 유치원 학사일정 및 행사계획

유치원 학사일정은 '유치원의 학년도는 3월 1일부터 다음 해 2월 말일까지로 한다(유아교육법 제12조 1항).', '연간교육일수는 매 학년도 180일 이상을 기준으로 원장이 정한다(유아교육법 시행령 제11조).'의 법규를 근거로 개원기념일, 공휴일, 자율휴업일 등을 포함하여 정한다. 학사일정과 함께 1년 전체의 일정 및 교육행사 계획이 포함되면 연간교육계획이나 월간교육계획 수립 등, 교육과정을 운영할 때 전후 일정을 한눈에 볼 수 있어 효율적이다. (부록 예시 6-6, 6-7 참조)

(3) 교육계획안

유치원 교육과정 운영계획서의 교육계획은 유치원별로 다르게 작성될 수 있다. 연간, 주간, 일일교육계획의 순서로 편집할 수도 있고 3~5세 연령별로 각각 연간, 주간, 일일교육계획을 넣을 수도 있다. 방법마다 장단점이 있을 수 있는데, 예를 들어 3~5세 연간교육계획을 이어서 편집할 경우 연령 간의 연계 및 계열성을 한눈에 볼 수 있으며, 각 연령별로 교육계획을 이어서 편집할 경우 연간, 주간, 일일교육계획의 연계 및 계열성을 볼 수 있다.

연간교육계획은 연령별 교사 협의를 통해 전년도 계획안 평가를 기초로 수립하며, 부장교사 협의를 통해 연령 간의 연계를 점검한다. 연간교육계획은 공휴일이나 특별한 날, 유치원의 행사 및 일정을 공유하는 내용으로 하며 미리 주제를 계획하는 내용은 포함하지 않을 수도 있다. 또한 기관 적응, 계절, 명절, 그 해의 특별한 국가적 행사, 기관 행사, 진급 등과 전년도 교육과정을 참고로 한 예상 놀이 주제를 연간교육계획에 포함하되 유아의 놀이 경험에 따라 놀이 주제와 시기 및 기간을 융통성 있게 운영할 수 있다. (부록 예시 6-8 참조)

2019 개정 누리과정은 미리 모든 것을 계획하여 그대로 실행하는 만들어진 교육과정을 지양하고, 유아의 흥미와 놀이에 따라 실행된 교육과정을 담는 만들어가는 교육과정을 강조하고 있다. 월간·주간교육계획과 일일교육계획은 통합하거나 선택할 수 있으며 형식과 내용 및 작성주기는 각 유치원의 실정과 철학, 학급 상황 및 교사의 신념을 고려하여 자율적으로 작성할 수 있다. 예시에는 계절 주제와 유아의 발현된 놀이 주제가 동시에 진행된 월간교육계획안을 제시하였다(2019. 교육부, 보건복지부). (부록 예시 6-9 참조) 운영계획서에는 각 연령별 교육계획 예시를 수록하며 방과 후 과정이나 특수학급을 운영할 경우 교육계획을 작성하여 포함한다.

Tip

월간·주간·일일교육계획 작성 및 형식 참고자료
2019 개정 누리과정 놀이실행자료(2019, 교육부, 보건복지부)

4) 교육과정과 연계한 교육활동 계획

교육과정과 연계한 교육활동 계획에는 시·도교육청 교육과정 지침 및 지역 교육지원청 장학자료에 명시된 범교육과정 중에서 각 유치원의 철학이나 목표, 특색에 적합한 내용을 결정하여 계획한다. 기본생활습관교육, 안전교육, 인성교육과 같이 거의 필수적으로 포함되는 교육과정이 있으며, 독서교육, 문화예술체육교육, 지속가능발전교육과 같이 유치원의 특색활동으로 운영되는 교육과정이 있다.

교육과정과 연계한 교육 활동 계획에는 부모교육이나 교사연수 및 장학, 교육행사 및 현장학습 계획이 포함된다. <예시 6-4>는 교육과정과 연계한 교육 활동 계획의 내용이다.

예시 6-4 | 교육과정과 연계한 교육활동 계획 내용

지역 교육지원청 예시	△△유치원	△△유치원
Ⅳ. 교육과정과 연계한 교육활동 계획 1. 인성교육, 독서교육, 과학·정보화교육, 생태 · 환경교육, 경제교육, 체육교육, 문화·예술교육, 역사교육, 다문화이해교육, 안전교육 2. 연수 및 장학계획(원내 자율 장학계획 포함) 3. 부모교육 계획 4. 교육 행사 및 현장학습 계획 Ⅴ. 특색 활동(유치원별로 자율적으로 작성)	Ⅳ. 안전 및 건강교육 1. 안전교육 2. 안전관리 대책 3. 건강관리운영 계획 Ⅴ. 중점 및 특색교육활동 1. 연령별 중점교육활동 2. 창의 · 인성교육 3. 생태 · 환경교육 4. 기독교교육 5. ESD(지속가능발전교육) 6. 독서교육 7. 문화·예술·체육교육 8. 지역사회 연계교육 Ⅵ. 장학 1. 원내 자율장학 및 교사연수 Ⅶ. 가정 연계 1. 부모참여 및 교육 계획 2. 통신문을 활용한 부모 교육 연간계획	Ⅴ. 생활지도 연간계획 1. 기본생활습관 지도 2. 안전교육 지도 3. 연령별 연간 생활지도계획 4. 등하원 안전지도 Ⅵ. 교육과정과 연계한 실천적 창의 · 인성교육 운영 계획 1. 인성교육 2. 체험 위주의 현장학습 3. 가족연계프로그램 4. 지역사회 연계교육 5. 탐구력 향상을 위한 언어 ·수활동 6. 기초체력 증진을 위한 신체활동 7. 오감으로 만나는 미술표현활동 Ⅶ. 원내 자율장학 계획 1. 교사 장학 계획 2. 교사 연수 계획

범교육과정은 누리과정과 별도로 운영되는 것이 아니라 연간교육계획의 주제와 연계하여 통합적으로 이루어지는 것이 바람직하다. 범교육과정의 교육계획은 교육부와 관련기관에서 개발한 활동자료집을 참고할 수 있다.

Tip

범교육과정의 교육계획 참고자료

- 유치원 성교육 프로그램(교육부, 2019)
- 유아의 건강한 발달 지원을 위한 유아안전교육 프로그램(서울특별시유아교육진흥원, 2019)
- 유아의 지각-운동능력 및 기초체력 증진을 위한 신체활동 프로그램(서울특별시유아교육진흥원, 2017)
- 행복한 어린이, 안전한 유치원 생활 건강·안전 관련 길라잡이(교육부, 2015)
- 매일매일 안전한 우리 유치원(서울특별시교육청, 2015)
- 유아 다문화이해교육 프로그램(교육부, 2013)
- 「정·약·용·책·배·소」 그림과 함께하는 유아 도덕·인성교육 길라잡이(서울특별시교육청, 2013)
- 유아인성교육을 위한 부모훈련 프로그램(교육부, 2012)
- 유치원교육과정 운영 지원을 위한 유아 녹색성장교육 프로그램(교육과학기술부, 2012)
- 유치원 교육과정 운영 지원을 위한 유아 보건교육 프로그램(교육과학기술부, 2012)
- 유치원 교육과정 운영 지원을 위한 유아 통일교육프로그램(교육인적자원부, 2012)
- 유치원 부모교육프로그램(서울특별시유아교육진흥원, 2012)
- 유치원 기본생활 내실화를 위한 인성교육프로그램(교육과학기술부, 2011)
- 유치원 기본과정 내실화를 위한 경제·소비자교육 프로그램(교육과학기술부, 2011)
- 유아 체험교육 연구 유치원 보고서(서울특별시유아교육진흥원, 2011)
- 종일제 특성화 체육프로그램 튼튼체육(교육과학기술부, 2010)
- 유치원 교육과정 심화 운영을 위한 유아 한국문화 정체성 교육 프로그램(교육과학기술부, 2009)
- 유치원 교육과정 심화 운영을 위한 유아 전통문화예술 교육 프로그램(교육과학기술부, 2009)
- 종일반 특성화교육과정 운영을 위한 유아 에너지교육 활동자료(교육과학기술부, 2008)
- 도구를 활용한 유아 신체활동 자료(서울특별시교육청, 2007)
- 유아를 위한 세계 이해 및 다문화교육 활동 자료(교육인적자원부, 2007)
- 가족과 함께하는 유아체력증진 프로그램(교육인적자원부, 2006)

5) 교육과정 평가 계획 및 기타

교육과정 운영평가는 교육과정 평가, 유아 평가, 교사 평가, 유치원 평가를 포함하며 평가에 따라 교사뿐 아니라 학부모, 유아가 참여할 수 있다. 평가에 대한 자세한 내용은 제9장을 참고할 수 있다. 유치원 현황에는 교직원, 유아, 학급, 시설 및 설비,

교재 교구에 대한 내용이 포함된다. 〈예시 6-5〉는 교육과정 평가 계획 및 기타의 내용이다.

예시 6-5 | 교육과정 평가 계획 및 기타의 내용

지역 교육지원청 예시	△△유치원	○○유치원
Ⅵ. 교육과정 평가 계획 1. 교육과정 운영 평가 계획 2. 원아 평가 계획(행동발달, 포트폴리오 평가 등) 3. 교원 평가 계획 Ⅶ. 현황 1. 유치원 연혁 2. 학급편제 및 원아 현황 3. 교직원 현황 4. 유치원 시설 현황 5. 유치원 교실 영역별 배치도 6. 유치원 위치도(약도) 및 지하철 포함 교통편 안내	Ⅷ. 평가 1. 교육과정 평가 2. 유아 평가 3. 교사 평가 4. 유치원 평가 Ⅸ. 유치원 현황 1. 유치원 연혁 2. 학급편제 및 원아 현황 3. 교직원 현황 4. 시설 현황 5. 유치원 평면도 6. 유치원 실내외 환경구성 * 부록 1. 유치원 운영위원회 구성 계획 2. 학부모 운영 설문지 3. 유치원 교원 업무 분장 4. 유치원 위치도 및 교통 안내	Ⅷ. 교육과정 평가 계획 1. 평가 계획 2. 유아 평가 3. 교사 평가 4. 유치원 평가 Ⅸ. 유치원 현황 1. 유치원 연혁 2. 교직원 현황 3. 학급 현황 4. 교직원 업무분장 5. 시설 및 교재교구 현황 6. 교실 배치도 7. 유치원 위치도

활동

지역 교육지원청의 목차 예시와 2개 유치원의 목차를 참고로 하여 유치원 교육과정 운영 계획의 전체 목차를 구성해 보자.

유치원 교육과정 운영계획서 목차

제7장에서 학습할 내용은 다음과 같다.

1. 유아 문화의 변화에 대해 인지한다.
2. 유아 문화의 변화에 따른 교사 역할의 변화를 인지한다.
3. 유아생활 및 안전 관리에 대해 이해하고 이를 적용해 본다.

교원의 역량

- 인성과 사명감 및 윤리의식
- 평가에 대한 이해 및 실행
- ✓ 학습자의 특성 및 문화에 대한 이해
- 공동체와의 협력 및 의사소통
- 교육과정에 대한 이해 및 실행
- 학급운영
- 교수-학습과정에 대한 이해 및 실행
- 전문성 발달

제 7 장

유아생활 관리

유아생활 관리란 유아의 전체 삶에 필요한 기술을 적극적으로 가르치는 것이다.

전문성을 가진 교사는

- 유아를 중심으로 변화해가는 문화의 모습을 정확하게 인지한다.
- 유아 문화의 변화에 따라 달라지는 유치원 교사의 역할 기대를 이해하고 수용하며 적극적으로 대응한다.
- 긍정적이고 격려적인 학급 분위기 속에서 생활지도를 하며 안전을 최우선으로 한다.

전문성이 없는 교사는

- 현대사회의 변화가 유아에게 미치는 영향에 대해 둔감하여 유아를 제대로 이해하지 못한다.
- 변화하는 유치원 교사의 역할에 대해 무관심하며 적절히 대응하지 못한다.
- 유아생활 관리를 문제가 있는 경우로만 한정하여 제한적으로 접근하며 안전사고의 예방보다 사고의 무마에만 급급하다.

어느 유치원 교사의 고민

아침에 출근할 때에는 늘 머릿속이 복잡해요. 오늘 하루도 어떻게 우리 반 말썽꾸러기들과 잘 지낼 수 있을까? 승현이가 오늘은 친구들을 때리지 않고, 울리지 않고, 사이좋게 지낼 수 있을까? 아이들을 처음 만난 학기 초에는 저에게도 원대한(?) 꿈이 있었어요. 정말 멋진 반을 만들리라! 그러나 지금은 그저 하루하루 사고 없이 지내기만을 빌고 있어요. 툭하면 소리 높여 싸우고, 작은 일에도 울면서 내게 달려오고, 친구의 잘못을 꼭 일러야 직성이 풀리는 아이들까지…. 자유선택 활동 시간은 그야말로 아수라장이에요. 어떨 때는 교육계획안을 짜고 수업 활동을 준비하는 것보다도 아이들의 생활지도를 하는 것이 훨씬 더 힘들다고 느껴질 때도 있어요.

학부모 동의 없이 얼굴의 상처를 꿰매버린 교사

L유치원의 하원 차량 안에서 유아의 이마가 찢어지는 사고가 발생했다. 차량에는 안전을 지도하는 보조교사가 탑승하고 있었다. 유아가 자리에서 일어나 앞쪽으로 걸어 나오자 이를 본 보조교사가 유아를 앉히려던 순간, 갑자기 뛰어든 다른 차량 때문에 유치원 버스가 급정거하게 되었다. 이로 인해 유아는 차량의 앞부분 턱에 부딪치면서 이마가 찢어지고 말았다. 찢어진 곳에서 피가 많이 나자 보조교사는 유치원으로 연락했지만 원장과 통화가 되지 않자 응급처치를 위하여 근처 병원으로 향했다. 병원에서는 아이의 이마를 보더니 꿰매야 하는 상처라고 이야기했으며, 보조교사가 보기에도 당장 꿰매는 것이 좋겠다고 생각하여 처치하도록 놓아두었다. 이 일로 학부모와 유치원 간에 상당한 실랑이가 발생하였다. 학부모는 자신의 아이가 다친 것이 무척 속상하지만 아이가 약속을 위반하고 위험하게 일어난 책임도 있으니 어쩔 수 없다손 치더라도 상처를 꿰매야 하는 중요한 일을 학부모 동의도 없이 해치우듯이 했다는 것에 분노했다. 학부모가 원하는 더 좋은 병원이나 성형외과가 있을 수도 있으며, 촌각을 다툴 만한 상황은 아니었으니 기다렸어야 한다는 말이다. 이 일로 하마터면 소송까지 갈 뻔했으나 다행히 원만히 합의되었다.

유아생활 관리

제 7 장

1. 유아 문화의 변화

1) 놀이문화

흔히들 '놀이'는 유아의 몫이라 생각하며 유아는 놀이를 통해서 배우고 성장한다고 여긴다. 하지만 오늘날 한국사회 유아들이 다소 심각한 놀이 결핍을 경험하고 있다고 우려하는 이들도 많다.

> 호모루덴스의 자식들은 퇴화중이다. … 요즘 아이들이 할 줄 아는 놀이가 만들기나 접기밖에 없어서 놀이 능력도 퇴화되었다. 아이들이 몸이 둔하고 뛰질 못하니 … 힘들면 주저앉기 일쑤고 술래가 잡은 아이들을 잘 데리고 있지도 못한다. … 놀이에서 어리거나 약한 친구를 봐주는 '깍두기'가 사라진 것도 놀랍다. 남을 배려하며 놀 여유가 없다.
>
> 출처: 남은주(2012)

심지어 '놀이터에 오는 애들은 다 시간제다.'(김지원, 2014)라는 표현도 등장한다. 이는 하루에 여러 개의 학원을 다니는 어린이가 학원 셔틀버스에 오르기 전 아주 잠깐씩 놀이터를 거쳐 가는 현상을 일컫는 말이다. 따라서 온전한 놀이를 경험하지 못하고 단편적인 조각놀이만으로 만족해야 하는 상황이며 이로 인해 진정한 놀이로부터 얻을 수 있는 만족감, 자신감, 자율성, 주도성, 충만함을 누리지 못하고 있다.

이는 외국의 경우에도 비슷하여 '놀이 시간이 줄어들었고 그로 인해 충분히 예상할 수 있는 결과대로 유아는 안절부절하고 주의를 집중하지 못한다. 그 결과 교실에서 유아는 벌을 받게 되고, 이는 유아의 입장에서 보면 2배로 피해를 보는 셈'이다(Hartmann, 2003).

현대의 유아는 놀이를 가장한 체험학습이나 키즈카페에서 경험 등으로 놀이다운 놀이를 하지 못하고 있다. 뿐만 아니라 다칠까봐 놀이터에 내보내지 못하는 부모의 조바심과 안전사고로 인한 책임소재 때문에 놀이기회를 제한하는 교육기관 때문에 더더욱 놀이할 기회를 갖지 못한다. 안전에 대한 과민반응과 과보호가 오히려 유아가 안전하고 건강하게 자랄 수 있는 기회를 막고 있는 것이다. 놀아 본 경험이 있는 아이들은 크게 다치는 경우가 적으며 '아이들은 작게 자주 다쳐야 크게 안 다친다.'(편해문, 2014)는 이야기가 설득력이 있는 이유이다. 오히려 놀이 속에서 크고 작은 위험을 만나면서 스스로 이에 대처할 수 있는 능력을 키워주는 것이 유아를 더 안전하게 키우는 방법이 될 수 있다.

영국 정부는 '교육 기회'와 마찬가지로 아동기의 '놀이 기회' 또한 모든 유아에게 공평하게 제공돼야 한다는 인식하에 국가적인 놀이정책을 실행하고 있다. 2008년부터 시행된 놀이정책은 2020년까지 지속될 예정이며, 중앙정부는 지방정부에 대한 예산 지원과 함께 '놀이터조성위원회' 등과 같은 실행 기구를 설립하였다. 또한 초등학교 평가기준에 놀이영역을 포함시켰다(황옥경, 2014).

놀이를 위한 공간과 시간을 만들어 유아의 놀 권리를 확산할 수 있는 기회가 되는 '아동친화도시'는 놀이를 지원하기 위한 성인과 지역사회 노력의 일환이다(유니세프, 2019). 놀 시간, 놀 친구, 놀 공간이 부족한 아동들이 친구와 함께, 실컷, 맘껏 놀 수 있는 환경을 조성하는 세이브더칠드런의 '놀이터를 지켜라' 또한 아동의 놀 권리 회복을 목적으로 한다(세이브더칠드런, 2019). 또한 유엔아동권리협약에서는 '자신의 나이에 맞는 놀이와 오락활동에 참여하며' 라고 명시하여 충분히 쉬고 놀 권리가 있음을 선언한다. 유아의 놀이는 선택이 아닌 필수이며 그들의 권리이다.

2) 미디어와 유아

인터넷과 모바일의 발전으로 인한 미디어 사용의 변화는 유아의 일상적인 삶에 영향을 미치면서 발달과 성장에도 변화를 가져왔다. 영유아의 생활시간조사 연구(도남희 외, 2013)에 의하면 교제 및 여가활동의 경우 연령에 상관없이 가장 많이 참여한 활동은 놀이와 미디어 이용이었다. 그런데, 놀이는 연령이 증가함에 따라 평균시간이 감소하는 경향을 보인 반면 미디어 이용은 연령에 상관없이 줄곧 1시간 30분가량으로 나타났다.

한국아동의 여가생활을 조사한 연구(이순형, 2009)에서도 5세 유아는 TV·비디오를 매일(63.1%) 시청하고 있으며, 컴퓨터 또한 하루 평균 30분~1시간(45.5%)동안 사용하였다. 컴퓨터는 게임을 하기 위해 (70.5%) 사용한다는 응답이 가장 많았으며, 그 외에 학습을 위해(12.5%), 동요를 듣기 위해(10.2%) 사용한다고 응답하였다.

스마트폰 사용이 일상화되면서 편리성과 함께 과의존의 문제가 대두되었다. 스마트폰 과의존위험군의 비율은 전세대에 걸쳐 상승하는 추세이다. 그 중 유아동(만 3세~9세)의 비율이 성인 비율보다 높게 나타나는 동시에 지속적으로 증가하고 있으며 특히 잠재적 위험군의 비율이 높다.

표 7-1 | 연령별 스마트폰 과의존위험군

연령대별	2019			
	과의존위험군		일반사용자군	
	소계	고위험군	잠재적위험군	소계
전체	20.0	2.9	17.1	80.1
유아동(만 3~9세)	22.9	2.3	20.6	77.1
청소년(만 10~19세)	30.2	3.8	26.4	69.8
성인(만 20~59세)	18.8	2.8	16.0	81.1
60대	14.9	2.5	12.4	85.1

출처: 한국정보화진흥원·과학기술정보통신부(2020) 스마트폰 과의존 실태조사

표 7-2 | 스마트폰 과의존위험군 유아동(만 3세~9세)

	2015	2016	2017	2018	2019
과의존위험	12.4	17.9	19.1	20.7	22.9
고위험	1.7	1.2	1.2	2.0	2.3
잠재적 위험	10.7	16.7	17.9	18.7	20.6

* 과의존위험군은 고위험군과 잠재적위험군으로 정의됨

* 출처 : 육아정책연구소, 「2019 영유아주요통계」

스마트폰 사용과 관련하여 유아동자녀의 지도 시 어려운 점으로는 사용시간제한(54.6%), 사용콘텐츠를 선별·제한하는 것(28.3%)로 나타나(과학기술정보통신부, 2016), 자녀의 스마트폰 사용과 관련한 부모의 고민이 늘어나고 있음을 알 수 있다.

시공을 초월한 '하이퍼 커넥티드'(hyper-connected, 과잉연결) 환경은 스마트폰에 의존하는 유아를(김진수, 2013) 만들었으며, 밖에서 뛰어놀 수 있는 환경이 사라지고 실내놀이를 더 많이 하는 현상과 겹쳐져서 더욱 심각해지고 있다. 게다가 맞벌이 부부와 조부모 양육이 증가하면서 육아로 인한 어려움을 덜기 위해 인터넷과 스마트폰을 영유아에게 허용하는 정도가 높아지고 있다.

유아가 일상생활 속에서 접하게 되는 TV, 인터넷, 스마트폰 등의 미디어 테크놀로

지는 이미 유아 문화 속에 깊숙이 자리하게 되었으며 외면할 수 없는 하나의 현상이 되어 버렸다. 자녀를 달래기 위해서 또는 부모가 잠시라도 쉬기 위해서 허용한 미디어 테크놀로지는 디지털 보모의 역할을 하게 되었고 유아는 디지털키즈로 성장하고 있다. 특히, 2~5세 유아는 매체 '의존'에서부터 매체 '중독'으로 발전할 수 있는 위험성이 있으므로 이에 대한 부모와 교사의 인식과 예방 노력이 필요하다. 프랑스 CSA(시청각위원회)는 이미 2008년도에 3세 이하의 프로그램 방영을 금지시키는 결정을 내린 바 있다(이정림 외, 2013). 영유아 때의 미디어 노출이 교육적으로 일정부분 효과적인 면이 있다 하더라도 정서발달장애, 언어장애, 비만, 공격성, ADHD 등의 다양한 문제와 연관될 가능성이 있으므로 주의해야 한다. 인터넷, 스마트폰 중독을 예방하기 위해서는 땀 흘리며 몸으로 놀고, 부모 또는 또래와 함께 놀이하는 것이 많은 도움이 될 것이다.

유아 미디어 중독 의심 사례

■ 만 3세 2개월 남아

- 친구들을 입으로 물고 때리고 밀치는 행동으로 유치원 생활 적응에 어려움을 보임.
- 낯선 사람(또래, 어른 포함)을 만났을 때 공격적으로 소리를 지르고 경계하는 특성이 있음.
- 자신이 원하는 장난감을 친구가 만졌을 때나 자신을 조금이라도 건드렸다고 생각하면 바로 물거나 때리고 밀치는 방법을 사용함.
- 감정표현이 매우 강하게 나타남. 화가 나면 때리는 행동과 함께 공격적으로 사자 소리를 내면서 매우 크게 화를 냄. 기분이 좋을 때에도 옆에 있는 사람을 때리면서 웃음.
- 아침에 일어나자마자 TV를 켬. TV 시청을 제한하면 떼를 쓰고 뒤로 눕고 하는 반응을 보임. 하루에 3시간 정도 TV를 봄(이에 대해 부모는 문제라고 생각하지 않음. 상담자가 문제행동이라고 이야기하여 인식하게 됨. 부모가 TV 보는 것을 좋아하여 노출되는 시간은 이보다 더 많은 것으로 보임. 스마트폰도 밥 먹을 때나 외출했을 때 가장 통제하기 쉬운 방법이어서 사용하고 있음)
- 유아는 가정 내 갈등을 TV 보는 것으로 회피하고 공격성을 억압시켜 온 것으로 보이며 이러한 공격성이 유치원에 가면서부터 외현화되어 문제행동으로 나타남.
- 현재 유아는 TV 중독과 함께 외현화된 공격적인 성향, 행동감정 조절의 어려움을 경험하고 있음. 아동 중심 놀이치료를 주 2회 진행하면서 전반적인 기분이 긍정적으로 변하였고 이로 인해 관계를 잘 맺고 싶은 욕구가 나타나면서 예쁨 받고 싶은 행동을 하는 모습을 보임.
- 아침에 일어나자마자 TV 보는 것부터 소거하기로 하여 계획적으로 진행하였고 현재 그 부분은 성공적으로 하고 있다고 보고함.
- 쉬는 시간과 자기 전에 보는 것은 어머니가 함께 줄이는 것으로 시행하고 있고 놀이를 통한 즐거움을 가질 수 있도록 어머니에게 상호작용 방법을 알려줌.

출처: 영유아의 미디어 매체 노출 실태 및 보호대책. 2013. 육아정책연구소. p.109

3) 특별한 요구를 가진 유아

유아는 모두 저마다 독특한 성격과 기질, 행동특성을 가지고 있고 이를 고려한 교육이 실행되어야 한다. 그러나 그중에서도 별도의 지원과 교육이 필요한 특별한 요구를 가진 유아가 있으며 이에 맞는 교육과 치료가 필요한 아이들이 많아지고 있다. 기관을 이용하고 있는 장애영유아현황을 살펴보면 2019년 기준 17, 375명이다(2019 영유아주요통계)

우리나라의 학교 현장에서는 정서 및 행동상의 어려움을 가지고 있지만 특수교육 및 관련 서비스를 받지 않는 많은 학생이 일반학급에서 수업을 받고 있으며(박지연, 조윤경, 김미선, 2004), 장애로 진단받지 않았는데도 심한 문제행동을 보이거나 우울 및 불안의 징후를 보이는 유아가 많다는 것이 유치원 교사의 일치된 견해이다.

정서·행동 장애는 우리가 모두 직접 경험하기도 하고 주위에서도 흔히 볼 수 있는 장애이다. 과거에는 주로 외현적으로 보이는 ADHD(과다활동성주의력결핍장애), 품행장애 등에 초점을 맞추어 왔으나 최근에는 불안장애, 기분장애 등과 같은 내면화 장애로 그 범위가 확대되고 있는 추세다. 이들이 가진 문제가 당장은 특수교육을 받을 대상으로 선정될 만큼 심각하지 않다 하더라도, 적절한 중재 없이 그 문제가 방치된다면 어느 시점에 이르러서는 더 이상 개입하기 어려운 결과로 이어질 가능성이 높다(이성봉·방명애·김은경·박지연, 2010).

ADHD는 아동기에 나타나는 가장 빈번한 행동장애 중 하나로서 주의력이 부족하여 산만하고 과다활동, 충동성을 보이는 상태를 말한다. 특히 자신의 행동을 조절하는 데 어려움을 겪고 충동억제나 집행기능에 문제가 발생하여 결과적으로 또래와 원만한 관계를 유지하기가 어렵다. 2016년 ADHD로 진료를 받은 인원 중 10세 미만이 전체의 32.9%를 차지(건강보험심사원, 2017)하며, 이는 우리나라 소아·청소년들의 정신건강이 우려할 상황임을 보여 주는 것이다. ADHD 아동은 학습능력의 저하뿐 아니라 사회적 기술이 부족하여 또래와의 상호작용 자체가 부정적인 문제행동 중심으로 이루어지기 쉽다. 이는 또래 간 따돌림으로 이어지고 아동의 내적·외적 스트레스를 증가시켜 또 다른 문제(불안장애, 우울증, 품행장애, 반항장애 등)를 야기하게 된다.

ADHD의 진단은 전문가에 의해 이루어져야 한다는 점에서 교사는 신중한 태도를 취해야 한다. 특별히 유아의 발달특성상 나타날 수 있는 정상적인 범주 내에서의 충동성과 부족한 자기조절력, 주의집중의 어려움을 ADHD로 오인하지 않아야 한다.

그러나, 충분한 신체활동을 하지 못하고 실내에서만 지내는 시간이 많아진다는 점, 몸을 움직여 놀이하는 대신 인터넷이나 게임기, 스마트폰 등을 통한 미디어 놀이에 몰두하는 경향이 점차 심화된다는 점에서 ADHD와 유사한 증상이 유치원 내에서 보다 빈번히 나타나고 있다. 실제 높은 수준의 ADHD 증상을 가진 아동에게서 심각한 수준의 인터넷 사용률을 찾아볼 수 있으며, ADHD 아동이 다른 장애를 가진 아동에 비해 인터넷 중독에 빠질 위험이 매우 높다는 연구 결과들(Yoo et al., 2004; 권수경·장은영, 2010)을 참조할 때 더욱 그러하다. 또한, 유아의 연령적 특성상 결정적 진단을 유보한 상태에서 ADHD로 진단을 받지는 않았으나 경계선상에 있는 유아를 교육하는 교사의 어려움 또한 커지고 있다. 이러한 경우 유아의 외현적인 문제 행동에 대한 지도뿐 아니라 원인에 대한 분석이 필요하며 부모 및 전문가와의 협업이 동시에 진행되어야 한다.

ADHD는 7세 이전에 조기 발견하여 집중적인 치료가 이루어지는 것이 필요하지만, 부모의 치료 거부로 인해 증상이 악화되는 경우가 있다. 부모에 비해서 또래 유아와의 객관적인 비교가 상대적으로 용이한 교사가 세심히 관찰하고 신중하게 접근함으로 상황의 악화를 방지할 수 있다.

유아(0세~5세)에게서 나타나는 정서행동장애 중 자폐는 2017년 1,078명, 2018년 1,188명, 2019년 1,377명으로 지속적으로 증가하고 있다(통계청, 2020). 자폐성 장애 유아는 사회적 상호작용과 의사소통에 결함이 있어 또래와 잘 어울리지 못하고, 제한적이고 반복적인 관심과 활동을 보임으로써 일과의 변화에 강한 거부반응을 보인다. 이로 인해 교육적 성취 및 일상생활 적응에 상당한 도움이 필요하며 수반되는 증상으로 인해 가정과 학교에서 문제행동으로 분류되기도 한다.

자폐성 장애는 그 특성이 너무도 다양하여서 자폐범주성장애라고도 하는데 일반적인 특성으로는 눈맞춤을 거부하거나 사람보다는 사물에 접근하고, 사람이 다가가면 피하는 등의 사회적 상호작용을 거부하고 부적절한 사회적 상호작용을 한다. 또한 반향어를 사용하거나 똑같은 음절이나 어구를 반복적으로 사용하는 등의 부적절하고 비기능적인 언어를 사용하는 특성을 보인다. 특별히 특정 소리나 감촉에 대한 과

민반응을 보이며 동일한 것에 대한 집착이 강하여 시간표가 변경되거나 물리적 환경이 변화되었을 때 극심한 걱정을 하는 경향이 있다.

자폐성 장애유아에 대한 교육은 장기적으로 삶의 질을 향상시키는 것을 중요시하며, 이들이 학습하고, 여가를 즐기고, 친구를 사귀고, 지역사회의 일원으로 살아가는 기능을 성공적으로 수행하는 데 목적을 두고 진행된다(조윤경· 김수진, 2014).

특별한 요구를 가진 유아의 교육은 별도의 중재나 치료프로그램을 통해서 진행되기도 하지만 유치원 교육현장에서 이루어지는 통합교육이 긍정적으로 평가되고 있다. 지속적으로 증가하고 있는 장애영유아가 출발선 단계부터 비장애유아와 통합할 수 있는 교육기회 보장을 위해 특수학급과 통합유치원을 설립할 예정이다(교육부, 2017). 따라서 특별한 요구를 가진 유아를 대해야 하는 유치원 교사의 입장에서는 기본적인 지식과 이해를 기반으로 한 협력적인 교육 프로그램을 실행해야 할 현실적인 필요성이 증가하였다.

4) 조부모 양육

맞벌이 부부가 증가하면서 조부모가 손자를 돌보는 '황혼육아'가 늘어나고 있다. 현재 아이의 부모를 도와 가정에서 영유아를 돌봐주는 사람 10명 중 8명은 조부모로서, 취업모가정의 경우 출퇴근시간에 발생하는 돌봄공백을 메우기 위해 도움을 받는 것으로 나타났다(육아정책연구소, 2018). 조부모 양육은 격대교육이 갖는 장점과 아울러 혈연을 중시하는 우리 사회의 문화적 특성으로 인해 계속되고 있다. 손자녀 양육에 대해 심리적인 책임감을 느끼는 조부모와 자녀양육의 1차적 대리자로서 조부모를 선호하는 맞벌이 부부의 심리가 함께 작용하기 때문이다.

조부모의 손자녀 양육은 저출산이 심각한 우리 사회에서 하나의 대안이 될 수 있다는 점에서 긍정적이다. 실제로 조부모의 손자녀 양육을 적극적으로 지원하는 의미에서 사회기관들이 조부모 교육을 실행하기도 한다. 예를 들어 충북사회서비스지원센터에서는 "행복한 손주 돌봄 가이드북"(오윤주, 2013)을 발행하면서 우리 가족 손주

돌봄 약속을 제시하고 있다.

손자녀의 양육과 교육을 떠맡게 된 조부모 중에는 적극적으로 조부모교육에 참여하면서 조부모의 역할, 안전한 양육, 발달에 적합한 놀이방법 등에 대해 교육을 받기도 한다. 손자녀가 성장함에 따라 유치원이나 학교 행사에 부모를 대신하여 참가하고 활동하는 등 부모역할을 대신하는 조부모 또한 증가하는 추세이다.

그러나 인생의 후반기에 또다시 양육에 참여하는 것은 쉬운 일이 아니다. '황혼육아'로 인해 손자녀를 돌보는 조부모의 평균 노동시간이 거의 9시간에 이르며, 육아로 인한 스트레스, 수면장애, 우울증, 신체적 질병을 호소하는 조부모도 적지 않은 실정이다(박용주, 2013).

조부모의 손자녀 양육 및 교육참여는 유아가 정서적으로 안정적인 관계 속에서 성장할 수 있다는 점과 부모의 입장에서는 신뢰로운 양육이라는 점에서 확대되고 있다. 핵가족 속에서 외동아이의 삶을 살아가던 유아는 적극적으로 양육을 지원해 주는 할아버지, 할머니의 등장으로 인해 새로운 경험을 하고 있다. 유아를 둘러싼 양육문화가 변화해 가고 있다.

5) 부모의 양육 불안·양육 스트레스

오늘날의 부모는 자녀 양육에 있어서 그 어느 때보다도 많은 스트레스를 받으며 양육과 관련된 불안을 경험하고 있다. 과도한 부모 노릇에 대한 사회적 요구, 나날이 증가하는 각종 위험으로 인한 과잉보호, 무한 경쟁에서 파생된 지나친 교육 프로그램 등으로 인해서 양육에 대한 불안감이 커질 수밖에 없다(Elkind, 2007).

특히 한 자녀 가정, 외동아이의 양육은 부모로서 시행착오의 기회와 마음의 여유를 허용하지 않는다는 점에서 더욱 그러하다. 자녀 양육과 관련하여 도움을 받을 만한 사회적·정서적 지지 체제 없이 혼자서 모든 것을 감당해야 하는 젊은 부부, 맞벌이 부모의 양육 불안은 증가할 수밖에 없다.

실제로 어머니의 양육 스트레스는 유아의 불안 및 과잉행동과 밀접한 관련이 있으며 정적인 상관관계를 보인다(최미경 외, 2013). 자녀를 양육하면서 경험하는 여러 가지 요구에 대한 심리적 반응으로 나타나는 양육 스트레스는 결국 부당한 양육행동으로 이어지게 되고, 자녀의 발달에 부정적인 영향을 미치게 된다. 유아기 문제행동들이 2세에서 5세 사이에 지속적이고 안정적으로 나타난다(Rose, Rose, & Feldman, 1989)는 점에서 부모의 양육 스트레스는 관리되어야 한다. 그리고 이러한 스트레스는 사회적 지지체계로 인해 분산되고 손상효과를 약화시킬 수 있다는 점에서 다른 학부모와의 연계나 부모상담, 부모교육 등을 통해 보완할 필요가 있다.

2. 교사의 역할 변화

유아를 둘러싼 주변의 문화가 변화하면서 이들을 가르치는 교사가 수행해야 할 역할 또한 변화하고 있다. 교사의 역할수행은 사회·문화적 환경으로부터 주어지는 역할 기대에서 자유로울 수 없기 때문이다. 유치원 교사의 역할은 교육과정 설계자, 교수 조직자, 진단자, 상담자 및 조언자(Saracho, 1988)의 4가지 유형으로 구분한다. 그리고 그 중 상담자 및 조언자 역할의 수행이 가장 많은 것으로 나타났다(김혜린, 1994; 박향숙, 1995; 조부경, 1997). 상담자 및 조언자로서의 교사는 유아와 친밀한 상호작용을 통해서 정서적 지지를 제공하고 안내하는 역할을 담당한다는 점에서 유아의 일상적인 삶과 분리될 수 없다. 그리고 유아의 일상적 삶이 계속해서 변한다는 점에서 유치원 교사의 역할 수행 또한 지속적으로 변화할 수밖에 없다.

이러한 점에서 앞서 살펴본 유아의 놀이결핍, 미디어 테크놀로지의 범람과 중독, 조부모에 의한 양육과 교육, ADHD 유아의 증가, 부모의 양육 불안과 스트레스 등은 교사의 역할 수행에 있어 또 다른 접근을 필요로 한다. 물론 교사는 다양한 역할을 하도록 기대받는 대표적인 직종이며, 그중에서도 유치원 교사는 교육 대상인 유아의 연령과 발달 특성상 상대적으로 더 많은 역할이 주어지며 여러 사람이 상충되는 역할을 기대하는 과정에서 역할갈등을 경험하기도 한다(Heck & Williams, 1984; 박은혜, 2009).

이로 인해 유치원 교사는 유아를 둘러싼 주변 문화의 변화를 인지하고 이에 적절한 교육과정을 실행해야 한다. 진정한 놀이를 경험하지 못하는 유아를 위해서는 자유로운 놀이를 경험할 수 있도록 기회를 제공해야 하며, 인터넷 또는 스마트폰의 중독 위험성을 인지하고 이를 사전에 예방할 수 있도록 부모교육을 주도해야 한다. 뿐만 아니라 맞벌이 부부의 증가로 인해 새로운 양육자로 등장한 조부모를 대상으로 한 조부모교육 또한 감당해야 한다. 특히 초임교사의 입장에서 부모상담과 교육이 많은 부담감을 준다는 점에서 자녀 양육으로 인한 스트레스와 불안감을 느끼는 부모를 상대하는 일은 더욱 어려운 과제이다. 게다가 특별한 요구를 가진 유아의 증가로 인해 문제행동에 대한 대응 전략을 모색하고 부모와 협업을 해야 하는 어려운 과제를 감당해야 한다. 다양한 방법으로 끊임없이 유치원 교사의 전문성을 계발하고 유지시켜야 하는 이유가 여기에 있다.

3. 유아생활 및 안전 관리

1) 유아생활 관리의 개념

유치원에서 생활하는 유아가 모두 함께 잘 지내기 위해서는 서로 지켜야 하는 예의와 규칙이 있고 교사는 이를 지도할 책임이 있다. 일반적으로 이러한 내용은 생활 지도라는 개념으로 설명되는데 이 책에서는 다른 장과의 균형을 위해 생활 관리로 설명하고자 한다.

일반적으로 유치원에서 생활 관리를 계획하고 실행할 때는 대개 유아를 문제행동의 근원으로 전제하고 해결방안을 찾는 데 주력한다. 그러나 유아생활 관리와 관련된 많은 문제는 문제의 원인을 유아로만 한정하여 접근하는 데서 시작된다. 사실 문제의 원인은 유아가 제공할 수도 있고, 교사 또는 성인이 제공할 수도 있으며, 때로는 유아와 성인이 공유하는 문제일 수도 있다. 따라서, 가장 먼저 확인해야 할 것은 과연 그

것이 "누구의 문제인가?" 하는 것이다(Fields & Fields, 2006). 일단 누구의 문제인지를 알게 되면 이를 어떻게 해결해야 할지에 대한 실마리를 찾은 것이기 때문에 다음 단계로 넘어가기가 쉬워진다. 문제의 원인이 누구에게 있는지를 파악한 다음에는 [그림 7-1]에서 제시한 바와 같이 문제 해결에 접근할 수 있다.

어른의 문제

'나-전달법'으로 표현
기대 수정
교육과정 수정
물러나기

유아의 문제

반영적 경청
관련 결과
기술 지도
충족되지 못한 요구 조력

공유 문제

반영적 경청
문제 해결 협상
갈등 해결 단계

그림 7-1 | 누구의 문제인가?

유아생활 관리와 관련하여 문제해결이 어려운 또 다른 이유 중의 하나는 문제행동의 원인을 단일차원으로 이해하고 접근하기 때문이다. 사실 유아가 겪는 행동상의 어려움은 한 가지 원인에서 비롯되기보다는 서로 다른 여러 가지 원인이 얽혀서 발생하는 경우가 많다. Fields와 Fields(2006)가 제시한 원인 분석 모형의 복합성(그림 7-2)을 보면 유아의 행동을 만드는 원인이 실제로 어떻게 상호작용하는지 알 수 있다. 문제의 원인을 가장 작은 원에서부터 시작하여 생각해 볼 수 있으며 그 원을 둘러싼 다음의 원은 행동이 일어난 맥락으로 이해하면 된다. 이러한 방식으로 행동을 분석하는 것은 복잡하게 얽혀 있는 원인을 이해하는 데 도움이 되며, 유아 행동의 원인이 어떻게 상호작용하는지 그 양상을 파악할 수 있게 한다.

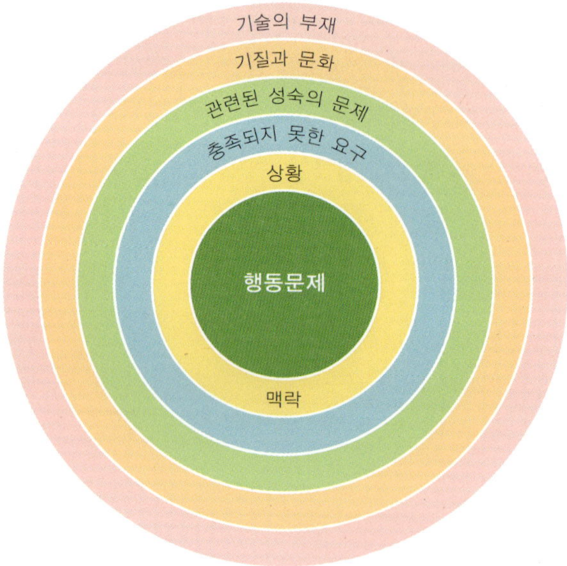

그림 7-2 | 원인 분석의 복합성

활동

본인이 추구하는 유아생활 관리의 목적에 대하여 토의해 보자. 자신의 학급 내에서 생활 지도를 통해 성취하고자 하는 것은 무엇인가? 조별로 토의해 보고 각자의 생각을 정리해서 적어 보자.

2) 유아생활 관리의 방법

(1) 문제 원인에 따른 생활 관리

유아생활 관리에 있어서 문제가 되는 행동의 원인을 찾아보는 것은 매우 중요하다. 원인은 그대로 둔 채 증상만을 다루는 것은 결국 실패할 수밖에 없기 때문이다. 문제의 기본적 원인과 이에 따른 해결책은 다음과 같다(Fields & Fields, 2006).

그림 7-3 | 문제 원인에 따른 해결책의 탐구

첫째, 유아에게 문제가 되는 행동의 원인을 찾을 때 가장 먼저 해야 할 일은, 그 행동이 또래의 전형적인 행동인지 아닌지 자문해 보는 것이다. 만일 유아가 그 연령의 특징적인 행동을 하는데도 성인들이 좌절감을 느낀다면, 문제의 원인은 성인에게 있고 변해야 하는 쪽은 성인이다. 예를 들어, 궁금한 점을 끊임없이 질문하고 확인해야 하는 시기의 유아에게 선생님의 말을 조용히 듣기만 하라는 것은 교사의 요구 자체에 문제가 있는 것이다. 교사가 발달상의 자연스러운 일임을 인정하고 수용적인 태도로 변화하면 문제행동 자체가 성립되지 않는다.

둘째, 성인의 부적절한 기대가 문제를 일으키는지 알아보아야 한다. 부적절한 활동이나 환경이 문제를 일으키는 경우나, 유아의 기질을 고려하지 않는 교사의 일방적인 기대가 문제행동을 유발한다면 성인의 기대를 변화시켜야 한다. 예를 들어, 이야기 나누기를 1시간 이상 진행하면서 유아가 떠들지 않고 움직이지 않으면서 집중하기를 원한다면 이는 교사의 기대 자체가 부적절한 것이다.

셋째, 유아는 다른 사람들과 잘 지내기 위해서 자신의 감정을 다스리는 방법과 효과적으로 의사소통하는 방법 및 사회적 기술을 배워야 한다. 만약 이러한 방법과 기술의 부족이 문제의 원인이라면 교사는 유아에게 이를 알려주고 활용할 수 있도록 지원해야 한다. 예를 들어, 친구가 가지고 있는 놀잇감을 갑자기 빼앗아 가는 행동은 다른 사람과 함께 물건을 공유하는 방법을 모르거나 이를 효과적으로 해결할 수 있는 언어적·사회적 기술이 부족하기 때문이다.

넷째, 유아는 때때로 어떤 행동을 해야 하는지 또는 특정 행동의 결과가 무엇인지에 대한 이해가 부족하기 때문에 문제가 생기기도 한다. 이러한 경우 유아가 원인과 결과의 관계를 이해할 수 있도록 도와주어야 한다. 예를 들어, 블록을 가지고 놀다가 다툼이 생기자 들고 있던 블록을 친구에게 집어던지는 행동은 유아가 친구를 다치게 하려는 특별히 나쁜 의도 때문은 아니다. 순간 화가 나는 감정을 조절하지 못하고 자신이 던진 물건이 친구를 크게 다치게 할 수 있다는 사실을 예측하지 못하기 때문에 일어날 수 있는 일이다.

다섯째, 유아는 가끔 잘못된 것을 배워 이를 행동으로 옮기기도 한다. 주변에서 일어나는 잘못된 행동을 모방하거나 부적절한 강화로 인해 문제행동이 생긴다면 교사는 이를 알려주어야 한다. 교사 스스로 바람직한 행동의 모델이 되고, 유아가 바람직한 행동을 할 때 보다 많은 주의를 기울임으로써 문제를 해결할 수 있다. 예를 들면 친구와 싸울 경우 매번 물리적 힘을 행사하여 자신이 원하는 바를 이루는 유아의 경우에는 주변 또래나 형제로부터 이러한 잘못된 방법을 학습했거나 또는 "맞지만 말고 너도 때려.", "힘센 사람이 최고야. 무조건 이겨." 등의 부적절한 강화가 문제행동의 원인일 수 있다.

여섯째, 충족되지 않은 정서적 요구가 원인이 될 수 있다. 이러한 경우 유아는 공격적인 행동을 하거나 포기 또는 위축되는데, 교사는 유아의 기본적인 요구를 충족시키도록 도와줌으로써 문제를 해결할 수 있다. 예를 들면, 정전으로 인해 엘리베이터에 갇혀 고립된 경험이 있는 유아의 경우에는 사소한 일에도 울음을 터뜨리거나 엄마를 떨어지지 못하고 심하게 위축될 수 있다.

일곱째, 자기 스스로 해결할 수 없는 심각한 문제로 인하여 문제가 되는 행동을 할 수도 있다. 이러한 경우 교사는 의료 전문가나 사회복지사 등 전문가의 도움을 요청하여야 한다. 예를 들면 가정폭력이나 학대로 인해 정서적·신체적으로 심각한 문제를 가진 경우에는 가족적 차원에서 포괄적인 접근이 이루어져야 한다.

(2) 유아생활 관리의 전략

유아생활 관리는 심각한 문제 상황에서 이루어지는 치료적인 지도보다는 일상적인 생활 속에서 자연스럽게 이루어져야 한다. 이를 위해서 학급의 분위기를 긍정적이고 격려하는 모습으로 만들고, 유아를 존중하고 주도성을 인정하는 의사소통을 하며, 문제해결을 위한 전략을 적용하는 것이 도움이 된다.

① 긍정적이고 격려하는 학급 분위기 만들기

유아생활 관리의 목적이 나와 타인의 권리를 인정하고 상호 존중하는 시민이 되는 데 필요한 기술, 즉 민주적 생활기술을 배우는 것이라면, 교사는 유아가 소외되거나 위축되는 상황이 발생하지 않도록 학급을 긍정적이고 상호 격려하는 분위기로 만들어야 한다. 격려하는 학급 분위기 속에서 유아는 자유롭게 자신의 의사를 표현하고 적극적으로 행동할 수 있다. 이를 위해 교사가 활용할 수 있는 기술은 다음과 같다(Gartrell, 2003).

- 규칙이 아닌 지침 활용하기

  규칙(rules)은 부정적인 처벌이 뒤따를 수 있지만 지침은(guidelines) 긍정적인 행동을 강화해 준다. 예를 들어 교실에서 뛰지 않기보다는 천천히 걸어가기, 큰 소리로 떠들지 않기보다는 적당한 목소리로 이야기하기, 밥 먹으면서 돌아다니지 않기보다는 밥 먹을 때는 앉아서 먹기 등의 지침은 행동에 대해 안내를 제시하는 것이다. 이러한 지침은 결과적으로 유아의 주도성과 자율성을 격려하는 긍정적인 학급 분위기를 형성한다.

학급 내 지침의 예시

- 자기 순서 기다리기
- 장난감 소중히 다루기
- 가지고 논 것은 스스로 정리하기
- 친구에게는 손이 아니라 말로 이야기하기

- 칭찬이 아닌 격려

많은 교사는 의례적이고 습관적으로 유아를 칭찬한다. '멋지다', '참 잘했다', '착하다'와 같은 단어는 시간이 지나면서 점점 그 의미를 잃게 되고 유아는 이러한 단어에 더욱 의존하게 된다. 칭찬은 속성상 결과에 치중하게 만들며 은연중에 또래 간 비교를 유발한다는 점에서 긍정적인 학급 분위기를 만드는 데 걸림돌이 될 수 있다. 반면 격려는 본질적으로 과정에 비중을 두며 노력에 대한 인정이라는 점에서 상호존중에 바탕을 두는 긍정적인 학급 분위기를 만든다.

② 의사소통하기

유아를 존중하고 주도성을 인정하는 의사소통은 유아생활 관리를 위한 주요 전략이다. 교사는 다음과 같은 의사소통 기술을 활용할 수 있다(Fields & Fields, 2006).

- 나-전달법 사용하기

나-전달법은 유아에게 나쁘다는 꼬리표를 붙이지 않고 또한 유아에게 변화하라고 명령하지 않고도 교사의 감정 상태를 표현하는 방법이다. 나-전달법은 현재 일어나고 있는 일이 교사 자신에게 심리적으로 불편함을 줄 때 적절하다. 왜냐하면 나-전달법은 다른 사람을 비난하거나 책망하지 않으면서 비방하는 내용도 포함하고 있지 않기 때문이다. 또한 누군가에게 무엇을 하라고 명령하지 않기 때문에 논쟁이나 방어 없이 상대의 이야기에 귀를 기울이게 된다. 나-전달법의 사용은 유아에게 자신의 욕구를 다른 사람에게 정중하게 말하는 방법을 가르치게 된다.

- 말하기보다는 듣기

유아의 말을 경청한다는 것은 그 생각을 소중히 여기고 인정함을 의미한다. 또한 관심이 많음을 보여 주는 것이므로 신뢰로운 관계를 맺게 한다. 교사가 자신의 생각을 말하기보다 유아의 말을 들을 때 그 학급은 유아의 주도성을 인정하고 존중하는 격려적인 분위기를 구성하게 된다. 교사는 "그래서?", "정말 재미있는데."와 같은 최소한의 반응만 보이면서 혹은 "음~", "그랬구나."와 같이 공감하면서 유아의 견해를 수용하고 존중하는 수동적인 경청을 할 수 있다. 때로는 반영적인 경청(청자가 들은 것을 화자에게 되돌려 반영해 줌)을 통해서 의사소통의 정확성을 높일 수도 있다. "성희야! 오늘은 유치원에 오기가 정말 싫었던 것 같네."와 같이 유아의 염려나 감정을 재진술해 줌으로써 유아에게 관심이 있다는 것을 보여 줄 수 있다. 유아는 이러한 대화를 통해 긍정적이고 격려적인 학급 분위기 속에서 자신의 감정을 표현하고 수용되는 경험을 하게 된다.

③ 갈등 관리의 5단계 전략 적용하기

갈등 상황이 발생한 경우 Gartrell(2003)이 제안한 다음의 5단계 문제 해결 모델은 매우 유용하다. 다섯 단계를 손가락으로 하나씩 세어 가면서 진행할 수 있기 때문에 일명 "다섯 손가락 공식"으로 부르기도 한다. 갈등 관리의 다섯 단계는 다음의 [그림 7-4]와 같다.

> **활동**
>
> 격려하는 긍정적인 학급 분위기를 유도하는 교사와 유아를 위축·소외시키는 학급 분위기를 유도하는 교사의 행동과 언어에 대해 예를 들어 설명해 보자. 특별히 갈등 상황에서 교사가 대치하는 모습을 예상 시나리오로 작성하고 이를 역할극으로 구성해 보자.

❶ 진정시키기

교사는 자신을 포함하여 모든 사람을 진정시키고 중재를 한다. 일시적으로 유아를 분리시키거나 빼낼 수 있는데 이는 문제 해결 과정의 한 부분이며, 이러한 냉각기간은 중재로 연결되어야지 처벌이 되어서는 안 된다.

⇩

❷ 문제 규명

유아는 필요한 경우 교사의 도움을 받아 문제를 말로 옮기고 문제 상황에 동의한다.

⇩

❸ 해결책에 대한 브레인스토밍

유아는 필요한 경우 교사의 도움을 받아 문제 해결을 위해 가능한 여러 가지 방법을 제안한다. 교사는 '어떻게 하면 싸우지 않고 이 문제를 해결할 수 있는지'에 대한 아이디어를 유아 스스로 제안하게 할 수 있다. 유아가 싸움에 열중하여 스스로 해결책을 제안할 준비가 되어 있지 않을 경우 교사는 직접적인 중재를 시도하기도 한다.

⇩

❹ 실행

교사가 직접 제안하는 한이 있더라도 일단 유아와 함께 한 가지 해결책을 결정하고 시도한다. 종종 교사가 생각하기에 실행 가능성이 없는 해결책을 유아가 제안하기도 하는데, 교사의 입장에서는 다소 미흡하더라도 유아가 제시한 아이디어를 사용하고자 노력해야 한다. 실행단계의 마지막 부분은 교사가 유아와 대화를 나누기에 적합한 시점이다.

⇩

❺ 추후 점검

교사는 격려하고, 모니터링하며, 문제 해결을 안내하는 등 추후 점검을 한다. 성공적으로 문제가 해결되었다면 유아는 다시 함께 활동을 시작할 것이다.

그림 7-4 | 갈등관리의 5단계 전략

학급에서의 생활관리

사례

■ 사례 1. 쌓기 놀이에서의 싸움

찬호는 자유선택 활동 시간 내내 쌓기 놀이 영역에서 우주정거장을 만들고 있었다. 그런데 찬호와 함께 놀이를 하던 지수가 블록을 가지러 일어서다가 찬호의 우주정거장을 발로 건드려 망가트려 버렸다. 찬호는 소리를 지르고 지수를 향해 블록을 던지며 때리고 발로 찼다.

① 원인

- 유아의 문제
- 기술의 부족: 갈등 상황에서 자신의 감정을 적절하게 표현하지 못함

② 사례 해결을 위한 갈등 관리의 5단계 전략 적용하기

❶ 진정시키기

- 지수가 다치지 않았는지 확인하기
- 지수를 때리기 시작했을 때 찬호의 팔과 다리를 붙들고 바닥에 함께 앉기

❷ 문제 규명

- 두 아이 각자의 관점에서 이야기 듣기
- 유아가 이야기를 꺼낼 때까지 잠깐 기다려 주기

❸ 해결책에 대한 브레인스토밍하기

- 문제를 해결할 수 있는 방법 찾기
  - 화가 났을 때 물건을 던지거나 때리는 대신 다른 방법은 없을까?
  - 찬호의 화가 풀릴 수 있는 방법에는 무엇이 있을까?
  - 혹시 다음번에도 같은 일이 생기지 않게 하려면 어떻게 하면 좋을까?

❹ 실행

- 유아가 제안한 방법대로 실행하기
- 만약 유아가 해결책을 받아들이지 못한다면 다시 3단계로 돌아가기

❺ 추후 점검

- 해결책을 실행하는지 관찰하기

- 교사는 찬호와 지수가 해결해 나가는 과정을 지켜보면서 도움이 필요할 경우 개입하기

사례

진정시키기를 위한 교사의 구체적 발문

- "지수야, 괜찮니? 다친 곳은 없니?"
- "지수야 많이 놀랐지?"
- "찬호가 화가 많이 났구나~. 선생님이 도와줄게."
- "찬호야, 친구를 다치게 해서는 안 돼. 그리고 친구도 너를 다치게 해서는 물론 안 되지. 지금은 네가 친구를 다치지 않게 하려고 선생님이 너를 붙잡고 있는 거야."

■ **사례 2.** 줄 서서 기다리기

4세반 유아들이 바깥놀이를 하러 나가기 위해 출입문 앞에 줄을 서서 기다리고 있다. 서둘러 놀이터로 나가고 싶은 몇몇 유아는 안달이 나서 빨리 나오라고 소리를 지르고, 몇몇 유아들은 앞에 있는 친구를 밀고, 팔을 잡아당기고, 겉옷에 달린 모자로 장난을 쳤다. 밀려서 넘어진 유아가 울음을 터뜨렸다.

① 원인

- 성인의 문제
- 교사의 부적절한 기대: 줄 서서 기다리기가 유아에게는 쉽지 않은 과제임을 이해하지 못함

② 사례 해결을 위한 갈등 관리의 5단계 전략 적용하기

❶ 진정시키기

- 밀려서 넘어진 유아가 다치지 않았는지 확인하기
- 울음을 그치도록 도와주기
- 소리 지르기를 멈추도록 이야기하기
  - 여기는 복도란다. 다른 반에 방해되지 않게 적당한 목소리로 이야기하자.

❷ 문제 규명

- 무엇이 문제인지 이야기해 보기
- 교사가 문제를 재진술하여 확인하기

사례

③ 해결책에 대한 브레인스토밍하기

- 유아가 원하는 것이 무엇인지 이야기 들어보고 해결책 찾기
  - 너희들은 지금 어떻게 했으면 가장 좋겠니?
  - 바깥놀이를 나가기 위해 기다리는 동안 어떻게 하면 좋을까?
  - 바깥놀이를 빨리 나가기 위해서는 어떻게 하는 것이 좋을까?
- 교사도 필요한 해결책 생각해 보기
  - 유아가 기다리는 시간을 최소화 할 수 있는 대안 찾아보기(예: 두 그룹으로 나누어서 나가기, 보조교사가 인솔하기, 활동이 끝나는 대로 바깥놀이 나가기 등등)
  - 줄 서서 기다리기가 반드시 필요한 상황이라면 기다리는 시간을 재미있게 보낼 수 있는 전이 활동 생각해 보기

④ 실행

- 유아가 제시한 방법대로 실행하기
- 필요할 경우 유아와 이야기 나누면서 실행하기

⑤ 추후 점검

- 유아가 해결방안을 잘 수행할 수 있도록 격려하기
- 유아의 실행 과정을 지켜보기

문제 규명을 위한 교사의 구체적 발문

- "지금 무슨 일이 일어난 거니?"
- "무엇 때문에 친구가 밀려서 넘어졌을까?"
- "너희들이 큰 목소리로 교실의 친구들을 부른 이유가 무엇이었는지 이야기해 줄래?"
- "친구들을 밀치고 잡아당기고 한 이유는 무엇이었니?"

■ 사례 3. 이해의 부족

유치원 교사인 한 선생님은 자기 반 아이들이 화장실을 엉망으로 해 놓은 것을 보고 당황했다. 바닥에는 물이 넘쳐 있고 휴지통 주변에는 종이수건이 여기저기 널려져 있었다. 한 선생님은 3세아인 선영이에게 "선생님은 걸레를 가지러 갈 거야. 네가 종이수건을 휴지통에 집어넣어 줄래?"라고 말했다. 한 선생님이 걸레를 가지고 왔을 때, 선영이가 벽에 달린 종이수건 상자에서 깨끗한 종이수건을 당겨내어 한 움큼 쥐고 휴지통에 집어넣으려고 애쓰는 모습을 발견했

다. 선영이는 울먹이는 목소리로 "너무 많아요, 선생님! 종이수건이 너무 많아요!"라고 말했다(Miller, 2003).

사례

① 원인

- 유아와 성인의 공유 문제
- 이해의 부족: 선영이는 선생님이 부탁한 말의 내용을 잘못 이해했다. 바닥에 널려 있는 종이수건을 휴지통에 넣어야 했으나 교사의 의도를 잘못 이해하고 종이수건 상자에 있는 새 종이수건을 모두 빼서 휴지통에 넣어야 한다고 생각했다. 교사가 구체적으로 '바닥에 떨어져 있는 젖은 종이수건'이라고 말하지 않은 것도 원인이다.

② 사례 해결을 위한 갈등 관리의 5단계 전략 적용하기

❶ 진정시키기

- 울먹이는 선영이를 달래 주고 진정시키기
- 선영이가 교사를 도와주려고 한 것에 대해 고맙다는 인사하기

❷ 문제 규명

- 선영이가 힘들어하고 우는 이유를 물어보기
  - 선영아, 무엇 때문에 울고 있니?
  - 어려운 일이 무엇인지 이야기해 줄래?

❸ 해결책에 대한 브레인스토밍하기

- 잘못 이해된 부분에 대한 이야기 나누기
- 선영이가 오해하지 않도록 구체적으로 다시 말해 주기
- 문제를 쉽게 해결할 수 있는 방법 이야기하기

❹ 실행

- 화장실 바닥의 젖은 종이수건 줍기

❺ 추후 점검

- 화장실의 상태 확인하기
- 교사가 정확하고 구체적인 언어를 사용하도록 주의하기

사례

해결책에 대한 브레인스토밍하기를 위한 교사의 구체적 발문

- "바닥에 떨어진 젖은 종이수건을 휴지통에 넣자. 깨끗하고 마른 종이수건은 다음에 손을 씻고 쓸 수 있는 것이란다."
- "선생님이 무엇을 도와주면 될까?"
- "젖은 종이수건을 쉽게 집는 방법에는 무엇이 있을까?"
- "선영이를 도와 함께 종이수건을 주울 친구를 찾아볼까?"

■ **사례 4.** 친구 관계

새 학기가 시작된 3월 첫 주 동안 민우는 일주일 내내 친구와 다투고 문제를 일으키고 있다. 이유 없이 친구를 밀고 때리고 당기고, 친구의 물건이나 장난감을 말도 없이 빼앗아 달아나기도 한다. 교사가 개입하여 친구의 기분을 설명하고 중재를 시도하였지만 전혀 개의치 않았으며, 교사의 말을 들은 척도 하지 않는다(Fields & Fields, 2006).

① 원인

- 유아의 문제
- 충족되지 않은 정서적 요구: 또래로부터 인정받고 친구를 갖고 싶은 유아의 정서적 요구가 충족되지 않음

② 사례 해결을 위한 갈등 관리의 5단계 전략 적용하기

❶ 진정시키기

- 갈등 상황이 발생한 경우 유아의 손을 잡거나 자리에 함께 앉음으로써 유아 진정시키기

❷ 문제 규명

- 교사의 문제 규명
  - 민우의 문제는 자기 행동의 결과를 모르는 것이 아니라 친구가 화를 내든 말든 개의치 않는 것임을 인식
- 민우의 사전 경험 파악하기: 친구에게 배척당한 경험이 있는지 확인하기
- 민우의 이야기 들어보기

사례

③ 해결책에 대한 브레인스토밍하기

- 문제 해결에 대한 아이디어 공유하기
  - 어떻게 하면 친구의 기분을 상하게 하지 않고 함께 재미있게 놀 수 있을까?
  - 친구의 장난감을 뺏지 않고 함께 놀 수 있는 방법은 없을까?
- 교사의 해결책 고안하기
  - 민우에게 좋은 역할 모델이 될 수 있는 친구 찾아 주기

④ 실행

- 해결책으로 제시한 아이디어 직접 실행하기
- 또래 교수를 통해 친구 사귀는 기술을 배우도록 지원해 주기
- 민우가 타인에 대한 조망 능력을 습득할 수 있도록 지원해 주기

⑤ 추후 점검

- 실행 과정 모니터하기

실행을 위한 교사의 구체적 발문

- "민우야, ㅇㅇ와 함께 선생님을 좀 도와줄래?"
- "민우야, ㅇㅇ가 간식차를 미는 것을 도와주면 좋겠구나."
- "민우가 게임 방법을 잘 알고 있구나. 친구들에게 설명해 주겠니?"
- "민우야. △△에게 '네가 다 놀고 나면 내게 알려주면 고맙겠다.'라고 말해 볼까?"
- "민우야. 네가 먼저 친구에게 '우리 같이 주차장놀이 하자!'라고 말해 보렴."
- "민우야. 친구가 넘어져서 많이 아프대. 네가 가서 '괜찮니?'라고 물어보면 좋겠다."

■ **사례 5.** 스스로 해결할 수 없는 심각한 문제

또래에 비해 키가 크고 깡마른 체구의 찬우는 유난히 친구를 잘 꼬집고 할퀴며, 친구들이 조금만 건드려도 화를 내고 때리고 그러면서도 자기가 먼저 우는 아이였다. 호기심이 많고 책 읽기를 좋아하여 늘 교사와 함께 책을 보고(교사의 무릎에 앉으려고만 함) 교사에게 껴안기, 뽀뽀하기, 장난치기 등 많은 애정을 표시하였다. 교사가 미처 봐주지 못하면 옷, 손을 잡고 끌거나 등을 툭툭 치면서 신호를 보내는 등 늘 교사의 주변에 있기를 좋아했다. 등원 시 찬우는 언제나 아버지와 함께했으며 하원은 어머니나 누나가 오곤 했는데 아버지는 아침에도 술에 취해 있을 때가 많았다. 9월 무렵에는 하원 지도 이후에도 바깥에서 배회하며 어머니가 올 때까지

기다렸다. 찬우는 아버지가 자주 술을 사오라고 하시고, 술을 마시면 때린다고 이야기했다. 그 후 아버지가 간암으로 병원에 입원하고 얼마 뒤 돌아가셨다. 찬우는 아버지가 미국에 돈 벌러 가신 줄로만 알고 있다(삼성복지재단, 2005).

사례

① 원인

- 유아와 성인의 공유 문제
- 심각한 문제: 알코올 중독으로 유아에게 폭력을 행사하는 아버지

② 사례 해결을 위한 갈등 관리의 5단계 전략 적용하기

❶ 진정시키기

- 찬우가 친구에게 화를 내고 울 때에 손을 잡아 주고 안아 주기
- 하원 후 길에서 놀고 있는 찬우에게 관심을 보이고 보호하기

❷ 문제 규명

- 친구를 때리고 꼬집어서 갈등이 생긴 경우 각자의 이야기를 들어 보기
- 찬우에게 가장 힘든 일이 무엇인지 물어보고 이야기 들어 보기
- 찬우의 부모님 또는 가족과 상담을 통해 문제 규명하기
  - 찬우가 보이는 행동상의 문제는 찬우 스스로 해결할 수 없는 가족 내 문제임을 인식하고 부모 상담 및 관련 전문가의 지원을 받아야 함.

❸ 해결책에 대한 브레인스토밍하기

- 찬우 개인의 문제일 경우 찬우와 이야기 나누기를 통해서 해결책 찾아보기
- 찬우 가족의 문제일 경우 외부 전문가의 도움을 요청하여 함께 해결책 찾아보기

❹ 실행

- 유치원 내에서의 생활 관리 실행
- 외부 전문가의 조력으로 문제 해결 과정 실행
  - 폭력을 행사하던 아버지의 죽음으로 인한 아버지 부재가 찬우에게 가져올 어려움에 대해 소아과 및 소아정신과 의사와 상담 실행하기
  - 가족 지원 프로그램을 알아보고 어머니에게 권유해 보기

사례

⑤ 추후 점검

- 실행 과정 모니터하기
  - 교사는 아버지의 폭력 행사에 대해서는 단호히 대처할 준비하기
- 외부 전문가의 평가 반영하기

추후 점검을 위한 교사의 구체적 발문

- "선생님은 찬우가 힘들거나 아플 때 꼭 도와주고 싶단다. 혹시 선생님의 도움이 필요하면 언제든지 말해 주겠니?"
- "찬우가 요즘은 화가 날 때에도 친구를 때리거나 꼬집지 않고 말로 잘하는구나."
- "찬우가 울지 않고 또박또박 네 마음을 잘 이야기해 주어서 정말 자랑스럽단다."
- "찬우가 의사 선생님과 재미있게 이야기하고 있니? 혹시 선생님이 도와줄 일은 없을까?"

3) 유아안전 관리

유아는 자기를 보호하는 능력이 부족하고 주변 환경에 대한 호기심 및 탐색 욕구가 왕성하여 사고의 발생 빈도가 매우 높다. 1~14세 아동의 사망 원인 1위가 안전사고임을 고려할 때 유아 안전사고에 대한 예방과 대처를 통한 안전 관리는 필수적이다.

(1) 예방절차

유치원에서는 안전사고 방지를 위하여 시설이나 환경 측면에서 관리점검을 하는 동시에 유아에게도 생활지도와 안전교육을 시행하는 등 많은 노력을 기울인다. 하지만 때때로 사고가 발생하며, 이러한 경우 교사는 신속하고 정확하게 대응하여 사고 후 피해를 최소화해야 한다.

안전사고를 예방하기 위해서 하루 일과를 중심으로 안전 관련 점검 항목을 살펴보면 다음의 [그림 7-5]와 같다(탑동유치원, 2008).

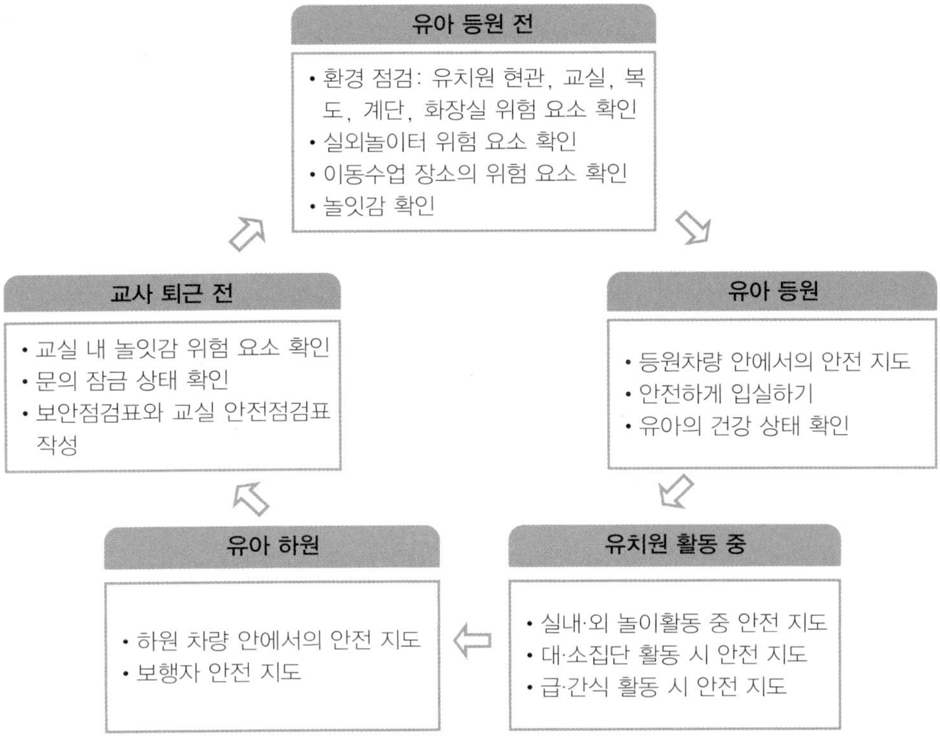

그림 7-5 | 일과 중심의 안전사고 예방 점검

다음은 유아에게 안전사고가 발생한 후 교사가 보호자에게 전화로 연락하고 사고 내용 및 대응 방안을 논의하는 사례이다.

사례

학급에서의 안전 관리

■ **사례 1.** 119 응급구조대와 의료진의 전문적 치료가 신속히 필요한 안전사고 발생 시

① 사고 유아 부모님께 연락

• 기관 내 안전사고에 대한 설명

– 안녕하세요? 어머님(보호자). ○○반 ○○의 담임 ○○○입니다.
통화 괜찮으신지요?
방금 전 ○○가 ~~상황에서 ~~게 다쳤습니다(상황, 상태 설명).
유치원에서 이런 사고가 일어나게 되어 정말 속상합니다.

• 사고 상황과 유아 상태 설명

– 오늘 반 아이들과 실외로 나가 ○○활동을 하는 중 발을 헛디뎌 넘어지게 되었습니다(다친 부위를 설명하며: 이마가 많이 찢어져서/의식이 없어서) 119에 신고를 했고 지금 ○분 이내로 구급차가 도착한다고 하여 대기 중에 있습니다.

• '응급처치동의서'에 따른 이송 병원 선정

– 일단 전문 의료진의 도움이 필요한 상황이어서 119 구급대에 먼저 신고하였습니다. 지금은 응급처치 후 ○○○가 놀라지 않도록 안정을 취하고 있습니다. 어머님(보호자)께서 응급처치동의서에 ○○병원을 희망한다고 기록하셨는데, 이 병원으로 이동하도록 할까요? 네, 그럼 119구급차가 도착하는 대로 ○○병원 응급실로 이동하겠습니다. 어머님께서 지금 ○○병원으로 오실 수 있으신지요?

• 119 탑승 후 응급처치관련 및 상황 안내

– 어머님, 지금 응급차를 타고 ○○병원으로 가고 있는 중입니다. ○○는 현재 ~~한 상태입니다. 지금부터 ○○분 이후에 응급실에 도착할 것 같습니다. 응급실 앞에서 뵙도록 하겠습니다.

• 부모님이 병원으로 오지 못하시는 경우

– ○○의 상태와 진료 과정에 대해 의사선생님과 통화할 수 있도록 바로 전화드리겠습니다.

② 병원 치료 후 부모님께 사후 치료 과정에 대해 안내

– 어머니 많이 놀라셨지요? 앞으로 ○○가 잘 나을 수 있도록 지켜보며 보살피겠습니다.

– 저희 유치원에서는 안전공제회에 가입되어 있고, 앞으로 병원비를 비롯한 사후 처치는 안전공제회의 절차에 따라 처리하도록 하겠습니다. 어머님께서도 필요한 모든 증빙 자료를 모아 두셨다가 ○○의 치료가 종료되면 원으로 보내 주시면 감사하겠습니다.

■ **사례 2. 비교적 가벼운 부상으로 기관 내 응급처치 후 의료기관 이동 치료가 필요한 안전사고 발생 시**

① 사고 유아 부모님께 연락

• 사고 상황과 유아 상태, 응급처치 결과 설명

– 어머님 지금 통화 괜찮으신지요? ○○반 ○○○ 담임 ○○○입니다. 다름이 아니오라 ○○가 ~~하다가 오른팔에 상처가 났습니다. 찰과상으로 인해 5cm가량 피가 맺힌 상처가 생겼습니다. 병원에 가 보아야 할 것 같습니다.

• '응급처치동의서'에 따른 치료 병원 선정

– 지금 응급처치 후 ○○○가 놀라지 않도록 안정을 취하고 있습니다. 어머님(보호자)께서 응급처치동의서에 ○○병원을 희망한다고 기록하셨는데, 이 병원으로 이동하도록 할까요?

• 병원 이동 시 부모님 동행 이동 및 치료 시 입회 여부 확인

– 원으로 오신 후에 함께 가도록 하는 것이 좋으시겠어요? 아니면 병원에서 직접 만나뵙도록 할까요?

※ 부모님 미동행 시: 진료 시 유아의 상태에 대하여 의사와 부모님이 직접 통화할 수 있도록 한다.

– 어머님, 의사선생님께서 X-Ray 촬영을 해야 한다고 합니다. 어떻게 할까요?

– 의사선생님께서 ○○의 상태를 설명하시겠다고 합니다.

② 병원 치료 후 부모님께 사후 치료 과정에 대해 안내

• 사후 기관의 책임 진료와 안전사고 예방 확인

사례

■ **사례 3.** 비교적 가벼운 부상으로 기관 내 응급처치 후 하원하는 상황

① 사고 유아 부모님께 연락

• 기관 내 안전사고에 대한 설명

– 어머님, 안녕하세요? 저는 ○○의 담임교사입니다. 지금 잠시 통화 괜찮으신지요? 오늘 ○○가 ~~하다가 오른쪽 이마에 (피가 살짝 맺힐 정도의/작은 손톱자국/작은 멍/작은 혹) 상처가 생겼습니다. 어머님께서 하원 시간에 ○○를 보시고 놀라실 것 같아 먼저 전화드렸습니다.

• 사고 상황과 유아 상태, 응급처치 결과 설명

– 오전 자유선택 활동 시간에 교실 미술 영역에서 ~~하다가 그만 다쳤습니다. ○○도 아팠는지 살짝 울었지만 바로 아이의 상태를 확인하고 약을 발라 주었습니다.

② 현재 상태 및 사후 치료 과정에 대해 안내

– 다행히도 금방 울음을 멈추었고 지금은 아프지 않다고 이야기합니다. 지금은 친구들과 열심히 책을 보고 있네요. 원에서는 ○○약을 발랐고 상처가 생기지 않도록 ○○반창고를 붙여 두었습니다. ○○의 상처 부위를 확인하시고 집에 가지고 계시는 연고를 발라 주시면 될 것 같습니다.

다음은 유치원에서 차량 운행을 하는 경우 안전한 차량 지도를 위해 교사가 참고해야 할 내용을 표로 정리한 것이다. 유치원의 입장에서 차량 지도는 늘 위험 부담이 있는 부분이며 사소한 문제가 수시로 발생한다는 점에서 지속적이고 일관성 있는 지도가 필요하다.

표 7-3 | 차량 안전 지도

	안전 지도
등원	• 버스는 정확한 시간에 출발한다.
	• 유아가 학부모와 함께 정해진 정류장에 줄을 서서 기다리는 모습이 보이면 담당교사는 내릴 준비를 한다.
	• 담당교사는 버스에서 내린 후 기다리는 유아 및 학부모와 인사를 나눈다.
	• 유아가 승차할 때 손을 잡아 주어 안전하게 탑승할 수 있도록 도와준다.
	• 유아가 자리에 앉아 안전벨트를 매도록 도와준다.
	• 유치원에 도착할 즈음에 미리 일어나는 유아가 없도록 안내한다.
	• 버스가 유치원에 도착하면 담당 교사는 버스에서 먼저 내려 유아가 안전하게 하차할 수 있도록 도와준다.
	• 유아가 모두 하차한 후, 담당 교사는 버스 안을 둘러보며 혹시 안 내린 유아는 없는지, 두고 내린 물건이 없는지 등을 확인한다.
	• 버스 안에서 특별한 일이 있었던 경우 담임교사나 원장 또는 원감에게 보고한다.
	• 차량 시간의 변동이 있는 경우 기사님과 다시 한 번 확인한다.
하원	• 모든 유아가 탑승했는지 확인하고 출발한다.
	• 유아가 내릴 정류장이 가까워지면 해당 유아의 이름을 불러 확인하고 내릴 준비를 시킨다.
	• 정류장에 도착하면 교사가 먼저 내려 유아가 안전하게 하차하도록 돕는다.
	• 유아의 보호자에게 안전하게 인계한다.

출처: 가명유치원 자료 참조

표 7-4 | 차량 지도 중 문제 발생 시 해결 지침서

	문제 발생	해결 지침
등원 시	• 정시에 도착했는데 유아가 없을 경우	• 차량 핸드폰으로 보호자와 통화하여 확인하기 • 늦게 나온 경우 시간보다 5분 정도 먼저 나와 주길 말씀드리기
	• 유치원 버스가 예정보다 늦어진 경우	• 유치원으로 전화하여 현재 위치를 알리고 학부모들에게 문자 발송하기
	• 유치원 버스가 예정보다 빨리 도착한 경우	• 정해진 시간까지 기다리기
하원 시	• 정류장에 정시 도착하였으나 보호자가 나와 있지 않은 경우	• 잠시 기다리다가 보호자가 도착하지 않으면 유치원 버스에 다시 태워서 돌아오기 • 해당 유아의 보호자에게 연락하기
	• 유치원 버스가 예정보다 늦어진 경우	• 유치원으로 전화하여 현재 위치를 알리고 학부모들에게 문자 발송하기
	• 유치원 버스가 예정보다 빨리 도착한 경우	• 정해진 시간까지 기다리기
기타	• 승하차 시 학부모의 질문이 많은 경우	• 간단한 것은 바로 답을 하되 그렇지 않은 경우에는 유치원으로 연락하시길 말씀드리기
	• 기사님이 신호나 안전 관련 규칙을 위반하는 경우	• 유아의 안전을 위하여 교통규칙을 꼭 지켜주시도록 부탁드리기 • 상황이 반복될 경우 원장 또는 원감 선생님에게 말씀드리기
	• 다른 차량과 문제가 생겼을 때	• 유치원 이미지를 고려하여 먼저 양보하시도록 부탁 드리기 • 문제가 심각할 경우 유치원으로 연락하여 적절한 대처 방안을 의논하기

출처: 가명유치원 자료 참조

활동

다음 사례를 읽고 역할극을 해 보자.

한동안 내리던 비가 그친 6월의 어느 날, 유치원 놀이터에서 유아가 자유롭게 실외놀이를 하고 있었다. 계속해서 비가 내리다가 오랜만에 나온 놀이터여서인지 유아가 흥분하여 신나게 뛰어다니며 놀고 있었다. 그때 미끄럼틀 주변에서 놀던 유아가 갑자기 소리를 지르기 시작하여 김선생님은 황급히 미끄럼틀 쪽으로 뛰어갔다. 미끄럼틀이 끝나는 지점에 정호(5세, 남아)가 땅바닥에 엎드린 채 얼굴에 피를 흘리며 울고 있었고 주변에 있던 유아는 겁에 질려 비명을 지르고 있었다. 엎드려서 미끄럼틀을 내려오다가 속도를 조절하지 못하여 그대로 바닥에 부딪히는 바람에 발생한 사고였다. 상처부위를 금방 확인하기 어려운 상황에서 얼굴에 피를 흘리는 정호와 그 주변에서 울고 있는 유아를 바라보는 선생님도 갑자기 눈물이 왈칵 쏟아지며 떨리기 시작했다.

① 두 명이 한팀이 됩니다.
② 한 사람은 위 상황 속의 김 선생님이 되고 다른 한 사람은 유아의 보호자가 되어 통화하는 역할극을 해 봅시다.
③ 통화의 내용은 앞의 pp.190~192를 참조합니다.
- 사고 발생 경위
- 응급처치 상황
- 병원 이송 관련 내용
- 사고 발생과 관련된 설명
- 사고 발생 후 치료 과정에 대한 안내 등

제8장에서 학습할 내용은 다음과 같다.

1. 유치원 행사의 참 의미를 이해한다.
2. 행사운영을 위한 계획, 진행, 평가에 대한 기초지식을 안다.
3. 유치원에서 진행되는 구체적인 행사의 종류와 내용, 진행 방법 등에 대해서 살펴본다.
4. 현장학습의 의미와 운영 방법에 대하여 안다.

교원의 역량

- 인성과 사명감 및 윤리의식
- 평가에 대한 이해 및 실행
- 학습자의 특성 및 문화에 대한 이해
- ✓ 공동체와의 협력 및 의사소통
- 교육과정에 대한 이해 및 실행
- 학급운영
- 교수-학습과정에 대한 이해 및 실행
- 전문성 발달

제 8 장

행사 관리

유치원의 행사는 교육 목표를 달성하기 위한 또 하나의 살아 있는 학습의 장이다.

전문성을 가진 교사는

- 유치원 행사와 현장학습의 교육적 의미를 바르게 이해한다.
- 유치원 행사와 현장학습을 진행되는 생활주제나 교육 내용과 연계하여 실시한다.
- 각 행사의 특성을 파악하여 그 특성에 알맞게 계획, 진행, 평가한다.
- 행사의 평가결과는 반드시 기록하여 다음 행사 때에 반영한다.

전문성이 없는 교사는

- 유치원 행사와 현장학습의 의미를 정확히 파악하지 못한다.
- 행사가 유아에게 미치는 교육적 효과를 고려하기보다는 행사 자체에 목표를 둔다.
- 행사의 특성을 파악하지 못하고 주어진 업무에만 수동적으로 참여한다.
- 행사 진행 후 평가의 중요성을 인식하지 못하여 기록으로 남기지 않는다.

차 안에서 이어폰을 귀에 꽂고 잠든 교사

K유치원에서 유아들을 데리고 동물원에 현장학습을 다녀오는 중이었다. 일반적으로는 한 반씩 견학을 가기 때문에 담임과 부담임만 동행하는데, 이날은 차량 등 여러 사정으로 3학급이 동시에 이동하게 되어, 원장이 동행하게 되었다. 원장이 버스기사의 옆자리에 앉고 담임과 부담임은 차량의 중간과 맨 뒤에 앉아 유아들을 지도하였는데 약 30분쯤 이동하여 유치원에 거의 도착할 즈음 주변을 살펴본 원장은 할 말을 잃었다. 유아들도 피곤한지 몇 명은 잠들었는데, 맨 뒤의 담임 역시 자고 있는 데다가 귀에는 휴대전화의 이어폰이 꽂혀 있었기 때문이다. 유아들의 대화 소리를 들은 원장은 더욱 가슴이 내려앉았다. "와~ 우리 선생님 잔다." 만약 학부모가 듣는다면 어떻게 해명해야 할지 참으로 난감한 일이었다.

제8장

행사 관리

1. 행사

1) 유치원 행사의 의미

유치원의 행사는 유아만을 대상으로 하거나 유아와 학부모를 함께 대상으로 하거나 학부모만을 대상으로 실시할 수 있다. 대부분의 행사는 진행되는 교육주제나 계절 또는 유치원의 학사일정과 관련하여 유아가 보다 풍부한 실제적 경험을 해 볼 수 있도록 하는 데에 그 의의가 있다. 유아는 행사를 통하여 다양하고 심도 있는 경험을 해 봄으로써 진행되고 있는 교육 활동에 대한 흥미가 고조되고, 또래 간 협동심이나 질서 의식, 성취감, 소속감 등을 향상시킬 수 있다. 또한 행사는 유아와 교사, 유치원, 가정, 지역사회 간의 유대감을 높일 수 있는 좋은 기회이기도 하다.

학부모만을 대상으로 하는 행사의 경우 학부모에게 유치원 교육과정에 대한 이해를 높이고 가정과의 연계를 견고히 하여 궁극적으로는 유아의 교육에 도움을 줄 수 있다.

그러나 일부 유치원에서는 행사를 그 근본 목적이나 취지에 맞지 않게 단지 학부모나 외부인들에게 보여 주기 위한 유치원 홍보 수단으로 이용하는 경우가 종종 있다. 그러한 경우 유아는 진행되는 교육 내용과 전혀 관련 없는 특정 활동을 반복해서 연습해야만 한다. 그러한 행사는 유아의 성장과 발달에 아무런 도움이 되지 않으며 오히려 부정적인 영향만 끼치게 되므로 가급적 피하는 것이 좋다.

2) 유치원 행사의 유형

교사는 유치원에서 연간 진행되는 다양한 행사들을 각 유형별로 파악하고 있어야 한다. 유치원에서 진행되는 행사는 그 성격에 따라 다음과 같이 유형을 분류해 볼 수 있다.

(1) 매년 정규적으로 실시되는 행사

1년간의 학사일정과 긴밀히 연관되어 실시되는 행사를 의미한다.

- 예: 입학식, 졸업(수료)식, 학부모 오리엔테이션, 어린이날 축하공연, 아버지(어머니) 참여 수업 등

(2) 놀이주제와 관련하여 진행되는 행사

유치원에서 진행되고 있는 놀이주제와 관련하여 유아에게 더욱 풍부한 경험의 기회를 제공하려는 목적으로 계획하여 실시되는 경우이다.

- 예: 나와 가족 - 가족의 날, 우리나라 - 전통놀이 한마당 등

(3) 유치원의 설립 배경이나 교육 목적을 반영하는 행사

유치원의 설립 배경이나 목적에 따라 특별히 진행되는 경우이다. 특히 종교적인 설립배경을 가진 유치원의 경우 크고 작은 종교 관련 행사들이 있을 수 있다.

- 예: 기독교 유치원 - 부활절, 추수감사예배, 성탄 축하

불교 유치원 - 부처님 오신 날 봉축행사, 어린이법회

(4) 특별한 국가적 행사 또는 지역적 특성을 반영하는 행사

매년 실시되는 행사가 아니라 국가적인 큰 행사가 있을 경우 그와 관련하여 유치원에서도 진행할 수 있는 행사가 있다. 또한 그 지역에서만 실시하는 지역적 특성이 잘 드러난 행사도 있을 수 있다.

- 예: 올림픽, 월드컵, 꽃 박람회 등

초임교사의 경우 각자의 유치원에서는 어떤 종류의 행사가 연간 진행되는지 학기초 미리 체크해 보는 것이 필요하다.

활동

1년간 나의 학급의 월별 행사표를 완성해 보자.

시 기	행 사
2월	신입부모 오리엔테이션
3월	입학식
4월	
5월	학부모 참여수업
6월	
7월	
8월	
9월	
10월	
11월	
12월	
1월	

3) 유치원 행사의 운영

(1) 행사의 계획 및 준비

① 행사의 특성에 따른 준비

행사는 행사가 진행되는 장소, 참여 인원의 규모, 학부모 참여 여부, 소요 경비의 부담자 등에 따라 계획 단계에서부터 유념해야 할 내용이 각기 다르다. 그러므로 각 행사별 특성을 파악한 후 적절한 계획을 수립하는 것이 필요하다.

㉠ 행사의 장소에 따라 준비해야 할 내용이 다르다.

행사가 진행되는 장소가 원내인지 원외인지, 또는 원내에서 이루어지더라도 교실 내에서만 이루어지는지, 유치원의 여러 공간을 모두 활용하는지에 따라 준비해야 할 내용이 다를 수 있다. 행사가 진행되는 장소가 원외일 경우에는 교사가 미리 사전답사를 하고, 이동차량을 준비해야 하며, 필요에 따라 관계기관의 협조를 구해야 한다. 또한 학부모 동의서를 미리 가정에 배부·회수하여 부모가 동의한 유아만 참여하도록 계획하여야 한다.

㉡ 행사의 참여 대상 규모에 따라 준비해야 할 내용이 다르다.

행사에 참여하는 인원이 한 학급인지 또는 유치원 원아 전체인지에 따라 준비하는 과정이 다를 수 있다. 한 학급이 진행하는 행사의 경우 주로 담임교사가 모든 행사를 계획하고 준비하면서 주임교사나 원감과 의논하도록 한다. 그러나 원아 전체가 참여하는 행사의 경우 전체 교사회의를 통해 행사 내용을 결정하고 구체적인 업무를 분장한다. 특히 많은 인원이 참여하는 행사의 경우 당일 업무분장까지 세부적으로 계획하여 행사의 진행이 원활하도록 하여야 한다.

㉢ 학부모의 참여 여부에 따라 준비해야 할 내용이 다르다.

행사에 학부모가 참여할 경우 학부모가 어떠한 형태로 행사에 참여하게 되는지 미리 가정에 알려야 한다. 학부모 참여수업의 경우 부모가 유아와 함께 활동에 직접 참여해야 하므로 행사 날짜와 일정을 정하는 데 있어 학부모 참여

가능 시간을 고려하는 것이 가장 중요한 사항 중 하나이다.

㉣ 행사의 비용을 누가 부담하느냐에 따라 준비해야 할 내용이 다르다.

행사에 필요한 소요 경비는 유치원에서 전액 부담하는 경우, 학부모가 전액 부담하는 경우, 유치원과 학부모가 반반씩 나누어서 부담하는 경우 등 다양하다. 학부모가 부담해야 할 경우에는 전체 소요 예산을 계산해 보고 개인별로 부담해야 할 비용을 결정하여 가정통신문을 통해 학부모에게 알려야 한다. 학부모가 비용을 부담할 것에 동의하고 이를 납부한 경우에 행사를 진행할 수 있다. 그러므로 유치원에서는 소요 경비를 정확히 파악하고 각 반 교사는 회수된 동의서를 확인하는 것이 중요하다.

② 내용 협의 및 업무분장

행사의 특성을 고려하여 행사에 관한 기본적인 내용이 확정되면 교사들은 교사회의를 통해 행사 내용을 보다 구체적으로 협의한 후, 필요한 물품을 구입하고 교사들 간의 업무분장을 한다.

③ 학급 내에서의 준비

학급 내에서는 유아에게 행사의 취지와 의미를 알려주고 행사를 할 때 필요한 것 가운데 초청장과 같이 유아들이 만들어야 할 것들은 교사가 교육과정 속에 미리 계획하여 유아들이 자연스럽게 교육 활동 중에 만들 수 있도록 준비한다.

(2) 행사 후 평가

행사 후의 평가는 유아와 함께하는 평가와 교사회의를 통해 교사들끼리 하는 평가로 구분할 수 있다. 유아와 함께 하는 평가는 행사 때 이루어진 기록을 살펴보면서 유아들이 행사에서 경험한 것을 이야기하고 느낌을 표현하게 한다. 교사회의를 통한 평가는 행사의 준비와 진행의 전 과정을 되돌아보며 잘된 점과 개선할 점 등을 토의하고 기록으로 남긴다. 이때, 유아나 부모들의 의견(설문지)도 참고할 수 있다. 평가된 사항은 다음 해의 행사 때에 반영하여 행사가 매년 개선되도록 한다(이화여자대학교 사범대학 부속이화유치원, 2002).

4) 유치원 행사의 실제

다음에서는 유치원 행사 가운데 세 가지를 구체적으로 소개하기로 한다.

(1) 매년 정규적으로 실시되는 행사의 예: 졸업식

① 목적

유치원에서의 교육과정을 모두 마치고 초등학교로 진학하는 유아에게 축하와 격려를 하기 위한 장으로서, 유치원에서 지낸 시간을 회상하며 교사에게는 감사의 뜻을 전하고, 유아 간에는 이별의 아쉬움을 서로 위로하며 모든 참석자는 졸업하는 유아의 새로운 출발을 축하한다.

② 진행 시기

1년 교육과정의 마지막 날

③ 준비 사항

㉠ 교사협의 및 업무분장을 한다.

- 학부모의 참석을 고려하여 날짜와 요일, 시간 등을 정하고, 행사 준비를 위한 업무분장을 한다.

㉡ 행사에 필요한 자료를 준비한다.

- 교사는 원아들이 1년간 유치원에서 지낸 모습들, 동생들과의 아쉬운 송별회, 졸업생들의 앞으로의 다짐이나 미래의 꿈, 유치원에 남기고 싶은 말 등을 담은 동영상 및 사진 자료를 음악과 함께 보기 좋게 편집하여 준비해 놓는다.
- 유치원에서는 졸업증서와 개별 선물을 준비한다.

㉢ 졸업식장을 정비한다.

- 의자 배치를 하고 음향기기를 점검한다.

㉣ 최종점검 및 예행연습을 한다.

- 원가와 졸업가를 미리 배워서 자주 불러 본다.
- 국민의례, 졸업증서 받는 방법 등을 미리 익힌다.

표 8-1 | 졸업식 사전 체크리스트

분류		점검 항목	담당 교사	준비 여부
일반적인 공통 사항		행사에 관한 가정통신문 작성 및 발송 행사 진행자 선정 행사 순서지 작성	원감 및 전체교사	( ) ( ) ( )
장소	원 내 (v) 원 외 ( )	유치원 환경 구성(게시판, 복도 등) 행사장 정비	전체교사 전체교사	( ) ( )
대상	원아 ( ) 원아와 학부모 (v) 학부모 ( )	교육활동과 연계(졸업식의 의미에 대한 이야기 나누기, 원가와 졸업가 배우기) 동영상 편집 졸업식 예행연습 사진 촬영 준비	담임교사 담임교사와 원감 전체 교사 ○○○	( ) ( ) ( ) ( )
비용	유치원 부담 (v) 유치원과 학부모 ( ) 학부모 부담 ( )	졸업증서와 선물 준비	○○○	( )

표 8-2 | 졸업식 당일 체크리스트

점검 항목	담당 교사	확인
• 행사장 점검(음향기기, 영상물, 꽃 화분 등)	○○○, ○○○	
• 졸업증서와 선물 점검	○○○	
• 사진 촬영 준비	○○○	

④ 진행 내용

- 졸업식장이 쾌적하도록 적절한 온도를 유지한다.
- 유아는 교실에서 출석 점검을 한 후 오늘이 어떤 날인지, 어떤 마음과 태도로 지낼 것인지 등에 대해 이야기 나눈 후, 졸업증서를 받는 순서대로 한 줄로 서서 식장으로 이동한다.
- 진행자가 식이 곧 시작될 것임을 알린다.
- 진행자의 안내와 함께 유아가 입장한다. 학부모의 박수를 받으며 각 반 유아가 줄을 서서 입장한다.
- 식순에 따라 식을 진행한다.
  - 개회 선언, 국민의례, 학사보고, 졸업(수료)증 수여, 원장선생님 말씀, 졸업생 동영상 감상, 졸업가 제창, 원가 제창, 폐회 선언
- 사회자가 폐회를 선언한 후, 반별로 담임교사와 인사를 나누고 마무리한다.

⑤ 평가

- 사전 준비에 미비한 점은 없었는가?
- 식의 진행 시간과 내용은 적절하였는가? 수정·보완할 사항은 무엇인가?
- 참석자들의 반응은 어떠하였는가?

(2) 놀이주제와 관련하여 진행되는 행사의 예: 가족의 날

① 목적

학부모가 유치원 교육활동에 직접 참여해 봄으로써 유치원의 교육 목표와 교육 프로그램을 좀 더 잘 이해하고 자녀의 생활을 새로운 시각에서 바라보며 자녀교육에 대한 관심과 이해를 증진시키고자 하는 데 그 목적이 있다.

② 진행 시기

교실에서 가족과 관련된 놀이주제가 진행될 때

③ 준비 사항

㉠ 교사협의를 통해 중요사항을 결정하고 업무분장을 한다.

- 행사의 날짜, 요일, 진행 시간 등을 정한다. 학부모의 참여율을 높이기 위해서는 토요일에 진행하는 것이 좋다.
- 사전에 가정통신문을 보내어 행사의 목적, 의의, 장소, 일시, 프로그램의 내용 등을 안내하고, 참석 여부를 체크하여 유아편에 다시 유치원으로 보낼 수 있도록 한다.
- 원외로 행사 장소를 정할 경우 날씨나 거리(위치) 등 다양한 요소들을 고려하고, 사전답사를 하여 세세한 것까지 미리 체크한 후 부모들에게 가정통신문을 통해 안내하도록 한다.

㉡ 준비 및 최종 점검을 한다.

- 행사 당일 프로그램을 계획해 보고 유아와 수업시간에 미리 준비해야 할 것을 일일교육계획에 반영한다.
- 이름표는 반마다 다른 색깔로 제작하여 유치원의 어느 장소에서 활동하더라도 쉽게 구분할 수 있도록 한다.
- 프로그램의 내용에 따라 준비물을 점검하고 환경을 구성한다.

표 8-3 | 가족 참여수업 사전 체크리스트

분류		점검 항목	담당 교사	준비 여부
일반적인 공통 사항		행사에 관한 가정통신문 작성·발송	원감 및 전체교사	( )
장소	원 내 (v)	유치원 환경 구성(게시판, 복도 등)	전체교사	( )
	원 외 ( )	교실 환경 구성	담임교사	( )
대상		참석 인원 수 확인	담임교사	( )
	원아 ( )	이름표 제작(반별로 색깔 구분)	담임교사	( )
	원아와 학부모 (v)	당일 수업활동 계획 및 자료 준비	담임교사	( )
	학부모 ( )	공연 기획의 경우 외부인사 섭외	○○○	( )
		부모용 평가지 제작	○○○	( )
비용	유치원 부담 (v)			
	유치원과 학부모 ( )	활동 물품 및 간식 주문	○○○	( )
	학부모 부담 ( )			

표 8-4 | 가족 참여수업 당일 체크리스트

점검 항목	담당 교사	확인
• 부모용(유아) 이름표	담임교사	
• 놀이 영역별 활동 자료 점검	〃	
• 활동안내지 비치	〃	
• 부모용 평가지 준비	〃	
• 사진 촬영(카메라, 캠코더 점검)	보조교사	

④ 진행 내용

- 유아와 학부모가 함께 등원하면 유치원 현관(입구)에서 이름표와 활동안내지를 배부한다.
- 학부모와 유아들은 각 활동 영역에 준비되어 있는 다양한 활동을 자유롭게 경험한다.

- 실내에서 진행할 수 있는 활동의 종류로는 케이크 꾸미기, 모형비행기 만들기, 연 만들기, 가족액자 꾸미기, 파티안경 꾸미기, 보드게임, 몸으로 하는 가족게임, 풍선아트, 요리 등이 있고, 실외에서 할 수 있는 활동의 종류로는 얼굴 분장하기(face painting), 색실로 머리 땋기, 풍선 꾸미기, 달고나 만들어 먹기, 떡매 치기, 동물 관찰, 전시된 유아들 작품 감상 등이 있다. 외부인사를 초빙하여 음악공연이나 인형극 공연 또는 뮤지컬 등을 관람할 수도 있다.

- 학부모는 평가지에 당일 프로그램에 대한 평가를 한 후 유아와 함께 귀가한다.

⑤ 평가

- 사전준비에 미비한 점은 없었는가?
- 진행 일시, 시간 안배와 활동 내용은 적절하였는가? 어려운 점은 없었는가?
- 교사의 역할분담이 잘 이루어졌는가?
- 유아와 학부모가 즐겁게 참여하였는가?

(3) 유치원의 설립 배경을 반영하는 행사의 예: 성탄축하

① 목적

성탄절의 참뜻을 알고 서로 사랑하는 마음을 가지며, 불우한 이웃과 함께 성탄절의 기쁨을 나누는 따뜻한 배려심을 기르도록 한다.

② 진행 시기

겨울방학일 또는 성탄절 즈음

③ 준비 사항

㉠ 소주제 '성탄절'과 관련된 교육 활동을 진행한다.

- 성탄절에 관한 이야기나누기를 하고, 관련 노래와 율동 등을 배운다.
- 가정통신문을 통해 부모님께 협조를 구하여 불우이웃을 돕기 위한 옷, 놀잇감, 책 등을 모은다.

㉡ 행사 진행을 위한 교사협의 및 업무분장을 한다.

- 교사회의를 통해 프로그램을 계획하고, 성탄 축하회 당일의 교사 역할을 분담하며 활동에 필요한 물건을 준비한다. 산타 할아버지 역할을 하실 분을 미리 섭외한다.
- 산타 할아버지 역할을 하실 분은 산타 복장을 하고 유아에게 줄 선물주머니를 준비한다. 선물은 유치원에서 일괄적으로 준비하거나(예: 동화책), 각자 부모님이 개별적으로 유아 몰래 미리 유치원에 가져다 놓도록 한다(유아의 장·단점을 적은 메모지와 함께).

㉢ 성탄 축하회 장소를 꾸민다.

- 성탄 축하회 장소는 유아가 만든 성탄절 관련 조형물로 장식한다.
- 유아가 앉게 될 형태를 고려하여 의자를 배치한다.

표 8-5 | 성탄 축하 사전 체크리스트

분류		점검 항목	담당 교사	준비 여부
일반적인 공통 사항		행사에 관한 가정통신문 작성 및 발송	원감 및 전체교사	( )
장소	원 내 (∨) 원 외 ( )	유치원 환경 구성(게시판, 복도 등) 교실 환경 구성	전체교사 담임교사	( ) ( )
대상	원아 (∨) 원아와 학부모 ( ) 학부모 ( )	성탄절에 관한 이야기 나누기 및 관련 노래 배우기 불우이웃돕기 선물 모으기 산타할아버지 섭외(오리엔테이션 실시) 사진 촬영 준비	담임교사 담임교사 ○○○ ○○○	( ) ( ) ( ) ( )
비용	유치원 부담 (∨) 유치원과 학부모 ( ) 학부모 부담 ( )	유아에게 줄 성탄 선물 점검	○○○	( )

표 8-6 | 성탄 축하 당일 체크리스트

점검 항목	담당 교사	확인
• 행사 장소 점검	○○○, ○○○	
• 산타할아버지 안내	원감	
• 불우이웃돕기 선물 점검	담임교사	
• 카메라, 캠코더 준비	보조교사	

④ 진행 내용

- 강당에 모여 함께 진행할 경우
  - 산타할아버지가 종을 치며 등장하여 앞쪽 가운데에 자리를 잡고 앉은 후, 유아의 이름을 한 명씩 불러 선물을 전달한다.
  - 유치원에서 유아가 모아 놓은 불우이웃돕기 선물(책, 옷, 놀잇감 등)을 산타할아버지에게 전달하며 어려운 친구에게 잘 전해 줄 것을 부탁한다. 산타할아버지가 선물을 갖고 퇴장하면 유아는 각 반으로 이동한다.

- 반별로 진행할 경우
  - 반별로 모여 앉아 성탄절에 관한 이야기를 하고 있을 때 산타 할아버지가 자연스럽게 반으로 들어온다.
  - 교사가 자리를 앞쪽으로 안내하고 산타 할아버지는 유아와 인사를 나눈 후 선물을 나누어 주고 다음 반으로 이동한다.
  - 만 3세의 경우 큰 체격의 산타할아버지 등장만으로도 너무 놀라서 우는 유아가 생길 수 있다. 교사는 유아가 놀라지 않도록 행사 내용을 미리 잘 알려주어야 하고, 혹시 우는 유아가 생길 경우 곁에서 잘 토닥여 주어야 한다. 반대로 만 5세의 경우 산타할아버지가 맞는지 확인한다며 갑자기 뛰어나와 할아버지의 수염을 잡아당기는 유아도 있을 수 있으므로, 교사는 행사 전에 산타할아버지에 대한 예의에 대해 유아와 함께 이야기 나누도록 한다.

⑤ 평가

- 사전 준비에 미비한 점은 없었는가?
- 유아가 성탄절의 참뜻을 알게 되었는가?
- 모두 즐거운 마음으로 성탄 축하를 하였나?
- 불우한 이웃을 생각하는 기회를 갖게 되었나?
- 진행의 시간과 내용은 적당하였는가?

2. 현장학습

1) 현장학습의 의미

현장학습은 견학이라고도 불리며 교실에서 경험할 수 없는 교육내용을 현장을 통해 구체적이고 직접적으로 경험하는 활동이다. 현장학습은 영유아가 흥미를 가지고 쉽게 이해할 수 있도록 도움을 주어 영유아의 활동을 촉진, 강화, 확장시켜 준다(김희진 외, 2011).

현장학습은 1년 동안 수시로 진행된다. 유치원의 모든 원아가 함께 이동하는 대규모의 현장학습도 있고, 때로는 한 학급 규모로 이동하는 소규모의 현장학습도 가능하다. 현장학습은 특히 원외로 나가는 것이므로 이동차량의 문제와 현장 사전답사 등 교사가 미리 점검해야 할 사항을 철저히 준비해야만 목표로 한 교육적 효과를 거둘 수 있다.

2) 현장학습의 운영

(1) 목적

현장학습은 유아가 다양한 학습의 공간을 직접 체험함으로써, 교실 내에서 이루어지고 있는 지식이나 개념을 좀 더 구체적으로 경험하고 심화·확장된 활동으로 발전시키도록 하는 데에 목적이 있다.

유아교육기관에서 실시하고 있는 현장학습이 교육적으로 중요하고 가치 있는 일임에도 불구하고 의미 없이 '어디로 현장학습을 다녀왔다.'라는 것만 내세우는 행사의 일환으로 실시되는 경우가 있다. 따라서 현장학습에서는 다음의 목표가 이루어지도록 계획, 진행, 평가되어야 한다(김희진 외, 2011).

- 유아와 세상(실제 삶)을 연계하기
- 유아의 시각을 깊고 넓게 하기

- 평생 지속될 수 있는 흥미 개발하기
- 학습하는 주제에 대한 개념 형성 및 지식 확장하기
- 시민의식 함양하기

(2) 진행 시기

현장학습은 1년 동안 여러 차례 다양한 형태로 진행될 수 있다.

(3) 준비사항

① 현장학습을 계획한다.

- 다음의 내용을 검토하여 현장학습의 목적을 구체적으로 계획한다.
  - 현재 진행되고 있는 놀이주제와 부합되는지를 고려한다.
  - 유아가 현재 알고 있는 지식을 확장시킬 수 있는지를 고려한다.
  - 평소에 유치원에서 경험할 수 없는 다양한 경험의 기회를 제공하는지를 고려한다.
  - 유아의 발달 정도와 흥미를 고려한다.

- 현장학습의 장소, 시기, 소요 시간을 계획한다.
  - 목적, 위치, 거리 및 왕복 소요 시간, 교통편, 비용 등을 고려한다.
  - 장소가 유아의 연령이나 인원수에 적합한 환경인가를 고려한다.
  - 장소는 유아의 실생활과 연관된 가까운 지역사회로부터 시작하여 유아의 관심에 따라 점차 범위를 확장한다.
  - 시기는 주중으로 하며 사전, 사후 활동을 할 수 있도록 계획한다.
  - 유아의 주의력과 건강 상태를 고려하여 가능하면 오전 시간 내에 다녀오는 것이 좋다.
  - 적합한 장소가 결정되면 인터넷이나 전화로 현장학습 신청(예약)을 한다. 필요하면 공문 발송을 통해 허락을 요청할 수도 있다.

② 사전답사를 한다.

- 교사는 1~2주 전에 현장학습 장소를 사전답사한다. 현장학습 사전답사 체크리스트를 준비하여 빠짐없이 확인할 수 있도록 한다.
- 교통수단을 이용할 경우에는 안전에 특히 유의해야 하며, 운전기사, 주차장, 보험가입 여부, 차량점검, 우천 시 대피시설 등을 세심하게 점검한다.
- 담당자와 만나서 현장학습 당일의 프로그램에 대해 의논하고 필요한 도움을 요청한다.

③ 준비 및 최종점검을 한다.

- 현장학습에 관한 계획서를 작성하고 학부모의 동의서를 받는다.
- 현장학습 프로그램에 따라 필요한 물품을 준비한다.
- 현장학습의 세부 일정을 계획하고 여러 교사가 함께 갈 경우 업무를 분담한다.
- 현장학습 일정 및 관련 사항을 알리는 가정통신문을 발송한다.
- 학부모 자원봉사자의 도움이 필요한 경우, 협조를 구하고 자원봉사자와 사전협의 시간을 갖는다. 학부모 자원봉사자가 유념할 사항은 현장학습 진행 시 항상 유아와 함께 있어야 하며, 개별 유아의 특성(약, 건강상태 등)을 파악하고, 자세한 하루 일정을 숙지하고 있어야 하며, 비상사태 시의 절차와 연락할 사람을 알아두는 것이다.
- 유아와 현장학습을 위한 사전활동을 한다.
- 현장학습 1~2일 전에 예약 상황을 재확인하고 교통편도 예정대로 차질없이 진행되는지 점검한다. 보험가입 여부(차량 포함)도 확인한다.
- 현장학습이 취소될 경우를 대비해서 대체 일과를 계획, 준비한다.

표 8-7 | 현장학습 사전 체크리스트

분류		점검 항목	담당 교사	준비 여부
일반적인 공통 사항		현장학습에 관한 가정통신문 작성·발송	원감 및 전체교사	( )
장소	원 내 ( ) 원 외 (v)	사전답사 및 예약 필요 시 이동 차량 확보 관계 기관 협조공문 발송 부모 동의서 회수 및 참가 인원 확인 비상약품 점검	전체교사 ○○○ ○○○ 담임교사 담임교사	( ) ( )
대상	원아 (v) 원아와 학부모 ( ) 학부모 ( )	유아용 목걸이 이름표 준비 현장학습 내용 및 기본 준비물 점검 학급 내 교육활동과의 연계 유아에게 현장학습에 대한 사전 안내 사진 촬영 준비	담임교사 담임교사 담임교사 담임교사 담임교사	( ) ( ) ( ) ( ) ( )
비용	유치원 부담 ( ) 유치원과 학부모 (v) 학부모 부담 ( )	경비 부담 안내 및 경비 수납	○○○	( )

표 8-8 | 현장학습 당일 체크리스트

점검 항목	담당 교사	확인
• 유아용 목걸이 이름표 배부	담임교사	
• 비상약품 점검	〃	
• 유아 비상연락처 및 개인 휴대폰 소지	〃	
• 간단한 필기도구	〃	
• 신호악기	〃	
• 카메라, 캠코더 준비	보조교사	

(4) 진행 내용

- 출발 전, 준비물을 확인하고 유아의 건강상태를 점검한다. 교통기관을 이용할 때 지켜야 할 약속과 견학지에서 지켜야 할 약속을 확인한다. 화장실에 다녀온 후 최종적으로 인원점검을 한다.
- 현장학습 진행 시, 교사는 유아의 안전에 유의하고 돌아올 때까지 수시로 인원점검을 한다. 유아의 이름과 비상연락처가 적힌 명단을 항상 소지한다.
- 궁금해하던 것을 살펴보고 조사하며, 유치원에서의 교육활동과 연계되는 내용을 확장시킬 수 있도록 지도한다. 견학지에서 안내자의 도움을 받을 경우 유아의 수준에 적합한 내용이 되도록 미리 요구하여야 한다.
- 유아가 흥미 있어 하는 것에 관심을 갖고 주의를 기울이며, 교사 주도가 아니라 유아가 스스로 알아갈 수 있는 기회를 제공해야 한다.
- 시간, 날씨 등 여러 가지 상황을 고려하여 융통성 있게 활동 시간을 조절하되, 되도록 유아들이 알아보고자 했던 것에 대해 충분히 탐색할 수 있는 시간을 제공하도록 한다.
- 교사는 사진이나 동영상 촬영을 하고 필요한 내용은 메모한다.

(5) 평가

- 준비에서 마무리까지 전 과정이 원활하게 이루어졌는가?
- 장소, 시간, 프로그램 내용이 적절하였는가? 부적절했던 것은 무엇인가?
- 현재 진행되는 교육활동과의 연계성은 어떠하였는가?
- 현장학습의 목적을 충분히 달성하였는가?
- 현장학습 장소에 홈페이지, 전화, 편지 등을 통해 피드백을 제공하였는가?
- 현장학습에 대한 결과 보고서를 작성하여 계획서와 함께 보관하였는가?

예시 8-1 | 현장학습 계획서

<table>
<tr><td colspan="3" rowspan="2">현장학습 계획서</td><td>기록자</td><td>원감</td><td>원장</td></tr>
<tr><td></td><td></td><td></td></tr>
<tr><td>일시</td><td colspan="5">20◯◯년 ◯월 ◯일 ◯요일 10:10 ~ 12:40</td></tr>
<tr><td>장소</td><td colspan="5">일영**농원(예약 확인 ㊒, 무)</td></tr>
<tr><td>연령 및 원아 수</td><td colspan="5">만 3, 4세(21+51) 72명</td></tr>
<tr><td>인솔교사</td><td colspan="5">김**, 강**, 박**, 부담임 3명, 교생, 원감</td></tr>
<tr><td>안전 관리 사항</td><td colspan="5">흙을 만지므로 안전 주의/곤충, 독초 안전 주의/교사와 떨어질 경우 그 자리에 멈추기</td></tr>
<tr><td>교통편</td><td colspan="5">25인승: 3대 / 45인승: 대 / 도보:</td></tr>
<tr><td rowspan="2">준비물</td><td>교사</td><td colspan="4">물, 물수건, 종이컵, 수건, 여벌옷, 비상연락망, 구급상자, 카메라</td></tr>
<tr><td>어린이</td><td colspan="4">이름표, 모자, 간편한 복장과 신발</td></tr>
<tr><td rowspan="4">예상 비용</td><td colspan="2">항목</td><td colspan="3">산출 내역</td></tr>
<tr><td colspan="2">현장학습비(입장료)</td><td colspan="3">520,000원=(무 2,000원 + 배추 2,000원) × 130명</td></tr>
<tr><td colspan="2">교통비</td><td colspan="3">120,000원</td></tr>
<tr><td colspan="2">주차료</td><td colspan="3">원</td></tr>
<tr><td rowspan="2">사전답사</td><td>답사자
(인원)</td><td colspan="4">노**, 강**, 백** (3명)</td></tr>
<tr><td>사전답사
전달 사항</td><td colspan="4">• 무, 배추 심는 장소 확인
• 화장실 위치 확인
• 사진 촬영 위치 확인</td></tr>
<tr><td rowspan="3">현장학습
관련 정보</td><td>연락처</td><td colspan="4">010-○○○○-○○○○(사장님 휴대폰)</td></tr>
<tr><td>운영 시간</td><td colspan="4"></td></tr>
<tr><td>기 타</td><td colspan="4">한 달 전 미리 예약하여 일정 조정할 것</td></tr>
<tr><td>사전 지도
내용</td><td colspan="5">• 배추, 무의 성장에 대해 관심을 가진다.
• 농사학교에서의 안전에 대해 이야기 나눈다(교통안전, 실종, 유괴안전).</td></tr>
<tr><td>학습 목표</td><td colspan="5">• 배추, 무의 성장에 관심을 가진다.</td></tr>
<tr><td>예상 일정 및
활동 내용</td><td colspan="5">10:10 차량 탑승 확인 / 유치원 출발
11:00 농원 도착/ 화장실 다녀오기
11:10 배추 모종, 무 씨앗 심기
11:30 농원 주변 산책하기
11:50 화장실 다녀오기, 인원 점검하기
12:00 농원 출발하기
12:40 유치원 도착</td></tr>
</table>

예시 8-2 | 현장학습 평가서

현장학습 평가서		기록자	원감	원장
일시	20◯◯년 ◯월 ◯일 ◯요일 10:10 ~ 12:40			
장소	일영**농원			
소요 경비	항목	산출 내역		
	현장학습비(입장료)	520,000원=(무 2,000원 + 배추 2,000원) × 130명		
	교통비	120,000원		
	주차료	원		
당일 일정 및 활동 내용	10:10 차량 탑승 확인 / 유치원 출발 10:50 농원 도착/ 화장실 다녀오기 11:00 배추 모종, 무 씨앗 심기 11:20 간식 먹기 11:35 농원 주변 산책하기 11:50 화장실 다녀오기, 인원 점검하기 12:00 농원 출발하기 12:40 유치원 도착			

항목	평가 내용
시간	• 차량 이동 시간, 활동시간 모두 적절하였음
장소	• 주차장, (모종, 씨앗) 심는 곳, 화장실, 간식 먹는 곳 등 모두 근접한 거리에 있어 유아 이동 거리가 짧아 적절함
준비물	• 수건을 좀 더 여유 있게 준비해 갈 것 • 산책 시간에 모은 자연물을 담을 수 있는 채집통 등을 준비했으면 더 좋았겠음
진행	• 모든 유아가 참여할 수 있어 좋았음 • 반별로 심기 활동을 진행하여 좋았음 • 모종 심기 전 기다리는 시간이 있었음 ☞ 농부 아저씨께 미리 모종을 받으면 유아의 대기 시간을 줄일 수 있음 • 농원에서 기른 딸기, 방울토마토를 간식으로 먹어 좋았음 ☞ 다른 간식을 준비하는 것보다 효과적임
교육 내용	• 무 씨앗, 배추 모종을 관찰하고 심어 보는 것뿐 아니라 흙에 대해 탐색하는 시간이 있어 좋았음 ☞ 흙을 만지는 것에 대해 더러운 것으로 인식하는 유아도 있었음 / 좀 더 자연과 친밀한 태도를 형성할 수 있도록 방법 모색할 것 • 산책 시간에 여러 종류의 야생꽃, 곤충들을 볼 수 있어 좋았음 • 농원에서 직접 기른 딸기, 방울토마토를 간식으로 먹으며 딸기, 방울토마토에 관심을 가지게 되었음 / 방울토마토를 좋아하지 않는 유아도 평소보다 쉽게 먹음 • 안전 관련: 유아에게 해로운 곤충, 식물에 대해서도 이야기 나눌 수 있었음 / 실종 예방교육 실시 - 선생님, 친구들 떨어질 경우, 그 자리에서 기다리기, 도움 요청하기
기타	• 유치반 현장학습 비용 납부했음(간식 비용 포함)

3) 현장학습 장소 선정 시 고려 사항

(1) 안전성

유아가 현장학습 장소까지 이동할 때에 이동 경로에 위험한 요소는 없는지, 유아에게 도덕적으로 해로운 환경은 없는지 등을 점검한다. 차량을 이용할 경우, 차량내부에 어린이용 보호장구가 마련되어 있는지, 소화기와 안전점검표가 있는지 등 차량에 대한 안전성도 고려한다. 또한 현장학습 장소는 청결하고 위생적인지, 응급상황과 재난으로부터 대피할 수 있는 방안이 잘 마련되어 있는지 등도 꼼꼼히 점검해야 한다.

(2) 흥미와 체험 가능성

유아는 오감각을 활용하여 사물을 탐색한다. 현장학습의 장소도 유아가 오감각을 활용하여 탐색할 수 있는 곳이라면 유아의 흥미를 훨씬 잘 유발할 수 있고 현장학습의 효과를 충분히 거둘 수 있을 것이다. 또한 유아의 발달 특성상 직접 체험해 볼 수 있는 공간이라면 더더욱 효과적이다. 신체적으로 탐색하고, 지적·정서적 만족감을 얻으면서, 구체적으로 경험을 통해 자신의 생각을 다양한 방법으로 표현해 볼 수 있는 프로그램이라면 매우 효과적일 것이다.

(3) 장소의 편리성

유치원이 아닌 낯선 장소에서의 활동(학습)은 유아에게 긴장감과 불편함을 줄 수 있다. 특히 더운 날씨나 개인적인 상태에 따라 많이 힘들어하는 유아가 발생할 수도 있으므로 교사는 현장학습 장소에 휴식을 취할 만한 곳이 있는지 미리 확인해 둔다. 또한 화장실의 위치를 고려하여 동선을 확정하고 화장실의 안전설비와 비품, 청결성도 미리 점검하여 필요하면 교사가 화장지와 물휴지 등을 넉넉히 준비해 가지고 간다. 때에 따라서는 간식이나 점심을 먹을 수 있는 공간이 필요하기도 하므로 적합한 공간이 있는지 확인한다.

(4) 교육 내용과의 연계성

현재 진행하고 있는 놀이주제나 프로젝트 주제와 연계되는 내용을 경험할 수 있는 장소를 선택하면 유아의 사고를 확장시키는 데 효과적이다. 특히 유아가 이전 경험이나 지식과 관련지어 잘 이해할 수 있는 장소라면 학습효과를 더욱 증가시킬 수 있다. 교사는 현장학습이 이루어지기 전에 교실 내에서도 관련 활동들을 연계시켜 봄으로써 유아의 지적 성취감을 도울 수 있다.

현장학습 시 올바른 교사의 복무 자세

현장학습은 유아가 유치원의 공간을 벗어남으로 발생할 수 있는 많은 위험 요소가 있으므로 이에 대한 대비를 철저히 하여야 한다. 초임교사는 처음으로 접하는 야외활동에 설레기도 하고 유아처럼 들뜨기도 하여 자칫 평소의 근무태도와는 다른 모습이 나타나기도 하는데, 야외 활동에 따른 교사의 복무 자세에 유의하여야 한다.

① 필요한 준비물을 철저히 점검하여 가져간다.

유아 이름표(비상연락처 기입), 유아 명단 및 일정표, 비상연락망, 약품, 여분의 옷, 카메라, 휴지, 쓰레기봉투, 물(음료), 필기도구, 활동에 필요한 자료 등을 철저히 점검한다. 단 유아 명단이나 카메라 등의 물품은 목걸이 형태로 하여 두 손이 자유로울 수 있도록 한다.

② 활동적인 옷차림과 신발을 착용한다.

야외에서 유아와 편안하고 활동적으로 지내고 특히 버스를 태우거나 내릴 때의 지도를 위해서도 운동화 등의 안전한 신발과 편안한 바지 등을 입어야 한다. 다만 교사의 품위에 어긋나는 짧은 반바지에 헐렁한 면티 등 지나치게 캐쥬얼한 복장은 피해야 한다.

③ 유아의 안전 지도에 저해되는 개인물품은 절대 휴대하지 않는다.

이어폰으로 음악을 듣고 있어서 유아의 이야기를 듣지 못하거나 주변 소음을 빨리 감지하지 못하게 되면 큰 위험을 초래할 수 있다. 또한 햇빛을 가리기 위해서 양산을 가져오거나 선글라스를 끼는 경우도 있는데 교사는 항상 양손이 비어 있어야 하고, 유아와의 시선을 마주치기 위해서는 선글라스는 피해야 한다.

④ 차량 내에서의 안전 지도에 특히 유의해야 한다.

많은 안전사고가 통학 버스 내에서 일어나고 있는데, 교사는 이를 막기 위해 최선을 다해야 한다. 안전벨트 착용은 물론이고, 모든 유아를 볼 수 있는 위치에서 수시로 상황을 감독하여야 한다. 잠이 든다든지, 옆 교사와 이야기하느라 유아의 지도를 소홀히 하는 것은 중대한 직무유기이다.

⑤ 유아의 명단을 항상 소지하고, 돌아올 때까지 수시로 인원 점검을 한다.

버스 승하차 시는 물론이고 중간마다 화장실을 보내거나 장소를 이동할 시에는 수시로 명단의 인원을 점검하여 불상사가 생기지 않도록 유의한다.

제9장에서 학습할 내용은 다음과 같다.

1. 유치원 초임교사가 가지고 있어야 하는 역량의 개념을 이해한다.
2. 장학의 개념과 필요성을 이해한다.
3. 수업연구와 현장연구의 구체적인 방법을 알아본다.
4. 전문성 신장을 위한 다양한 활동을 알아본다.

교원의 역량

인성과 사명감 및 윤리의식

평가에 대한 이해 및 실행

학습자의 특성 및 문화에 대한 이해

공동체와의 협력 및 의사소통

교육과정에 대한 이해 및 실행

학급운영

교수-학습과정에 대한 이해 및 실행

✓ 전문성 발달

제 9 장

교사의 전문성 관리

장학활동은 교육의 질 개선을 위한 강력한 도구이다.

전문성을 가진 교사는

- 자신에게 필요한 역량이 무엇인지를 인식하고 개발하기 위해 노력한다.
- 자신의 전문적인 성장을 위하여 노력한다.
- 원 내외 장학 활동에 관심을 갖고 적극적으로 임한다.
- 자신의 수업을 개선하기 위하여 동료교사와 자주 의견을 나눈다.

전문성이 없는 교사는

- 자신의 역량을 개발하기 위한 노력을 게을리한다.
- 자신의 전문성을 향상시키기 위한 노력을 게을리한다.
- 자신의 학급이나 수업을 동료교사에게 공개하지 않는다.

유치원 장학 활동과 관련된 교사의 경험 1

일 년에 한 번씩 교육청에서 장학사가 장학 지도를 하러 오는 날이면, 며칠 동안 서류점검에 수업계획안 확인에 구석구석 청소하기까지 정말 정신없이 바빠요. 원장 선생님은 우리에게 평소처럼 자연스럽게 준비하면 된다고 하시지만 사실은 은근히 우리를 채근하시죠. 그리고 무엇보다도 부담되는 것은 그날 장학사님이 우리 반 교실이 들어와서 수업을 보시는 거예요. 다른 사람이 내 수업을 보고 있다는 부담감이 큰 데다가 사실 그날 하루 잠깐의 수업을 보고 나를 평가한다고 생각하니 좀 답답해져요. 공연히 눈치만 보게 되고, 행동도 말도 자연스럽지 못하고요.

(경력 3년 6개월 교사)

유치원 장학 활동과 관련된 교사의 경험 2

우리 유치원은 동료장학 차원에서 연구수업을 하고 있어요. 제가 연구수업을 하게 되었을 때 너무나 심적으로 부담스러웠지만, 막상 연구수업을 하게 되니 도움이 되는 것도 있고 나에 대한 자신감을 가질 수 있었어요. 원장 선생님께 조금이나마 칭찬을 들으니 부담감이 오히려 자신감으로 작용해 나의 발전에 계기가 될 수 있었죠. 하지만 평가시간에 구체적인 체크리스트를 가지고 했으면 해요. 주로 원장 선생님이나 원감 선생님의 가치관에 의해 결정되는 것 같은 생각이 들기 때문이에요. 체크리스트를 가지고 하게 되면 좀 더 객관적일 것 같고, 나 같은 초임이 경력교사의 수업을 평가할 때 도움이 될 것 같아요.

(경력 6개월 교사)

교사의 전문성 관리

제 9 장

1. 유치원 교사의 전문성과 교원 역량

1) 교원 역량의 개념

유치원 교사가 전문성을 가지고 있다는 것은 교사의 직무에 맞는 역량을 가지고 있다는 것을 의미한다. 역량은 원래 기업을 경영하는 사람들이 조직의 특유한 강점을 설명하기 위해 도입한 개념으로 인적 자원(Human Resource)의 측면에서는 조직 구성원의 모든 직위에서 필요한 핵심적 능력 또는 행동으로 정의할 수 있다. 특정 조직에서 개인이 가지고 있는 역량은 첫째, 개인이 수행하는 업무의 주요한 부분에 영향을 주고, 둘째, 업무 성과와 관련성이 높으며, 셋째, 조직의 성과기준에 의해 측정이 가능하고, 마지막으로 교육, 훈련을 통해 개선될 수 있는 지식, 기능이나 기술, 태도, 행동 등의 집합체이다(박영숙, 2008: 29-30).

교사가 전문성을 가지기 위해서는 그에 합당한 역량을 가지고 있어야 한다. 교사의 역량(competency)은 모든 교사에게 필요한 공통적인 직무 수행과 개별적인 직무 수행 능력을 모두 포함하며, 이러한 역량은 단순한 수업 기술 능력에서 더 나아가 대인

관계, 행정, 리더십, 연구 능력 등을 포함하는 종합적 성격을 가진다. 교원의 역량이 설정되면 이를 교원 평가와 연계하고, 교원 평가의 결과는 교육의 책무성과 교원의 질 향상, 교원의 경력 관리 및 이직 의도 감소, 그리고 교원의 전문성 신장에 기여함으로써 최종적으로 '유치원 교사'라는 직업 정체성 형성에 기여한다.

2) 교육인적자원부(2006)가 제시한 교원의 역량

교육인적자원부는 2006년 교원의 역량을 제고하기 위해 교원자격증에 필요한 제도를 정비하면서 신임교사에게 필요한 역량을 다음과 같이 제시하였다.

표 9-1 | 신임교사의 자질과 능력에 대한 일반 기준

기준	내용
1. 교사는 학생과 학생의 학습과 발달을 이해한다.	• 교사는 학생의 선행학습, 학습 방식, 학습 요구를 이해한다. • 교사는 학생의 인지 사회성 정서 신체 발달을 이해한다. • 교사는 학생의 개인적 특성과 가정, 사회, 경제, 문화적 환경을 이해한다.
2. 교사는 교과에 대한 전문지식을 갖는다.	• 교사는 가르치는 교과의 내용을 깊이 이해한다. • 교사는 교과의 기반이 되는 학문의 핵심 개념, 개념들의 관계, 탐구 방식을 이해한다. • 교사는 교과와 기반 학문의 최신 지식을 지속적으로 탐구한다.
3. 교사는 교과, 학생, 교육 상황에 적절한 교육과정을 개발 운영한다.	• 교사는 국가 수준의 교육과정을 이해한다. • 교사는 국가교육과정을 학생과 교육 상황에 적합하게 재구성한다. • 교사는 교육과정 자료 연구 및 개발에 노력을 기울인다.
4. 교사는 수업을 효과적으로 계획 운영한다.	• 교사는 교육 목표, 교과, 학생에게 적합한 수업을 계획한다. • 교사는 다양한 수업 방법, 활동, 자료, 매체를 활용하여 수업을 효과적으로 운영한다. • 교사는 교과에 대한 학생의 학습요구를 진단하고 적절한 지원을 제공한다.
5. 교사는 학생의 학습을 모니터하고 평가한다.	• 교사는 평가 목적과 내용에 적절한 다양한 평가 방법을 활용한다. • 교사는 평가 결과에 대한 타당한 분석을 하고 효과적으로 의사소통한다. • 교사는 평가 결과를 학생의 학습 지원과 수업 개선에 활용한다.

기준	내용
6. 교사는 교육공동체 구성원들과 협력 관계를 구축한다.	• 교사는 교육의 사회 문화 정치 경제적 맥락을 이해한다. • 교사는 교육공동체 구성원들과 효과적으로 의사소통한다. • 교사는 교육공동체 구성원들의 참여와 협력을 유도 유지한다.
7. 교사는 전문성 개발을 위해 끊임없이 노력한다.	• 교사는 자신의 교육 실천을 연구하고 향상시킨다. • 교사는 교내외 연수 프로그램과 활동에 적극적으로 참여한다. • 교사는 현실에 안주하지 않고 평생 학습하고자 노력한다.

출처: 교육인적자원부(2006). pp.5-7

교육인적자원부는 모든 교원 양성 기관에서 교육과정을 운영할 때 위의 요소가 각 교과목에서 충실히 다루어져야 한다고 강조한 바 있다. 그러나 그 중요성에 비추어 볼 때 아직까지 교원 양성 기관에서 역량이라는 개념을 활용하는 정도는 매우 미비하다. 이 책에서는 교육인적자원부에서 제시한 교원 역량을 준거로 삼아 각 장을 구성하였다. 각 장의 시작 페이지는 신임교사에게 필요한 역량 가운데 어떠한 역량을 강화할 수 있는지를 게시하였으므로 학습의 길잡이로 삼으면 좋을 것이다.

3) 유치원 교사의 생애주기별 역량

교원의 역량은 한 번에 완성되는 것이 아니라 다음의 교직 주기의 전 생애에 걸쳐 발달한다. 그런데 교사의 역량은 단순히 경력이 높아진다고 해서 자동으로 발달하는 것이 아니라 지속적인 재교육과 반성적 사고에 따라 이루어진다. 따라서 교원의 전문성 발달은 교직 주기를 고려한 평생학습이 되어야 하며 경력, 직급, 재직 기관의 유형 등에 따라 차별화가 필요하다. 교육과학기술부는 유아교육선진화 방안의 일환으로 유치원 교사를 위한 역량을 생애주기별로 개발하였는데 그 범주는 다음과 같다(신은수 외, 2010).

표 9-2 | 유치원 교사의 생애주기 역량

<table>
<tr><th>영역</th><th>범주</th><th>내용</th></tr>
<tr><td rowspan="8">교직 인성 및 전문성 발달</td><td rowspan="2">교직에 대한 열정 소유</td><td>좋은 교육을 위한 헌신</td></tr>
<tr><td>교육과정 개선을 위한 지속적 탐구</td></tr>
<tr><td rowspan="2">창의성 개발</td><td>다양한 상황과 조건 수용</td></tr>
<tr><td>새로운 가치와 아이디어 창출</td></tr>
<tr><td rowspan="2">반성적 자기개발</td><td>반성적 사고</td></tr>
<tr><td>전문성 발달을 위한 노력</td></tr>
<tr><td rowspan="2">교직윤리 함양</td><td>유치원 교사의 윤리 강령 실천</td></tr>
<tr><td>유치원 교사의 근무자세 유지</td></tr>
<tr><td rowspan="3">학습자 이해</td><td rowspan="3">학습자의 특성 이해</td><td>유아의 보편적 발달 특성 이해</td></tr>
<tr><td>유아의 개별적 발달 특성 이해</td></tr>
<tr><td>특수아에 대한 발달 특성 이해</td></tr>
<tr><td rowspan="7">교육과정 운영</td><td rowspan="3">교육과정에 대한 이해 및 실행</td><td>교육 과정에 대한 이해</td></tr>
<tr><td>핵심 역량과 국가 수준 교육과정의 관계 이해</td></tr>
<tr><td>다 학문적 지식의 교육과정 적용</td></tr>
<tr><td rowspan="4">교수-학습과정에 대한 이해 및 실행</td><td>교수-학습 이론 이해</td></tr>
<tr><td>교육계획안의 구성과 적용</td></tr>
<tr><td>교육환경과 교수매체의 구성과 적용</td></tr>
<tr><td>놀이 중심 교육과정 적용</td></tr>
<tr><td rowspan="4">평가의 이해 및 실행</td><td rowspan="2">평가의 이해 및 실행</td><td>유아 평가 이해와 실행</td></tr>
<tr><td>교육과정 평가 이해 및 실행</td></tr>
<tr><td rowspan="2">평가의 활용</td><td>유아 평가 활용</td></tr>
<tr><td>교육과정 평가 활용</td></tr>
<tr><td rowspan="4">대인관계 및 의사소통 실천</td><td rowspan="2">공동체 의식 및 태도 형성</td><td>교육공동체 필요성 이해</td></tr>
<tr><td>교육공동체 존중</td></tr>
<tr><td rowspan="2">관계 형성을 위한 의사소통 기술 형성</td><td>대상에 따른 의사소통 기술 형성</td></tr>
<tr><td>언어적/비언어적 의사소통 기술 형성</td></tr>
</table>

영역	범주	내용
대인관계 및 의사소통 실천	공동체 형성 및 지원	부모와의 협력
		동료교사와의 협력
		지역사회와의 협력
		국가정책 이해
정보화 소양 개발	정보화 기술 이해	새로운 정보화 기술 이해
		폭넓은 정보 교류
	정보화 기술 활용	교실 현장에서의 정보 활용
		교실 이외에서의 정보 활용
학급운영	교실문화 조성	교실운영과 관리
		유아와 긍정적 관계 형성
		유아 행동 지도
	문서 작성 및 관리	유치원 운영 관련 문서 작성 및 관리
		대외 관련 공문서 작성 및 관리

2. 초임교사의 교직 적응

교사가 교직에 입문한 이후 적응해 가는 과정은 개인에 따라 다르다. 이 개인의 적응 과정을 이해하기 위해 학자들은 교사의 발달, 교사의 관심사 발달, 교직 발달, 교직 사회화 등의 용어를 사용한다. 이 가운데서도 특히 훼슬러(Fessler, 1985)는 한 명의 교사가 준비하고 교직에 입문하며 교사로서 성장하고 퇴직할 때까지의 일련의 과정을 교직 주기라고 명명하였다. 이번 장에서는 교사가 어떠한 과정을 거쳐 성장하고 퇴직하는지를 살펴보고 특히 초임교사가 어떻게 교직에 적응하는지를 살펴보고자 한다.

1) 단계별 특징

누구나 교사가 되는 첫해에는 상당한 기대를 하고 시작한다. 그러나 곧이어 교직이 생각만큼 쉬운 것이 아니라는 것을 깨닫게 되고 많은 갈등과 혼돈의 과정을 거치게 된다. 한 학기 혹은 한 해를 마무리하고 반성과 회복이 일어나면 교직에 계속해서 종사하지만 그렇지 못한 경우에는 이직을 하게 된다. 초임교사가 교직의 첫해 동안 지나가는 단계는 다음과 같다(박은혜, 2009).

(1) 교직에 대한 기대의 단계

교직 생활을 하며 교사로서 가장 자아개념이 높을 때는 실습을 마치고 취직을 해서 학급을 맡기 직전까지이다. 예비교사는 학교에서 배운 모든 내용을 종합하고 이상적으로 좋은 교사가 될 수 있을 것으로 기대한다.

(2) 하루살이와 같은 "생존"의 단계

일요일 오후에 또다시 일주일을 보낼 것이 걱정된다면 아직 생존기에 있는 교사이다. 그만큼 초임교사에게 가르치는 일은 어려운 일이고 또한 매일을 살아간다는 것은 두려운 일이다. 다른 전문직에 비해 초임교사가 특히 어려운 것은 경력이 많은 교사에게 기대하는 것과 동일한 것을 기대하기 때문이다. 그 어떤 전문직도 1년의 경력을 가진 사람과 20년의 경력을 가진 사람에게 동일한 과제를 맡기고 같은 수준의 질을 유지할 것을 기대하지는 않는다. 그러나 교사에게는 경력과 관계없이 모두 동일한 수준의 상호작용을 기대한다. 경력이 많은 교사에게는 아무것도 아닌 가장 기본적인 일이 초임교사에게는 모두 커다란 과제로 다가와 두려움을 준다.

모든 교사에게 기본이 되는 업무

- 유아를 지도하기 위해 계획하고, 조직하고, 준비하고, 수업하고, 평가하기
- 학급 환경을 구성하기
- 등·하원, 급·간식, 낮잠, 휴식, 버스 타기에 대한 안전 지도 등의 수업지원 업무 이행하기
- 새로운 동료와 함께 공동체 형성하기
- 학부모나 행정가와 의사소통하기
- 문서를 기록하고 보관하고 관리하기

(3) 좌절 및 갈등의 단계

교직에 입문한 지 1～2개월이 지나면 교사가 되기 이전에 가졌던 이상은 어느덧 사라지고 이론으로 배웠던 내용이 실제에 적용되지 않는 현실을 보며 이론과 실제의 괴리를 느끼게 된다. 학자들은 이러한 현상을 현실 충격(reality shock)이라고 부른다. 모든 교사가 학급을 운영하며 일반적인 어려움을 경험하지만, 다음과 같은 측면은 경력교사에 비해 초임교사가 더 어려움을 호소하는 것들이다.

초임교사가 어려움을 호소하는 영역

- 유아의 개인차에 대처하기
- 유아에게 동기 부여하기
- 학부모와 좋은 관계 형성하기
- 학급 업무 조직하기
- 생활지도하기
- 과중한 수업 부담 및 불충분한 준비 시간으로 인한 부담감 가지기
- 동료와 좋은 관계 유지하기
- 기관의 정책과 규칙에 민감하기

초임교사는 경험과 노력을 통해 어려움을 극복하며 경력교사가 보이는 역량을 갖출 수 있도록 노력하여야 한다. 모든 경력교사가 나음에 제시된 특성을 보이는 것은 아니지만 적어도 그러한 단계로 옮겨가기 위한 노력이 필요하며 이 과정에서 좋은 멘

토의 지도가 필요하다.

표 9-3 | 초임교사와 경력교사의 특성

구분	초임교사의 특성	경력교사의 특성
관심사	• 생존 단계(교사로서 적응하기 위한 직접적인 문제에 대해 고민함)	• 갱신, 성숙 단계
사고 수준	• 낮음(구체적인 사고를 하고 반성적 사고를 하기 어려움)	• 높음
특성	• 교육 현장에 대한 통찰력 부족으로 발생하는 문제해결의 어려움 • 유아지도, 동기유발, 교수 활동, 전문적인 자기평가의 문제를 다루는 능력이 부족함 • 교수 활동, 자료사용 등 교수역할의 실행의 어려움 • 조직 풍토에 대한 적응, 부모 관계, 다른 동료와의 관계에서 어려움	• 유아의 경험, 반응에 수용하고, 유아에게 알맞은 내용, 자료, 방법을 계획함 • 적절한 주제 제시, 가치 있는 학습활동 시간, 유아의 요구 수용 • 적절한 규칙과 일과를 설정·유지, 적절한 환경 구성 • 자신의 행동과 유아 반응을 반성하여 교육의 효율성 평가

(4) 반성 및 회복의 단계

정신없이 한 학기가 지나가고 방학이 되면 교사는 잠깐 휴식을 하며 자신을 되돌아볼 수 있는 기회가 생긴다. 이 기간 동안 현직연수에 참여하고 다음 학기를 계획하고 동료의 지원을 받는다면 다음 학기를 위한 에너지가 재충전된다. 그러나 이 기간 동안 전문적으로, 인간적으로, 사회적으로 지원받지 못한다면 그 다음 학기 역시 생존과 좌절의 시간을 보내다가 교직을 떠날 가능성이 높다.

제가 경험이 없어서 그런지 아이들을 다루는 것이 힘들더라고요. 다같이 모여 있으면 장난치고 그러니까 한 명 한 명 야단치지도 못하고, 경력 있는 교사들은 어떻게 하는지 궁금해요. 제가 하는 교육이 맞는지, 맞게 하는지 정확하지 않아서 다른 곳에서는 어떻게 하나 보고 싶어요. [중략] 그런 점에서 아이들에게 교육적으로 미안해요. 초임이라서 아이들을 데리고 실험하는 것 같은 생각이 들기도 해요.

출처: 조운주·최일선(2004)

2) 나만의 학급문화 만들기

처음으로 교사가 되어 학급을 맡게 되면 경력교사가 하듯이 모든 것이 물 흐르듯이 진행되기를 기대한다. 유아의 어떤 질문에도 대답할 수 있어야 하고, 교육과정 상의 모든 내용을 완벽하게 이해하고 확산적인 발문을 통해 유아의 잠재력을 확장시킬 수 있어야 한다. 실수 없이 완벽하게 학급을 통제하고 학부모가 어떤 질문을 해도 자신 있게 대답할 수 있어야 한다. 한 명도 다치는 아이 없이 안전하게 귀가해야 하고 모든 행정적인 일도 깔끔하게 처리해야 한다. 유아 간에 갈등이 생겼을 때도 거침없이 판단을 내리고 교실도 언제나 정돈되어 있으며 벽면에는 유아의 작품으로 가득해야 한다.

그런데 막상 수업을 시작해 보면 모든 것이 동시다발적으로 일어나고, 수업은 이어가기 급급하고, 유아의 갈등을 막기는 역부족이며, 여기저기서 선생님을 부르는 소리에 차분히 한 곳에서 개별 유아를 돌아보며 상호작용을 할 여유가 전혀 없다. 분명히 밤을 새워 가며 수업 준비를 했지만 막상 유아 앞에 앉으면 까맣게 기억이 나지 않는다. 수업이 끝나도 새롭게 준비할 것이 너무나 많은데 쏟아지는 공문이며 행사 준비로 인해 교육적으로 풍부한 환경을 만들어 주는 것은 고사하고 유아의 작품을 전시하는 것조차 쉽지 않다.

이렇게 지내다 보면 역량 있는 교사는 고사하고 하루하루 살아내기가 벅차다는 생각을 하게 된다. 분명히 학교에서 다 배운 것 같은데 모든 것을 통합한다는 것이 생각보다 쉽지가 않다. 오히려 시간이 갈수록 '내가 잘할 수 있을까?', '준비한 수업내용을 모두 기억할 수 있을까?', '학급을 제대로 통제할 수 있을까?', '동료 선생님과 원장의 인정을 받을 수 있을까?' 하는 불안감이 고조될 뿐이다.

그러나 한 가지 다행인 것은 초임교사라면 누구나 다 동일한 과정을 경험하며 시간이 지나면 상당 부분은 해결된다는 사실이다. 다만 이 시기를 어떻게 현명하게 극복하는가에 따라 진정으로 능력이 있는 교사와 그저 경력만 쌓인 교사의 갈림길에 서게 된다. 유치원이라는 조직도 그렇지만 한 학급도 리더가 가지고 있는 생각과 역량에 따라 다른 빛깔을 가지게 된다. 한 학급의 빛깔은 교사가 가지고 있는 교육철학,

유아의 능력에 대한 신념, 학부모와의 관계 맺기, 교육과정에 대한 이해와 준비, 환경을 준비하는 능력과 관점, 그리고 무엇보다 교사 개인의 성품과도 연결된다.

자신이 학급의 담임이 되었다고 가정하면 '가장 자부심을 가질 수 있는 것은 무엇인가?,'유아, 동료, 부모와는 어떤 종류의 관계를 맺을 것인가?', '일 년 동안 유아의 생활에서 가장 강조하고 싶은 것은 무엇인가?' 등을 미리 그려 보자. 그리고 부족한 것이 있다면 그에 필요한 지식과 기술을 익히는 데 최선을 다해 보자. 그렇게 준비한 교사는 정말 자신의 학급을 운영할 때 자신 있게 자신만의 개성을 드러내며 역량 있는 교사가 될 것이다.

3. 자율 장학 활동

1) 자율 장학의 개념과 목적

자율 장학은 교원의 자발적인 연구 분위기 조성과 수업 방법 개선을 위하여 교직원 간 상호 이해와 협력을 통한 실천적인 장학 운영을 말한다. 전통적인 장학은 교육행정기관이 중심이 되어 교육법규나 정책의 구현 현황을 점검하고 지시하는 행정 주도적이며 공식적 장학을 지칭하지만 이러한 지시 감독적, 권위주의적 장학 행태는 교사에게 장학에 대한 거부감과 부담감을 가지게 하고 장학 활동에 형식적, 소극적으로 참여하게 만드는 원인이 되기도 한다. 그러므로 바람직한 장학이 되기 위해서는 교사의 자기성장 욕구를 바탕으로 하여 자기결정, 자기실현, 자기책임을 신장시키는 데 비중을 크게 두어야 한다.

자율 장학은 유치원·지역 특성과 여건을 반영한 자율적인 장학 운영으로 효율적인 교수·학습 방법을 개선하고 유치원 교육력을 제고하는데 그 목적이 있으며, 자율장학 활성화로 연구·학습·협력의 교원 문화를 조성하는데 의의를 가진다.

2) 자율 장학의 운영 방안

(1) 수업 연구 활동 : 원내 수업 공개

원내 장학이 교실 내에서 이루어지는 교수-학습 활동의 개선을 목적으로 하여 단위학교 중심의 집단적이고 협력적인 모든 활동을 의미한다고 볼 때, 가장 일반적인 원내 장학의 형태로 실시하는 것이 수업 연구라고 할 수 있다. 수업 연구는 수업 방법의 개선과 향상을 목적으로 하고 있으며 이를 달성하기 위하여 수업담당자와 장학담당자 혹은 동료교사가 함께 일련의 과정(계획, 관찰, 평가)을 통하여 협의와 지도·조언이 이루어진다.

- 교원협의회를 통하여 교사별 수업 연구 주제 설정(연령별, 관심 주제별 협의)
- 교원 간 역할 분담 및 협업
- 교원협의회를 통한 수업분석 및 환류
- 컨설팅 장학지원단을 활용한 수업컨설팅 실시 등

유치원에서는 성공적인 수업 연구 활동을 위하여 원내 멘토링제 (일대일 팀티칭, 무지개 짝궁 등) 운영이나 자발적인 컨설팅 장학(수업컨설팅)을 적극적으로 시행하고 지원할 수 있다. 2019개정 누리과정은 유아의 놀이 지원을 위한 교사의 자율성을 강조하고 있으므로, 유아·놀이 중심 교육과정을 실천할 수 있도록 전통적 수업연구와 평가에서 벗어나 계획안 형식의 자율화, 흥미 영역의 운영 방식 자율화, 5개 영역 통합 방식의 다양화, 평가의 자율화가 이루어지도록 계획하고 운영하도록 한다.

(2) 학습공동체 구축 운영

원내 자율장학은 각 유치원의 특성을 살린 자율장학 협의회를 구성하는 것에서 비롯된다. 유치원 자체 계획에 따라 원내 수업 공개 및 협의를 실시하거나, 교원의 연구, 연수, 학습 자료를 공개하고 공유 방안을 모색한다. 또한 수업의 질 향상을 위한 공동 협의·연구를 실행하기 위해 연구동아리와 같은 교원학습공동체를 구축하여 실행하고, 고경력-저경력 교사가 함께 하는 맞춤형 수업 나눔 등을 실시한다.

(3) 자기장학 및 동료장학

전문성 향상을 위한 교사의 자발성에 기초한 자기장학과 동료장학은 대표적인 자기주도적 장학형태로 볼 수 있다. 영상 촬영, 녹음 등을 활용하고 분석하는 자기수업 모니터링을 통해 수업 개선 실천방안을 모색하고, 동료 교사와의 협력 활동을 통해 충실한 수업 준비와 영역별 특성을 살린 다양하고 창의적인 수업 전개를 실행할 수 있다. 예를 들어 2019 개정 누리과정의 놀이중심 교육활동 시 놀이지원자로서의 교사의 역할에 대해 함께 논의하고 수업(종일수업, 혹은 단위활동)을 실시한 후 평가 과정을 통해 전문적인 역량을 향상시킬 수 있다.

4. 지원 장학 활동

1) 지원 장학

지원 장학은 장학 업무의 효율적 추진과 책무성 제고를 위한 담당 장학사의 상시 지원 장학 체제 구축과 운영 전반을 말한다. 지원 장학은 유치원 현황 파악을 통한 지원 체제를 구축하고 상호 소통을 강화하여 상시 지원을 통한 유치원 교육력 제고를 목적으로 하고 있으며, 일반적으로 지역교육청의 담당 장학사를 통한 기존의 담임 장학 성격을 가진다. 담당 장학사는 유치원을 방문하여 교육과정 운영의 애로사항 파악을 통해 실제적 현장 지원을 강화하고, 유치원의 교육력 제고를 위한 현장 소통 강화형 지원 장학을 실시한다. 즉, 누리과정의 안정적 운영과 유아·놀이중심의 교육과정 운영 지원, 놀이와 쉼 중심의 방과후 과정 운영 등을 지원한다. 지원 장학과 관련한 일반적인 운영 현황에 대한 점검이 함께 이루어지기 때문에 지도와 감독·점검의 성격이 강하지만, 유치원 운영 전반에 관한 자체 점검과 평가를 해 봄으로써 바람직한 교육과정 운영을 도모해 볼 수 있는 장점이 있다.

2) 컨설팅 장학

컨설팅 장학은 단위 유치원에서 요구하는 교육과정 운영, 교수학습지도, 유치원 경영 등 교육 활동에 대한 전문적이고 심층적인 제반 지원 활동을 말한다. 컨설팅을 통하여 유치원 현안 과제를 진단하고 해결 방안을 마련하여 유치원의 발전을 도모하는 것을 목표로 한다. 유치원의 자발적인 요청과 교육청의 전문적 지원으로 현장 중심의 장학이 활성화될 수 있도록 교육청에서는 영역별 컨설팅 장학지원단을 구성하여 지원한다.

컨설팅 장학은 교육청 주관의 지원 장학 형태를 갖추고 있으나, 담당 장학사의 점검 형식이 강한 지원 장학에 비하여 수요자 중심의 실제적인 장학이 이루어질 수 있는 장점을 갖고 있다. 교육과정, 방과후 과정, 수업, 행정지원, 교원지원, 인사·복무 등 현장의 요청에 따른 전문적·심층적 지원이 이루어지며, 유치원별 현안 과제 및 지원장학, 지도·점검, 유치원평가, 감사결과와 연계한 현장 밀착형 컨설팅을 지원한다. 컨설팅 지원은 사전협의회, 유치원 방문 컨설팅, 사후 협의회 등을 포함하여 실시하고, 교육청에서는 현장의 요청 내용에 실질적인 도움이 될 수 있도록 지속적인 컨설팅 장학을 권장하고 지원한다.

컨설팅 장학지원단은 교육전문직과 원장, 원감, 외부전문가 등 해당 분야의 전문가를 대상으로 해당 교육청의 교육장이 위촉한다. 유치원에서 추천한 요원이 해당 교육청의 장학지원단으로 위촉된 경우에는 유치원의 요구를 반영하여 우선 지정하며, 특별히 요구한 장학요원이 없는 경우에는 교육청에서 임의 지정할 수 있다. 시도교육청에 따라 다소의 차이는 있으나, 모든 유치원에 연 1회 이상의 컨설팅 장학 지원이 이루어질 수 있도록 지원 운영되고 있다. (부록 예시 9-1, 표 9-1 참조)

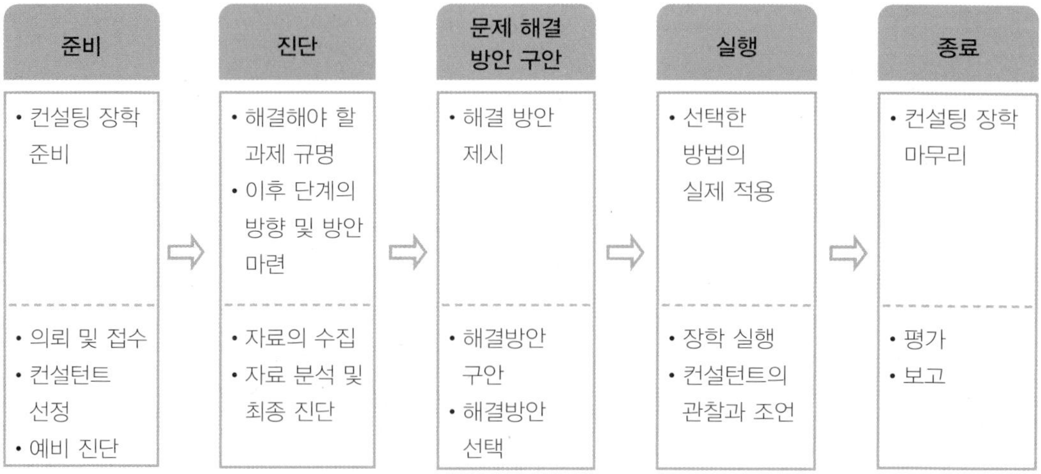

그림 9-1 | 컨설팅 장학의 기본적인 절차

출처: 2020 서울유아교육계획(2020). 서울특별시교육청.

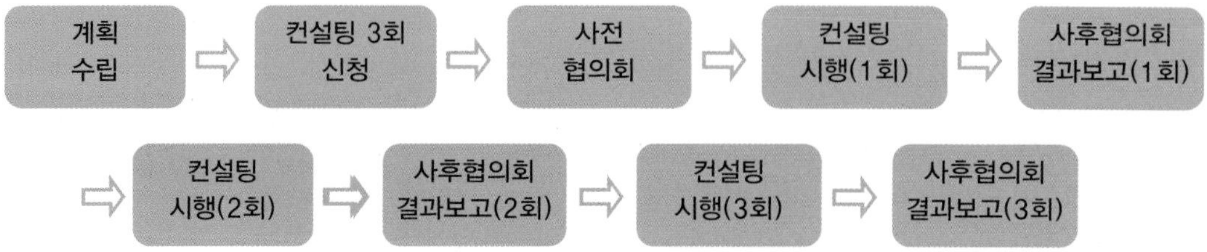

그림 9-2 | 컨설팅 장학 과정 예시(3회 실시의 경우)

출처: 2020 서울유아교육계획(2020). 서울특별시교육청.

5. 기타 전문성 신장 활동

1) 현장연구

원내 수업연구 외에 교육청이나 유아교육진흥원 등 유아교육 관련 기관에서 주관하고 지원하는 실행 연구 수준의 현장연구 역시 일련의 수업장학 과정으로 볼 수 있다. 교육일반을 대상으로 하는 교육연구에 비하여 현장연구는 수업을 담당하는 교사들이 그들이 직면하는 직접적인 문제를 해결하기 위해 추진하는 연구의 성격을 가진다. 현장 연구는 유치원 현장의 연구풍토를 조성하고 유아교육 현안 해결의 대안 모색 및 실천을 통한 유아교육 질 향상을 도모하는 것에 그 목적을 두고 있다.

유치원의 현장 연구는 현장에서 나타나는 여러 문제에 대하여 그 해결 방안을 실행 목표로 정하고, 이를 실천하며, 실천의 증거를 누가적으로 기록하여 실천한 방안과 내용의 성과 여부를 분석·평가하고 검증하는 경험형 현장 연구가 적절하다. 현장 연구의 내용으로는 교육과정 운영과 생활 지도 외에 원 운영과 행정, 교육청의 역점과제 실행 등을 포함할 수 있다.

(1) 주제 선정

좋은 연구의 대부분의 비중은 주제가 차지한다. 주제 선정은 교사의 문제해결과 해결 방안에 대한 내용이 집약적으로 요약되어 잘 드러나도록 해야 한다. 즉 연구 내용과 방법, 독립변인과 종속변인이 잘 나타나도록 작성해야 좋은 연구주제라고 볼 수 있다. 독립변인은 종속변인에 영향을 주는 '원인'이고, 종속변인은 독립변인이 원인이 되어 일어나는 '결과'를 말한다. 예를 들어

'비구조적 놀잇감 활용을 통한 역할놀이 활성화' 방안에 대하여 연구한다면

'비구조적 놀잇감 활용'은 독립변인에 해당하고, '역할놀이 활성화'는 종속변인에 속한다.

(2) 연구의 필요성 및 목적

위 주제를 선정하게 된 이유와 필요성에 대한 타당한 내용이 언급되고, 연구 목적에는 연구 결과로 나타낼 구체적인 사실이 밝혀지도록 한다. '연구 결과, 무엇을 보여줄 것인가? 혹은 무엇을 나타낼 것인가?'라는 질문에 명확한 답이 될 수 있도록 진술해야 한다. (부록 예시 9-3 참조)

(3) 연구과제(실행 목표)의 설정

연구과제에는 이 연구의 최종 결과나 도달점을 위하여 실천할 내용이 제시되어야 한다. 연구 주제의 목적을 위하여 추진해야 하는 과제를 2~3개 설정하고, 그 내용을 '~하여 ~한다.'라고 진술한다. 위 연구인 비구조적 놀잇감을 활용한 역할놀이 활성화 방안 모색이라는 최종 결과를 위해서는 생활주제에 적절한 역할놀이 주제와 비구조적 놀잇감을 선정·제공해 보고, 지속적인 관찰과 기록을 근거로 역할놀이가 활성화되고 있는지 파악할 수 있도록 아래의 과제를 설정할 수 있다.

첫째, 연구과제 1 : 생활주제에 따른 적합한 역할놀이 주제를 선정 및 계획한다.
둘째, 연구과제 2 : 역할놀이 주제에 따른 비구조적 놀잇감을 선정하여 목록화한다.
셋째, 연구과제 3 : 비구조적 놀잇감을 활용한 역할놀이를 관찰하여 기록한다.

(4) 이론적 배경: 현장연구 추진의 과학적 근거 마련

어떤 연구이든지 연구가 갖는 가장 중요한 윤리는 과학적 방법으로의 접근이다. 이를 위해서는 연구의 계획과 추진, 보고서 작성이 끝날 때까지 이론적인 연구가 이루어져야 한다. 특히 추진 단계에서의 이론은 다른 사람이 공감할 수 있는 객관적인 사실에 근거한 과학적인 이론적 뒷받침이 있어야 한다. 예시의 연구를 위해 필요한 이론적 내용은 역할놀이와 비구조적 놀잇감의 의미와 교육적 가치를 알아보고, 특히 비구조적 놀잇감이 역할놀이에 어떠한 영향을 미치는지 선행 연구와 문헌을 토대로 연구의 근거를 마련하는 것이 필요하다.

(5) 연구 방법

연구 방법에는 이번 연구를 위한 연구 대상이 누구인지, 연구 기간은 언제부터 언제까지 인지, 연구 절차가 어떻게 이루어지는지의 실제적인 내용을 기술한다. (부록 예시 9-4 참조)

(6) 연구의 실제

'연구의 실제' 혹은 '실행목표의 실천'은 제시된 연구문제의 순서대로 실천한 내용을 구체적으로 정리하여 기술한다. (부록 예시 9-5, 9-6, 9-7 참조)

(7) 연구 결과

연구 결과는 연구의 실제에 따른 결과를 객관적이고 정직하게 기록한다. 혹시 기대했던 결과가 나타나지 않았다 하더라도 분석한 내용을 그대로 제시해야 하며, 어떤 경우든 나타난 '사실'과 '의견'을 구분해서 제시해야 한다. 연구의 내용이나 추진 방법에 따라 결과를 검증하고 기술하는 방법이 다른데, 크게 통계적 방법과 논리적 방법으로 구분할 수 있다. 통계적 방법은 수량화가 가능한 지적인 영역과 기능적인 영역에 속하는 내용의 연구에 주로 쓰인다. 예시의 연구에서는 비구조적 놀잇감을 제공했을 때 역할놀이에 참여하는 유아수와 상상놀이의 지속 시간을 수치화하여 작성할 수도 있다. 논리적 방법은 연구결과에 나타난 내용 중에서 엄밀한 통계처리가 어렵거나 수량화의 의미가 없는 상황(감정, 가치관 등의 질적인 변화)일 때 관찰이나 학습의 내용을 문장으로 기술하는 방법을 말한다. (부록 예시 9-8 참조)

(8) 요약 및 결론

요약 및 결론에서는 연구의 필요성, 연구의 목적, 실행 목표(과제), 연구한 내용(연구의 결과 및 발견된 항목 등)을 간략히 요약하고 이에 대한 연구자의 의견을 결론적으로 제시한다. 필요하다면 다음 연구에 도움이 될 만한 몇 가지의 내용을 제언으로 첨가할 수도 있다. (부록 예시 9-9 참조)

(9) 기타: 참고문헌과 부록

참고문헌은 연구에서 참고한 문헌의 목록을 가나다의 순이나 영어의 알파벳 순으로 제시한다. 부록은 분량이 많아서 본문 부분에서 처리하기 힘든 질문지, 통계자료, 포트폴리오 등의 자료를 첨부할 수 있다.

연구 예시 출처: 서울특별시유아교육진흥원(2013). 제6회 교육현장 연구보고서

2) 교원 연수 운영

연구·협력하는 분위기 조성을 위한 교원 연수 연간 계획을 수립함으로써 정기적인 원내 연수를 정착시킬 수 있다. 교육청이나 진흥원, 연수원 등 관련 기관에서 주관하는 교원 연수를 비롯하여 자체적인 필요성과 수요에 따른 원내 자체연수로 진행할 수 있으며, 전문성 제고를 위한 연수, 강의, 실습, 토론, 세미나, 견학 등 다양한 형태로 운영한다. 2019 개정 누리과정에 근거한 현장 밀착형 교원 연수, 직급 및 경력에 따른 테마가 있는 연수, 교원의 자발적 참여 활성화를 위한 연수 등 교원의 성장을 지원하는 다양한 교원 맞춤형 연수가 제공되므로 적극적인 참여가 요구된다. 또한 교육과정 외 안전 관련, 청렴, 인권, 인성교육 등 교직원이 반드시 이수하여야 하는 필수 연수와 교육내용이 있으므로 확인하도록 한다. (부록 표 9-2 참조)

3) 장학 자료 활용

교육부와 시도교육청, 유아교육진흥원에서는 연구보고서를 비롯하여 유아 발달에 적합한 프로그램을 개발하고 보급하여 교실 수업 개선을 지원하고 있다. 유치원 수업방법 개선 연구교사 우수 사례집과 현장연구 사례집, 누리과정 지원에 적합한 프로그램과 교재교구 등이 개발되어 각 유치원에 보급되고 있으므로 교육현장에서 유용하게 활용한다면 질 높은 교실 수업이 이루어질 수 있다. 최근에는 2019 개정 누리과정 지원을 위한 유아·놀이중심 교육과정 운영사례, 유아의 건강한 발달 지원을 위한 유

아 안전교육 프로그램 등이 개발되어 보급되었으며, 일부는 DVD로 제작되어 보다 손쉽게 직접 활용할 수 있다.

제10장에서 학습할 내용은 다음과 같다.

1. 유치원에서 실시되는 네 가지 평가에 대해 안다.
2. 유치원에서 실시되는 네 가지 평가가 밀접한 관련이 있다는 것을 안다.
3. 유아를 평가하는 목적과 방법 그리고 평가 과정의 다양한 단계에서 교사가 수행하는 역할에 대해 안다.

교원의 역량

인성과 사명감 및 윤리의식

✓ 평가에 대한 이해 및 실행

학습자의 특성 및 문화에 대한 이해

공동체와의 협력 및 의사소통

교육과정에 대한 이해 및 실행

학급운영

교수-학습과정에 대한 이해 및 실행

전문성 발달

제 10 장

평가 관리

교사는 평가를 통해 교육의 질을 높인다.

전문성을 가진 교사는

- 유치원 평가, 유치원 누리과정 평가, 교사 평가, 유아 평가의 중요성을 안다.
- 유치원에서 실시되는 네 가지 평가에 적극적으로 참여한다.
- 유치원에서 실시한 네 가지 평가의 결과를 기초로 발전 방향을 모색하고 실천한다.
- 유아 평가를 위한 전 과정을 이해하고 교사의 역할을 실천한다.

전문성이 없는 교사는

- 평가의 중요성을 이해하지 못한다.
- 평가에 적극적으로 참여하지 않고 귀찮은 일로 여긴다.
- 평가 결과를 기초로 발전 방향을 모색하고 실천하려는 의지가 없다.
- 부모 면담일 즈음에 몇 가지 자료를 유아에게 맞지 않는 방법으로 수집하여 부모 면담의 목적으로만 활용한다.

평가가 부담스러운 교사

유치원 교사로 일한 지 3년이 되었지만 아직도 평가에 익숙하지 않다. 평가 준비 업무 때문에 이직하고 싶다는 동료도 있다. 평가를 위한 제출 서류를 준비하다 보면 수업 준비에 부실할 때가 많아, 좋은 교사가 되는 것을 평가가 방해하는 것처럼 느껴지는 날도 있다. 다른 평가 준비는 동료교사와 함께하면 되지만, 가르치는 유아를 평가하는 것은 혼자 해야 하기 때문에 더욱 어렵다. 신입교사로 정신없이 보낸 첫해에는 학기 말 학부모 면담일이 다가올 때까지 수집한 자료도 적었고, 그나마 수집한 자료도 특정 영역에 편중된 것이 많았다. 크게 당황해서 부랴부랴 자료를 수집했지만 제대로 된 평가를 할 수 없었고 학부모와의 면담에 자신 없이 임하는 모습에 스스로 화가 났었다. 평가는 발전할 기회를 제공하는 좋은 시스템이라고 배웠는데, 그렇게 느끼기 위해서 나는 어떤 노력을 해야 할까?

제10장 평가 관리

유치원에서 교사는 평가 자료를 준비하여 제출한 후 평가의 대상이 되거나, 자료를 준비한 후 평가의 주체가 되어 평가를 직접 실시한다. 본 장에서는 교사가 참여하는 평가 중 특히 중요한 네 가지 평가에 대해 알아보고자 한다. 첫째는 유치원의 전반적인 질을 평가하는 유치원 평가이고, 둘째는 유치원에서 실시하는 교육과정에 대한 평가이고, 셋째는 유치원에 재직하는 교사에 대한 평가이고, 넷째는 유치원에서 교육받는 유아에 대한 평가이다. 먼저 언급한 세 가지 평가에 대해 간단히 알아보고, 유아를 대상으로 하는 평가에 대해 상세히 알아보고자 한다.

비록 네 가지 유형의 평가가 분리되어 실시되지만 그 내용은 서로 연관되어 있다. 왜냐하면 유치원의 전반적인 질을 평가하는 항목에는 교육과정, 교사, 유아에 대한 내용이 포함되어 있고, 교육과정에 대해 평가하는 항목에는 교사와 유아에 대한 내용이 포함되어 있고, 교사에 대해 평가하는 항목에는 교육과정과 유아에 대한 내용이 포함되어 있고, 유아에 대한 평가에는 유치원의 질, 교육과정의 질, 교사의 질이 반영된 결과가 나타나기 때문이다. 따라서 네 가지 유형의 평가를 분리된 것으로 취급하기보다는 서로 연결되고 밀접한 관련이 있는 것으로 인식하고, 평가를 통해 유치원 교육과 교육과정을 향상하고, 교사의 전문성을 높이고, 유아의 성장과 발달 및 학습을 촉진하도록 노력할 필요가 있다.

1. 유치원 평가

유치원 평가는 유치원 교육력 및 교육서비스의 질적 수준을 제고하고, 학부모의 알 권리 보장과 유치원 선택권을 확대한다는 두 가지 목적을 가지고 있다. 2008년부터 시작한 유치원 평가는 2010년까지 3년간 진행된 1주기 평가에 이어 2011년~2013년까지 진행된 2주기 평가, 2014년~2016년까지 진행된 3주기 평가, 2017년~2019년까지 4주기 평가까지 완료된 상황이고 2020년부터 5주기 평가가 이루어지고 있다. 5주기 평가는 지역 교육청의 자율성에 따라 각기 다른 지표로 평가를 실시한다. 4주기 평가지표와 5주기(서울특별시) 평가지표를 간단히 비교하면 <표 10-1>와 같다.

5주기 평가는 2019 개정 누리과정을 반영하여 유치원 평가의 현장 적합성 제고를 위하여 자율적인 유치원 교육 활동의 진단 및 개선을 통하여 유치원 교육의 질을 향상시키는 것을 목적으로 하였다. 또한 4주기 대비 평가 영역, 지표의 수, 평가 문항 등을 축소하여 현장의 부담을 최소화하고자 하였다(서울특별시교육청유아교육진흥원, 2020). 서울시교육청에서 제시한 자료를 예시로 5주기 평가의 공통지표와 배점을 간단히 살펴보면 다음과 같다(<표 10-2>). 유치원 평가를 위해 설정된 지표를 살펴봄으로써 양질의 유치원을 만들기 위해 교사가 어떤 분야에서 노력해야 하는지 알 수 있다.

표 10-1 | 4주기와 5주기(서울특별시) 평가지표

제4주기('17~'19년)		
평가영역(항목수)	평가지표	항목수
Ⅰ. 교육 과정 17 (18)[1]	1-1. 교육 계획 수립	3
	1-2. 일과 운영	3(4)
	1-3. 교수·학습 및 평가	4
	1-4. 교사-유아 상호작용	7
Ⅱ. 교육 환경 및 운영 관리 (13)	2-1. 실내 공간 구성	3
	2-2. 실외 공간 구성	3
	2-3. 기관 운영	3
	2-4. 가정 및 지역사회와의 연계	2
	2-5. 방과후 과정	2
Ⅲ. 건강·안전 (11)	3-1. 실내외 공간의 청결 및 안전	2
	3-2. 급·간식	2
	3-3. 건강증진을 위한 교육 및 관리	2
	3-4. 안전 교육 및 대책	5
Ⅳ. 교직원 (7)	4-1. 원장의 리더십	2
	4-2. 교직원의 근무 여건	3
	4-3. 교직원의 전문성 제고	2
총계	16개	48 (49)

제5주기('20~'22년)		
평가영역(문항수)	평가지표	문항수
Ⅰ. 유아 중심 교육 과정 및 방과후 과정 16(17)	1-1. 유아·놀이중심 교육과정 편성·운영 및 교수-학습지원	6(7)
	1-2. 유아·교육과정 평가 및 환류	4
	1-3. 교원의 전문성 신장 지원	4
	1-4. 돌봄과 쉼이 있는 방과후 과정	2
Ⅱ. 민주적 유치원 운영 (15)	2-1. 우리 유치원의 비전 공유	3
	2-2. 참여와 소통의 교육 자치	8
	2-3. 협력 공동체 형성	4
Ⅲ. 안전하고 쾌적한 교육환경 및 유아를 위한 건강·안전 (10)	3-1. 안전한 시설설비와 쾌적한 공간	3
	3-2. 안심하고 믿을 수 있는 급·간식 환경	2
	3-3. 유아와 교사를 위한 건강 및 안전 증진	3
	3-4. 안전한 등·하원	2
총계	11개	41 (42)

1) 괄호 안의 숫자는 특수교육과 관련된 항목이 포함됨을 의미함.

제4주기: 서울특별시 교육정보연구원(www.serii.re.kr)에 탑재된 「2014년도 유치원평가 편람 및 교원 연수 자료」를 기초로 서술됨.

제5주기: 유치원 평가 기본 계획(서울특별시교육청·유아교육진흥원(2020. 1)

표 10-2 | 5주기 유치원 평가지표(서울특별시)

영역	평가 지표	평가 지표
Ⅰ 유아중심 교육과정 및 방과후 과정	유아· 놀이 중심 교육 과정 편성·운영 및 교수·학습 지원	· 유치원에서는 유아 자신의 흥미와 요구에 따라 능동적으로 놀이에 참여하는 유아·놀이중심 교육과정을 실천하며 유아의 놀 권리를 보장하고 있다. · 교사는 유아의 성별, 종교, 신체적 특성, 가족 및 민족 배경 등으로 인한 편견이 없으며, 각 개별 유아의 차이를 긍정적으로 수용하고 배려하는 유치원 문화를 지향한다. · 유치원의 비전과 실정을 고려한 교육과정이 있으며, 구성원 모두가 교육과정 운영을 위해 노력한다. · 유치원에서는 유아의 전인적 성장과 발달을 위하여 유아의 능력과 발달 수준, 발달 특성 및 경험에 맞춘 개별적인 교육과정을 편성 · 운영한다. · 유치원에서는 유아가 주도하는 놀이와 연계하여 유아의 요구와 특성을 반영한 교육과정을 운영하며 유아가 스스로 놀이하며 배우는 과정을 지원한다. · 교사는 유아의 개별 놀이 상황과 맥락에 따라 유아의 놀이를 촉진 및 활성화하는 노력(공간 확보, 시설 및 환경 마련, 자료와 재료 제공 등)을 한다. · 특수교육 대상 유아를 위한 지원 및 관리, 맞춤형 프로그램의 편성 및 운영이 내실있게 이루어진다.
	유아· 교육 과정 평가 및 환류	· 교사는 유치원 일과 운영 전반에 나타난 유아의 흥미와 놀이 모습에 근거하여 유아의 변화 및 특성, 발달 상황을 포괄적으로 파악한다. · 유치원에서는 자연스러운 일상 놀이 상황에 초점을 맞춘 다양한 평가 방법을 개발하여 유아 이해 및 지원, 교육과정 재구성과 연계하여 평가를 운영한다. · 유치원에서는 구성원 간 자율적이고 민주적인 협의를 통해 수립한 평가 계획에 따라 교육과정 편성·운영 및 교육과정 지원체제의 적절성, 실효성 등을 평가하여 교육과정 질 관리 및 환류를 담보한다. · 유치원에서는 참여, 소통, 협력을 기반으로 하는 유아 놀이 실천-평가-환류가 체계적으로 운영되고 있다.
	교원의 전문성 신장 지원	· 유치원에서는 교육과정 수립 및 구체적인 교육 실천에 관한 사항을 교육공동체의 토론과 협의를 통해 공동으로 개발하여 적용하고 있다. · 교사들은 교원 공동의 성장과 전문성 신장을 위해 교원학습공동체에 참여하면서 교육 활동 경험과 어려움, 정보 등을 공유하고 있으며, 개선을 위한 토의, 토론이 지속적, 정기적으로 이루어지고 있다. · 교사는 놀이중심 교육과정 구성, 놀이 지원, 놀이 상호작용, 놀이 관찰 중심 평가 등에 대한 연수 및 연구 활동에 활발히 참여하여 교원의 전문적 역량 함양을 위해 노력하고 있다. · 수업 공개를 통한 수업 나눔, 연수 참여, 다양한 형태의 교원학습공동체 운영 등을 통해 교사의 전문성 향상을 위한 노력이 협력적이고 자발적으로 이루어지고 있다.

영역	평가 지표	평가 지표
I 유아중심 교육과정 및 방과후 과정	돌봄과 쉼이 있는 방과후 과정	· 유치원에서는 유아의 발달, 정서적 안정감, 체력 등 개별적 요구를 고려하여 놀이와 쉼을 기반으로 하는 방과후 과정 계획을 수립·운영하고 있다. · 유아의 놀 권리와 쉴 권리를 보장해주는 안정적인 방과 후 과정을 위해 시설 확보 및 시설 관리, 담당 인력 등에 대한 계획을 수립하고 체계적이고 지속적으로 지원한다.
II 민주적 유치원 운영	우리 유치원의 비전 공유	· 유치원에서는 교육공동체의 참여·소통·협력을 기반으로 목표를 함께 수립하고 있다. · 유치원의 비전과 목표를 유치원 교육에 적극 반영하고 있다. · 교육공동체의 구성원이 유치원 비전과 목표에 대해 잘 인식하고 있으며, 비전을 추구하는 활동에 적극 참여하고 있다.
	참여와 소통의 교육 자치	· 교직원 간 의사소통이 원활하고 민주적인 의사결정이 이루어지며, 상호협력이 잘 이루어지고 있다. · 민주적인 참여와 소통을 바탕으로 교직원회의가 이루어지고 있으며, 회의에서 합의된 결과를 유치원 운영에 실질적으로 반영하고 있다. · 교직원은 공동의 책임감을 가지고 유치원 교육에 참여하고 있다. · 교직원의 업무가 효율적으로 구조화되어 있어 교사가 교육활동에 전념할 수 있다. · 행정업무 경감, 전시성 행사 감축 등의 노력으로 교사가 놀이지원과 유아지도에 집중할 수 있는 여건을 조성하고 있다. · 교직원을 위한 시설 및 직무공간을 위한 설비를 설치하여 교직원을 배려하는 환경을 조성하고 있다. · 교직원의 처우에 대한 규정에 따라 교직원의 복지를 향상시키기 위한 노력이 이루어지고 있다. · 유치원 공동체 간 갈등을 해결하기 위한 지원방안 및 갈등 예방과 치유를 위한 참여를 지원하고 있다.
	협력 공동체 형성	· 학부모 연수, 유치원 교육활동 참여 기회 제공, 학부모회 운영 등 학부모 참여를 활성화하여 상호이해와 협력을 높이기 위해 노력하고 있다. · 학부모가 유치원 교육활동에 적극적으로 참여하고 의견을 반영할 수 있도록 개방적인 시스템을 갖추고 있다. · 지역사회의 인적·물적 자원을 유치원 교육활동에 활용하고 있다. · 지역사회와의 협력적 체제 구축을 통하여 마을과 함께하는 다양한 교육프로그램을 운영하고 있다.

영역	평가 지표	평가 지표
Ⅲ 안전하고 쾌적한 교육환경 및 유아를 위한 건강·안전	안전한 시설 설비와 쾌적한 공간	· 실내·외 시설설비와 공간은 유아에게 안전하며 유아가 쉽게 사용할 수 있도록 갖추고 있다. · 실내·외 놀이공간, 놀이시설, 놀이자료의 안전관리 및 점검이 효율적으로 이루어지고 있다. · 유아를 위한 안전시설이 설비되어 있으며, 실내·외 쾌적한 환경이 조성·유지되고 있다.
	안심하고 믿을 수 있는 급·간식 환경	· 유아의 건강을 고려한 균형 있고 질 높은 급·간식을 제공하고 있다. · 유아가 안심하고 급·간식을 먹을 수 있도록 식자재가 위생적으로 관리되고 있다.
	유아와 교사를 위한 건강 및 안전 증진	· 유아의 질병 및 상해 관리와 이를 위한 가정과의 소통이 이루어지고 있다. · 유아와 교직원의 건강 및 안전 증진을 위한 예방 관리지침이 마련되어 있다. · 유아와 교직원의 건강 및 안전 증진을 위한 교육이 이루어지고 있다.
	안전한 등·하원	· 유치원은 교육과정 내에서 유아의 안전한 등·하원 환경 조성을 위한 안전교육을 계획–반영–실시하며 지속적으로 지원하고 있다. · 통학차량을 이용하는 유아를 위하여 통학차량의 지속적인 관리와 안전운행을 위한 노력이 이루어지고 있다.

출처: 서울특별시교육청유아교육진흥원(2020.1). 제5주기 유치원 평가 기본 계획

2. 누리과정 프로그램 평가

누리과정 프로그램 평가는 누리과정의 교육적 성과를 평가하는 목적을 갖는다. 첫 누리과정 프로그램 평가는 '3~5세 연령별 누리과정 프로그램 평가'로 2014년 서울시유아교육진흥원[1)]에서 개발하였다. 이 척도는 8개 영역(편성·운영, 내용, 건강·영양·안전, 교육환경, 교수·학습, 평가, 운영관리, 통합교육)의 50개 지표로 구성되어 있었다. 3점 평가 척도(미흡, 부분적으로 우수, 우수)로 제작된 이 척도는 교사, 부장교사, 원장 또는 원감이 누리과정 프로그램을 평가함으로써 프로그램의 질적 향상을 위한 과제를 설정할 수 있었다. 누리과정 프로그램 평가를 위해 설정된 지표를 살펴보면 누리과정을 충실히 운영하기 위해 교사가 어떤 분야에서 노력해야 하는지 알 수 있다.

2019 개정 누리과정에서는 아직 프로그램 평가지표를 분리해서 제시하지는 않았지만 유치원 평가에서 그 내용을 일부 제시하고 있다. 2019 개정 누리과정의 평가에서는 유치원과 어린이집에서 유아 중심, 놀이 중심 교육과정을 운영하는 것에 초점을 맞추기 위하여 평가를 간략화하고, 각 기관에서 자율적으로 평가를 시행하도록 하였다. 평가를 실시할 때 고려하여야 할 4가지 중점 사항을 제시하였다.

표 10-3 | 2019 개정 누리과정의 운영 평가 시 중점 사항

1. 누리과정 운영의 질을 진단하고 개선하기 위해 평가를 계획하고 실시한다.
2. 유아의 특성 및 변화 정도와 누리과정의 운영을 평가한다.
3. 평가의 목적에 따라 적합한 방법을 사용하여 평가한다.
4. 평가의 결과는 유아에 대한 이해와 누리과정 운영 개선을 위한 자료로 활용할 수 있다.

출처: 교육부, 보건복지부(2019). 2019 개정 누리과정 해설서

1) 2014년 서울시유아교육진흥원에서 개발한 [3, 4, 5세 연령별 누리과정 평가도구: 연령별 누리과정 평가도구]의 내용을 기초로 서술됨.

2019 개정 누리과정을 반영한 제5주기 유치원 평가에서는 〈유아중심 교육과정 및 방과후 과정〉 영역의 2번째 평가지표인 [유아·교육 과정 평가 및 환류]에서 누리과정 프로그램의 평가 내용을 제시하고 있다. 자세한 평가 문항은 아래 표와 같다.

표 10-4 | 누리과정 프로그램 평가 관련 지표

	영역	평가지표	평가 문항
제5주기 유치원 평가 (서울시)	유아중심 교육과정 및 방과후 과정	유아·교육 과정 평가 및 환류	· 교사는 유치원 일과 운영 전반에 나타난 유아의 흥미와 놀이 모습에 근거하여 유아의 변화 및 특성, 발달 상황을 포괄적으로 파악한다. · 유치원에서는 자연스러운 일상 놀이 상황에 초점을 맞춘 다양한 평가 방법을 개발하여 유아 이해 및 지원, 교육과정 재구성과 연계하여 평가를 운영한다. · 유치원에서는 구성원 간 자율적이고 민주적인 협의를 통해 수립한 평가 계획에 따라 교육과정 편성·운영 및 교육과정 지원체제의 적절성, 실효성 등을 평가하여 교육과정 질 관리 및 환류를 담보한다. · 유치원에서는 참여, 소통, 협력을 기반으로 하는 유아 놀이 실천-평가-환류가 체계적으로 운영되고 있다.

출처: 서울특별시교육청유아교육진흥원(2020. 1). 제5주기 유치원 평가 기본 계획

3. 교사 평가: 유치원 교원능력개발평가

유치원 교원능력개발평가는 '교원 등의 연수에 관한 규정'과 '교원능력개발평가 실시에 관한 훈령(교육부훈령 제320호, 2020.1.1. 일부개정)'에 따라 실시된다. 유치원 교원능력개발평가는 ① 교원의 교육(지원)활동 전반에 대한 전문성을 진단하고 그 결과에 따른 능력 개발 지원의 목적과 ② 교원의 능력 개발 및 유치원 구성원의 만족도 향상을 통한 각 단위 유치원의 교육력 제고와 신뢰 증진 및 유아에게 양질의 교육 제공 목적을 달성하기 위해 실시한다. 교육부는 매년 유치원 교원능력개발평가 지침 및 매뉴얼을 제공하나 2019년 이후에는 새로운 매뉴얼을 제시하지 않아 2018년 매뉴얼에 따라 2019년 평가가 실시되었다.

평가의 대상은 모든 공·사립 유치원에 2개월 이상 재직(실근무)한 교원을 대상으로 하며 계약제 교원도 포함하여 각 시·도교육청에서 평가를 실시한다(2019년 기준). 평가 대상 교원은 원장·원감, 수석교사, 교사(특수교사, 방과후과정교사 포함), 보건교사로 유치원 교원능력평가의 영역, 요소, 지표도 원장·원감, 수석교사, 일반교사와 보건교사를 구분하여 제시하고 있다. 본 장에서는 일반교사를 대상으로 하는 평가에 초점을 두고 살펴보고자 한다.

일반교사를 대상으로 하는 평가는 자기 평가를 실시한 후, 동료교원(원장, 원감 및 동료교사) 평가와 학부모 평가를 받는데, 학부모는 담임교사에 대한 학부모 만족도 조사를 통해 참여한다. 일반교사에 대한 평가 결과를 기초로 학습 연구년 특별연수, 평가 지표별 자율연수, 장단기 능력 향상 연수 등의 맞춤형 연수를 받을 기회를 제공한다. 또한 유치원장은 교원능력평가 결과를 유치원정보공시사이트에 공개하도록 하고 있다.

일반교사를 대상으로 하는 평가는 2영역(학습 지도와 생활 지도), 6요소(수업 준비, 수업 실행, 평가 및 활용, 상담 및 정보 제공, 문제행동 예방 및 지도, 생활습관 및 인성지도), 13개 지표에 대해 1(매우 미흡)에서 5(매우 우수)의 척도로 평가한다. 구체적으로 살펴보면 다음과 같다.

표 10-5 | 유치원 교원 능력 개발 평가 지표(교사)

구분	평가 영역	평가 요소	평가 지표	평가지표 준거
교사 (특수교사, 방과후 과정 교사 포함)	학습 지도 (3요소, 8개 지표)	수업준비	· 교과내용 분석	국가 및 지역 수준의 교육과정에 기초한 유치원 교육과정에 대한 충분한 이해를 바탕으로 운영을 위한 계획을 하고 교수·학습 방법의 개선을 위해 지속적으로 노력하는가에 대한 평가
			· 수업계획 수립	교육활동 내용과 유아 수준에 맞는 활동 목표, 활동방법, 평가 계획 등을 체계적으로 수립하는가에 대한 평가
		수업실행	· 학습환경 조성	열정적이고 자신감 있는 태도를 유지하면서 유아들이 자유롭고 창의적으로 참여할 수 있는 수업분위기를 조성하는가에 대한 평가
			· 교사 발문	명확한 발음과 어조로 흐름에 맞게 유아의 욕구와 흥미를 반영하여 유아의 사고를 확장시킬 수 있도록 안정적, 논리적, 확산적 발문을 하는가에 대한 평가
			· 교사-유아 상호작용	유아들의 적극적 참여를 유도하고, 유아들의 행동에 대해 적절히 대처하면서 유아와의 상호작용을 효과적으로 유도하는가에 대한 평가
			· 학습자료 및 매체 활용	교수·학습에 적합한 자료와 매체를 능숙하게 사용하는가에 대한 평가
		평가 및 활용	· 평가내용 및 방법	평가내용 및 방법이 교육과정상의 학습목표, 유아들의 수준이나 발달과정에 적합한가에 대한 평가
			· 평가결과의 활용	평가결과를 바탕으로 유아들을 지도하거나 자신의 수업개선을 위해 활용하는가에 대한 평가
	생활 지도 (3요소, 5개 지표)	상담 및 정보제공	· 개별유아 특성 파악	유아들의 다양한 개인적 문제에 대해 파악·지도하고, 창의적이고 긍정적인 인성을 갖춘 인재로 성장할 수 있도록 지도하는가에 대한 평가
		문제행동 예방 및 지도	· 유치원 생활적응 지도	또래관계, 유치원 규칙 준수 등 유치원 생활에 적응 할 수 있도록 지도하는가에 대한 평가
			· 건강·안전지도	유아가 건강하고 안전하게 생활하도록 꾸준히 지도하는 가에 대한 평가

구분	평가 영역	평가 요소	평가 지표	평가지표 준거
교사 (특수교사, 방과후 과정 교사 포함)	생활 지도 (3요소, 5개 지표)	생활습관 및 인성지도	· 기본생활습관 지도	유아 개인이 발달단계에 따라 습득해야 할 기본적인 생활 습관·품성을 꾸준히 지도하는가에 대한 평가
			· 인성지도	유아가 창의적이고 긍정적인 인성을 갖춘 인재로 성장할 수 있도록 지도하는가에 대한 평가

출처: 교육부(2018). 유치원 교원능력개발평가 매뉴얼: 교사용.

일반교사를 대상으로 하는 학부모 만족도 조사는 '자녀의 유치원 생활에 대한 학부모 만족도 조사'로 교원의 교육(지원)활동에 대해 학부모가 느끼는 자녀의 유치원 생활에 대한 주관적인 만족도를 표시하는 것으로 유아에게 제공되는 교육(지원)활동에 대해 교육주체로서의 의견을 제시하는 공식적인 소통기제이다(교육부, 2018). 학부모 만족도 조사는 온라인평가 방식이 원칙이나, 단위유치원은 전년도 학부모 참여율 등을 고려하여 유치원 평가관리위원회의 심의를 거쳐 온라인 또는 종이설문 평가 방식 병행 여부를 결정할 수 있다.

일반교사를 대상으로 하는 학부모 만족도 조사는 '수업실행', '평가 및 활용', '상담 및 정보 제공', '문제행동 예방 및 지도', '생활습관 및 인성지도' 5개 요소로 구성되어 있으며 담임교사에 대한 만족도를 5점 척도로 평정하도록 되어있다. 각 문항은 '선생님께서는 자녀의 수준에 맞는 효과적인 방법으로 지도합니다.', '선생님께서는 자녀의 발달 정도 및 학습에 대한 정보를 알려 줍니다.', '선생님께서는자녀의 학습능력이나 장애 정도를 고려하여 수업을 준비합니다.', '선생님께서는 통학지도, 또래관계, 생활안전지도 등 자녀의 장애 정도에 따라 적극적으로 지도하며 도움을 줍니다.', '선생님께서는 자녀가 기본적인 생활습관을 배우도록 반복적인 교육활동을 통해 자신감을 갖도록 합니다.'이다. 유치원 교원능력개발평가를 위해 설정된지표를 살펴봄으로써 유능한 교사가 되기 위해 어떤 분야에서 노력해야 하는지 알 수있다.

4. 유아 평가

교사의 다양한 역할 중 중요한 하나는 유아를 정확히 평가하고, 평가 결과를 기반으로 유아가 더욱 발전할 수 있도록 하는 방안을 모색하는 것이다. 이 역할을 수행하기 위해 알아야 하는 내용, 즉 평가의 목적, 바람직한 평가 방법, 평가 과정의 각 단계에서 교사가 완수해야 하는 업무에 대해 상세히 살펴보고자 한다. 2019 개정 누리과정에 따른 유아 평가 지침은 아직 마련되지 않았으나 서울특별시 유아교육진흥원이 제시한 제5주기 유치원 평가의 <유아중심 교육과정 및 방과후 과정> 영역의 2번째 평가지표인 [유아, 교육과정 평가 및 환류] 지표의 4가지 평가항목 중 '교사는 유치원 일과 운영 전반에 나타난 유아의 흥미와 놀이 모습에 근거하여 유아의 변화 및 특성, 발달 상황을 포괄적으로 파악한다.'라는 평가항목이 유아평가와 관련된다. 구체적 평가 지침이 없는 상황이므로 유아 평가에 관한 일반적인 내용을 중심으로 서술하면 다음과 같다.

1) 유아 평가의 목적

지금까지 살펴본 다양한 유형의 평가는 일정 기간이 경과한 후 성과를 파악하기 위한 목적으로 주로 실시되지만 유아를 대상으로 하는 평가는 다음과 같은 다양한 목적을 위해 실시된다(김희진, 2006; 김희진, 박은혜, 이지현, 2011).

- 유치원 교육을 받은 후 유아가 어떤 영역에서 어느 정도 발전하였는지 파악하는 목적으로 평가를 실시한다. 이 목적을 위해서는 6개월 또는 1년간의 발전 추이를 살펴본다.
- 놀이와 활동을 통해 구현되는 교육과정의 수준을 정교화하는 목적으로 평가를 실시한다.
- 교육 환경이나 교육 활동을 개선하기 위한 목적으로 평가를 실시한다. 교사가 조성한 교육 환경이나 계획한 놀이 및 활동에 대한 유아의 반응을 평가하면 어떤

측면의 개선이 필요한지 파악할 수 있다.

- 가족과의 유대와 협력을 강화하는 목적으로 평가를 실시한다. 수시로 실시하는 유아 평가를 토대로 가족과 의사소통하면서 어떻게 가족과 유치원이 협력하여 유아를 위한 최선의 지원을 할 수 있을지에 대한 방향을 설정할 수 있다.

2) 유아 평가의 과정

유아 평가를 효율적으로 하기 위해서는 평가의 시작부터 끝까지 이어지는 다양한 과정을 성실히 밟아가야 한다. 유아 평가를 위한 과정을 간단히 정리하며 다음과 같다.

평가 준거 결정 ⇨ 자료 수집 시기 결정 ⇨ 자료 수집 맥락 결정 ⇨
자료 수집 방법 결정 ⇨ 수집된 자료 정리 ⇨ 종합 평가 ⇨
평가보고서 작성 및 기록 ⇨ 평가 결과의 활용

(1) 어떤 준거를 기준으로 평가할지 결정하는 단계

평가란 특정 준거를 설정한 후 어느 정도의 수준에서 그 준거에 도달하였는지를 판단하는 것이므로 가장 먼저 할 일은 평가할 준거를 결정하는 것이다. 2019 개정 누리과정 영역의 예를 제시하면 다음과 같다.

표 10-6 | 2019 개정 누리과정을 통해 교육받은 유아를 평가할 수 있는 준거

영역	내용범주	준거
신체운동·건강	신체활동 즐기기	1. 신체를 인식하고 움직이기
		2. 신체 움직임 조절하기
		3. 기초적인 이동운동, 제자리 운동, 도구를 이용한 운동하기
		4. 실내외 신체활동에 자발적으로 참여하기
	건강하게 생활하기	5. 자신의 몸과 주변을 깨끗이 하기
		6. 몸에 좋은 음식에 관심을 갖고 바른 태도로 즐겁게 먹기
		7. 일과에서 적당한 휴식 취하기
		8. 질병을 예방하는 방법 알고 실천하기
	안전하게 생활하기	9. 일상에서 안전하게 놀이하고 생활하기
		10. TV, 컴퓨터, 스마트 폰을 바르게 사용하기
		11. 교통안전 규칙 지키기
		12. 안전사고, 화재, 재난, 학대, 유괴 등에 대처하는 방법 경험하기
의사소통	듣기와 말하기	1. 말이나 이야기 관심있게 듣기
		2. 자신의 경험, 느낌, 생각을 말하기
		3. 상황에 적절한 단어 사용하여 말하기
		4. 상대방이 하는 이야기 듣고 관련해서 말하기
		5. 바른 태도로 듣고 말하기
		6. 고운말 사용하기
	읽기와 쓰기에 관심가지기	7. 말과 글의 관계에 관심가지기
		8. 주변의 상징, 글자 등의 읽기에 관심가지기
		9. 자신의 생각을 글자와 비슷한 형태로 표현하기
	책과 이야기 즐기기	10. 책에 관심가지고 상상 즐기기
		11. 동화, 동시에서 말의 재미 느끼기
		12. 말놀이와 이야기 짓기 즐기기
사회관계	나를 알고 존중하기	1. 나를 알고 소중히 여기기
		2. 나의 감정알고 상황에 맞게 표현하기
		3. 내가 할 수 있는 것 스스로 하기
	더불어 생활하기	4. 가족의 의미알고 화목하게 지내기
		5. 친구와 도우며 사이좋게 지내기
		6. 친구와의 갈등을 긍정적인 방법으로 해결하기
		7. 서로 다른 감정, 생각, 행동 존중하기

영역	내용범주	준거
사회관계	더불어 생활하기	8. 친구와 어른께 예의바르게 행동하기
		9. 약속과 규칙의 필요성을 알고 지키기
	사회에 관심 가지기	10. 내가 사는 곳에 대해 궁금한 것 알아보기
		11. 우리나라에 대해 자부심 가지기
		12. 다양한 문화에 관심 가지기
예술경험	아름다움 찾아보기	1. 자연과 생활에서 아름다움 느끼고 즐기기
		2. 예술적 요소에 관심 갖고 찾아보기
	창의적으로 표현하기	3. 노래 즐겨 부르기
		4. 신체, 사물, 악기로 간단한 소리와 리듬 만들어 보기
		5. 다양한 미술재료와 도구로 자신의 생각과 느낌 표현하기
		6. 극놀이로 경험이나 이야기 표현하기
	예술 감상하기	7. 다양한 예술 감상하며 상상하기를 즐기기
		8. 서로 다른 예술 표현 존중하기
		9. 우리나라 전통 예술에 관심 갖고 친숙해지기
자연탐구	탐구과정 즐기기	1. 주변 세계와 자연에 호기심 갖기
		2. 궁금한 것을 탐구하는 과정에 즐겁게 참여하기
		3. 탐구과정에서 서로 다른 생각에 관심 갖기
	생활속에서 탐구하기	4. 물체의 특성과 변화를 다양한 방법으로 탐색하기
		5. 물체를 세어 수량 알아보기
		6. 물체의 위치와 방향, 모양을 알고 구별하기
		7. 일생에서 길이, 무게 등의 속성 비교하기
		8. 주변에서 반복되는 규칙 찾기
		9. 일상에서 모든 자료를 기준에 따라 분류하기
		10. 도구와 기계에 대해 관심 갖기
	자연과 더불어 살기	11. 주변의 동식물에 관심 갖기
		12. 생명과 자연환경을 소중히 여기기
		13. 날씨와 계절의 변화를 생활과 관련 짓기

2019 개정 누리과정에서는 각 준거별로 유아를 평가하기 보다는 놀이와 활동, 그리고 일상생활을 통해 누리과정 영역별 목표와 내용이 통합적으로 달성되었는지를 평가하는 것을 강조하고 있다. 또한, 이를 통해 2019 개정 누리과정에서 추구하는 인간상이 궁극적으로 달성되었는지 확인할 것을 제안하고 있다.

(2) 평가를 위한 자료 수집 시기를 결정하는 단계

평가를 위한 자료 수집은 평가 기간 초반에 이루어지는 진단평가, 평가 기간 내내 이루어지는 형성평가, 평가 기간 후반에 이루어지는 총괄평가로 나누어 진행할 수 있다.

① 진단평가

진단평가는 유아를 위한 교육 프로그램을 제공하기 전인 학기 초에 유아의 수준을 파악하기 위한 목적으로 이루어진다. 현재의 상태를 진단함으로써 어떤 수준의 교육 프로그램을 제공해야 하는지 파악할 수 있고, 평가 기간이 종료되었을 때 어느 정도의 발전이 이루어졌는지 파악할 수 있다. 학기 초는 유아가 평상시와 다르게 행동하는 경우가 많기 때문에 정확한 수준을 파악하기 어렵다. 학기 초의 진단평가는 표준화된 도구를 사용하기보다는 전 해에 가르쳤던 교사가 평가한 기록(예: 생활기록부), 부모가 작성한 서류(예: 입원 원서나 생활환경조사서), 또는 학기 초에 이루어지는 부모 면담 자료를 가지고 간단히 실시하는 것이 일반적이다.

② 형성평가

형성평가는 유아의 수준을 파악할 수 있는 자료 수집이 가능할 때 학기 중 수시로 실시하는 평가이다. 형성평가는 현재의 유아 수준이나 지원이 필요한 분야를 파악하여 즉각적인 지원을 제공하거나 교육과정 개선을 위해 반영하는 데 매우 유용하다. 다음의 예는 교사가 주의 집중으로 스트레칭을 실시하면서 '누리과정> 자연탐구> 물체의 위치와 방향, 모양을 알고 구별한다.'에 대한 형성평가를 실시한 예이다. 형성평가를 통해 교사는 각 유아의 방향 개념 형성 정도를 파악하고 교육과정 개선에 반영할 계획을 수립하였다.

예시 10-1 | 형성 평가를 통한 유아의 수준 파악과 교육과정에의 반영

방향	항목: 자연탐구 41. 위치와 방향, 모양을 알고 구별하기 중 좌우/상하/앞뒤 구별하기 일시: ○월 ○일 관찰 장면: 스트레칭 〈 일화기록 〉  • 원하는 유아만 둥글게 앉아 교사의 안내에 따라 스트레칭함 • 위로/아래로의 지시: 모든 유아가 이해함 • 앞으로/뒤로의 지시: 모든 유아가 이해함 • 왼쪽/오른쪽의 지시: – 교사 시범 없이도 이해하는 유아 ○○○, XXX – 교사 기준으로 시범 보여도 이해하는 유아 △△△ – 유아 기준으로 시범 보여야 이해하는 유아 □□□
평가	위/아래와 앞/뒤는 모든 유아가 이해하나 왼쪽/오른쪽은 1/3 정도의 유아만 완전히 이해
교수 지원	• 스트레칭 시간, 집단별로 이동시키는 시간, 발표 시 손들게 하는 시간, 게임 및 율동 시간 등을 활용하여 왼쪽과 오른쪽을 이해 못 하는 유아가 방향에 대한 지시어를 듣고 실행할 기회를 제공하여야 함 • 최종 단계에서는 상대와 자신의 좌우가 다르다는 것을 이해할 수 있게 함

출처: [김희진(2008). 「만 3, 4, 5세 유아를 위한 효과적인 교수-학습 방법: 무엇이 어떻게 다른가?」. 사단법인 대한어린이교육협회 하계 교사 연수.]를 재구성함

③ 총괄평가

총괄평가는 평가기간 종료 시점에 그동안 수집한 자료를 모두 검토한 후 각 유아에 대한 종합적인 평가를 하는 것이다. 총괄평가를 통해 일정 기간 동안 교육한 후 어느 정도 발전이 있었는지, 평가한 모든 준거에서 발전이 있었는지, 있었다면 어느 정도 있었는지 또는 발달 또는 발전의 정도가 준거에 따라 다르지 않는지를 파악할 수 있다. 총괄평가를 근거로 각 유아를 위한 추후 지원 계획을 수립한 후 가정 또는 내년에 유아를 지도할 교사와 협력 방안을 논의할 수 있다.

활동

다음은 만 5세 남아가 급식 시간에 젓가락을 사용하는 장면이다. 이 유아에 대해 평가할 수 있는 항목을 나열하고, 평가를 하고, 어떻게 교수지원을 할 수 있을지 생각해 보자.

일시: ○월 ○일(2학기)
관찰 장면 : 급식

	평가할 수 있는 항목: (〈표 10-4〉에서 2개 이상 찾아 적기) – – –
	평가할 항목에 대한 평가 (위에 적은 항목에 대한 평가를 기록함) – – –
교수 지원	교수 지원을 위한 계획을 평가에 기초해 기록함 – – –

출처: 김희진(2008). 「만 3, 4, 5세 유아를 위한 효과적인 교수-학습 방법: 무엇이 어떻게 다른가?」. 사단법인 대한어린이교육협회 하계 교사 연수.

(3) 평가를 위한 자료 수집 맥락을 결정하는 단계

어떤 평가 준거는 다양한 맥락에서 그 준거와 관련된 자료 수집이 가능하지만, 어떤 평가 준거는 특정한 맥락에서 그 준거와 관련된 자료 수집이 더 용이한 경우가 있다. 따라서 교사는 어떤 준거를 언제 어떤 맥락에서 수집할 수 있는지를 고려하여 자료 수집 계획을 한다. 다음의 예는 교사가 놀이와 활동 맥락에서 2019 개정 누리과정 > 자연탐구 > 생활 속에서 탐구하기 > '물체를 세어 수량을 알아본다.', '물체의 위치와 방향, 모양을 알고 구별한다.', '일상에서 길이, 무게 등의 속성을 비교한다.', '주변에서 반복되는 규칙을 찾는다.', '일상에서 모은 자료를 기준에 따라 분류한다.'의 내용에 대한 자료를 1학기 동안 수집할 계획을 수립한 것이다. 유치원 교육과정을 전개하면서 실시하는 활동은 유아의 관심에 따라 융통성 있게 전개되기 때문에 계획대로 항상 자료가 수집되는 것은 아니다. 그러나 어떤 맥락에서 자료를 수집할 수 있을지 미리 생각해 보는 것은 효율적이고 정확한 자료 수집에 도움이 된다.

유아에 대한 정확한 평가를 할 수 있는 정보는 계획하지 않은 시간과 맥락에서 수집될 수 있다. 예를 들면, 미리 계획하지는 않았어도 놀이나 활동 시간에 '안전하게 생활하기' 준거를 평가할 수 있는 장면(예: 활동실에 넘어져 있는 의자를 바로 세워 책상에 넣은 경우는 자신과 또래의 안전한 놀이를 고려한 행동이므로 평가 자료로서의 가치가 있음)을 포착하였다면 평가 자료의 가치가 높으므로 수집한다.

(4) 평가를 위한 자료 수집 방법을 결정하는 단계

유아를 평가할 자료를 수집할 수 있는 방법은 다양하나 관찰을 통한 자료 수집이 가장 바람직하다. 다양한 관찰 방법 중 교사가 수업을 진행하면서 관찰하기 어려운 표본식 기술법(유아가 한 모든 말과 행동을 그대로 옮겨야 하는 것이므로 교사가 사용하기 어려움)과 시간 표집법(10초 또는 30초 같이 일정한 시간 단위로 유아를 지속적으로 관찰하여야 하는 것이므로 교사가 사용하기 어려움)은 제외하고 일화기록, 체크리스트 또는 사건 표집법, 평정 척도법에 대해 간단히 알아보고자 한다(김희진 외, 2011; Billman & Sherman, 2008; Carr, 2001; Fiore, 2012; Genishi, 1992; McAfee, 2004; Mortimer, 2001; Wortham, 2011).

① 일화기록

일화기록은 한 가지 사건에 초점을 맞추어 가능하면 6하 원칙으로 기록하는 관찰 방법이다. 일화기록은 미리 계획한 후 관찰하고자 한 사건이 발생할 때 기록하기도 하고, 미리 계획하지는 않았지만 특정 준거를 평가하기에 적절한 사건이 발생하면 기록하기도 한다. 교육 현장에서 많이 쓰는 유아관찰일지를 일화기록과 같은 것으로 인식하는 경우가 있으나 유아관찰일지는 교사가 관찰한 다양한 것을 체계 없이 기록

하는 것이고 일화기록은 평가에 유용한 정보를 담은 하나의 사건에 초점을 두고 체계적으로 기록한다는 측면에서 차이가 있다. 유아관찰일지는 평가에 필요한 상세한 정보가 누락된 경우가 많기 때문에 평가 자료로서의 가치가 낮을 수 있다. 다음의 예는 유아관찰일지와 일화기록을 비교한 것이다.

예시 10-2 | 유아관찰일지와 일화기록

	유아관찰일지	일화기록
기록	○○는 등원하면서 뛰어와서 교사 등을 치면서 와~' 하고 놀라게 함. 친구 2~3명에게도 같은 방식으로 놀라게 함. 자유놀이 시간에 이 놀이 저 놀이 영역을 돌아다니며 다양하게 놀이함. 치우기 시간에는 열심히 치우다가 노래를 부름. 오전 중에 있었던 율동과 이야기 나누기 중 율동에는 잘 참여했으나 이야기 나누기는 싫어함	관찰장면: 언어 영역 기록: ○○는 언어 영역에서 자신이 좋아하는 탈것과 관련된 그림책을 책꽂이에서 꺼냈다. ○○은 언어 영역 매트에 앉아 혼자서 그림책을 보았다. 그림책을 위와 아래를 바르게 하여 무릎 위에 놓고 양손으로 책의 양옆 가장자리를 가볍게 잡았다. 그림책의 그림(소방차)을 보며 "애앵애앵 불자동차가 불을 끄러 갑니다." 하고 말한 후 책장을 한 장 넘겼고, 다시 그림책의 그림(트럭)을 보며 "덜컹덜컹 트럭, 짐을 싣고 가고 있어요."하고 말하였다.
평가 정보	• 등원부터 점심까지 3시간에 걸친 단편적인 행동만 나열된 관찰일지이기 때문에 평가 자료로서의 가치가 낮음 • 교사나 또래를 놀라게 한 것이 발달 또는 교육과정 영역을 기준으로 평가할 때 어떤 의미가 있는지 분명하지 않고, 자유놀이 시간에 다양한 놀이를 한 것은 알 수 있으나 어떤 영역에서 어떤 수준의 놀이를 누구와 했는지에 대한 정보를 주지 못함 • 율동과 이야기 나누기에 대한 호불호는 파악할 수 있으나 잘 참여했다는 것과 싫어했다는 것이 어떤 의미인지 분명하지 않음	평가 영역: 신체운동·건강, 의사소통, 자연탐구 요약: 1) 신체운동·건강 • 소근육 발달로 책장을 한 장씩 넘길 수 있음 2) 의사소통 • 그림을 보며 그림에 관한 단어나 문장을 말할 수 있음 • 단어를 순서대로 배열하여 문장의 어법에 맞게 말할 수 있음 • 좋아하는 책을 선택할 수 있음 • 읽는 시늉을 함 • 바른 방법으로 책을 들고 봄 • 앞에서 뒤로 책을 넘김. • 의성어나 의태어가 반복되는 말하기를 즐김 3) 자연탐구 • 그림을 보고 상상하여 이야기 만들기를 즐김 • 읽어 준 그림책의 내용을 기억하여 말함

일화기록 방법을 효율적으로 사용하기 위해서는 평가 정보로서의 가치가 있는 일화가 발생하면 언제나 기록할 수 있도록 일화기록 서식과 필기도구 또는 디지털 카메라나 소형 녹음기를 비치한다. 교사로서의 역할을 수행하면서 실제 수업 중 위의 예시에 제시된 것과 같은 수준으로 상세히 기록하는 것은 불가능하므로, 수업 후 기록할 때 기억을 되살리는 데 도움이 될 수 있도록 핵심어나 맥락을 간단히 기록하거나 사진을 찍어 남기거나 녹음을 해 두면 효율적이다.

② 체크리스트와 사건 표집법

체크리스트와 사건 표집법 모두 관찰하기를 원하는 사건이 일어났을 때 표시하는 관찰 방법이다. 체크리스트는 관찰하기를 원하는 사건의 발생 여부(또는 유무)만 파악할 수 있는 반면, 사건 표집법은 사건의 발생 빈도까지 기록하는 것이기 때문에 더 상세한 정보를 얻을 수 있다. 다음의 예는 동일한 사건에 대한 관찰을 체크리스트와 사건 표집법으로 기록한 것이다. 교사는 아래의 예와 같이 평가하고자 하는 지표를 가장 잘 파악할 수 있는 항목을 체크리스트 또는 사건 표집법으로 만들어 관찰한 후 기록할 수 있다.

예시 10-3 | 체크리스트와 사건 표집법

체크리스트

오전 놀이 1시간 동안 각 유아가 4가지 종류의 친사회적 행동을 한 번이라도 하면 체크(∨)함.

	돕기	나누기	협동하기	양보하기
김ㅇㅇ	∨	∨	∨	∨
이ㅇㅇ		∨		∨
박ㅇㅇ				

김ㅇㅇ는 모든 유형의 친사회적 행동을 함
이ㅇㅇ는 나누거나 양보하는 유형의 친사회적 행동을 함
박ㅇㅇ는 친사회적 행동을 전혀 하지 않음

사건 표집법

오전 놀이 1시간 동안 각 유아가 4가지 종류의 친사회적 행동을 할 때마다 체크(∨)함.

	돕기	나누기	협동하기	양보하기	총
김ㅇㅇ	∨∨	∨∨∨	∨∨	∨∨	9
이ㅇㅇ		∨		∨	2
박ㅇㅇ					0

김ㅇㅇ는 모든 유형의 친사회적 행동을 빈번히 함
이ㅇㅇ는 나누거나 양보하는 유형의 친사회적 행동을 하나 빈도는 낮은 편임
박ㅇㅇ는 친사회적 행동을 전혀 하지 않음

활동

하나의 항목(예: 안전하게 놀이하기)을 선택하여 어떤 측면을 평가할 수 있는지 생각한 후 체크리스트와 사전 표집법으로 기록할 수 있는 서식을 만들어 보자.

③ 평정 척도법

평정 척도법은 유아의 행동, 말, 태도 등을 관찰한 후 질적 또는 양적 정도를 숫자로 표시하는 방법이다. 정도를 표시할 때는 숫자평정척도와 기술평정척도의 두 가지 방식 중 하나를 사용한다. 숫자평정척도는 연속성 있는 숫자(예: 1-3, 1-4, 1-5, 1-7)로 정도를 표시하는데 낮은 숫자에 높은 수준의 특성을 부여(예: 1=매우 잘함, 3=보통, 5=매우 못함)하기도 하고 반대로 높은 숫자에 높은 수준의 특성을 부여(예: 1=매우 못함, 3=보통, 5=매우 잘함)하기도 한다. 숫자평정척도로 표시하는 숫자의 정도는 평가자의 개인적 기준에 따라 달라질 수 있다. 예를 들면, 유아의 행동을 두 명의 교사가 동시에 관찰해도 한 교사는 4점으로 다른 교사는 5점으로 평가할 수 있다. 학급에서 한 명의 교사가 평가할 때는 각 유아를 평가할 때 기준이 달라지지 않도록 유의하고, 두 명 이상의 교사가 함께 평가할 때는 교사 간의 눈, 즉 기준을 유사하게 마련하는 작업을 할 필요가 있다.

기술평정척도는 척도를 개발자가 각 숫자의 의미가 무엇인지를 미리 기술한 척도를 의미한다. 교사가 사용하도록 개발된 대표적인 숫자평정척도는 유아교육진흥원(2012)에서 개발한 5세 누리과정 유아관찰 척도이다. 다음의 예는 동일한 준거에 대한 평가를 숫자평정척도와 기술평정척도로 기록한 것이다.

예시 10-4 | 숫자평정척도와 기술평정척도

<table>
<tr><th>숫자평정척도</th><th>기술평정척도</th></tr>
<tr><td>2019 개정 누리과정 신체운동·건강 영역의 '몸에 좋은 음식에 관심을 갖고 바른태도로 즐겁게 먹기'를 평가하기 위해 교사가 다양한 맥락에서 관찰한 후 어느 정도 바른 식생활하기를 할 수 있는지 5점 척도로 평가함

교사는 바른 식생활하기에는 '잘 먹는 것'과 '골고루 먹기' 기준 이외에도 '즐겁게 먹기', '바른 식습관 유지하기', '먹기 전과 후 정리하기' 등의 기준이 추가되어야 한다고 생각하여 더 다양한 사항을 고려하여 포괄적으로 평가함

(1=매우 미흡함; 2=미흡함; 3=보통; 4=우수함; 5=매우 우수함)</td><td>프로그램 개발자는 각 숫자가 의미하는 정도를 다음과 같이 규정함

1=음식을 잘 먹지 않는다.
2=음식을 골고루 먹지 않는다.
3=음식을 골고루 먹지만 스스로 먹는 양을 조절하기 어렵다.
4=적당량의 음식을 골고루 먹는다.</td></tr>
</table>

	1	2	3	4	5
김○○					
이○○					
박○○					

	1	2	3	4
김○○				
이○○				
박○○				

활동

하나의 항목(예: 나를 소중히 여기기)을 선택하여 관찰한 후 숫자평정척도와 기술평정척도로 기록할 수 있는 서식을 만들어 보자.

(5) 평가를 위해 수집된 자료를 정리하는 단계

수집한 자료의 정리는 자료를 수집하면서 동시에 진행하여야 한다. 자료를 수집만 하고 정리하지 않으면 너무 방대한 자료가 쌓여 학기 말에 제대로 정리하고 분석할 수 없기 때문이다. 평가를 위해 수집하는 자료에는 관찰을 통해 교사가 수집한 자료 이외에도 유아의 작업 결과물, 유아가 읽은 책 목록, 유아가 활동하는 것을 찍은 사진, 유아에 관한 음성 또는 동영상 파일 등이 포함될 수 있다.

수집한 자료를 정리하는 방법은 다양하나 교사가 흔히 사용하는 방법이 포트폴리오이다. 포트폴리오를 잘 활용하기 위해서는 어떻게 포트폴리오를 구성할지 학기 초에 미리 계획해야 한다. 포트폴리오는 영역 또는 시간의 경과를 기준으로 목차를 정할 수 있다. 다음의 예는 평가 준거의 영역을 상위 기준으로 해서 목차를 작성한 것과 시간의 경과를 상위 기준으로 해서 목차를 작성한 것이다. 영역을 상위 기준으로 하면 영역별 자료가 함께 정리되기 때문에 영역에 대한 종합평가를 하기 쉽고, 시간을 상위 기준으로 하면 시간의 순서대로 자료가 정리되기 때문에 시간의 변화에 따른 추이를 파악하기 쉽다.

예시 10-5 | 포트폴리오로 평가할 자료를 정리하는 방법

	영역을 상위 기준으로 할 때	시간의 흐름을 상위 기준으로 할 때
목차	1. 영역 1(예: 신체운동·건강 영역) 1) 1학기 2) 2학기 2. 영역 2 1) 1학기 2) 2학기 . . . 같은 방식으로 계속함.	1. 1학기 1) 영역 1 2) 영역 2 . . . 같은 방식으로 계속함. 2. 2학기 1) 영역 1 2) 영역 2 . . . 같은 방식으로 계속함.
공통 유의사항	• 유아의 작업 표본이 포함되도록 한다. • 특히 유아의 작업 표본을 포함시킬 때는 유아가 선택하도록 한다. • 자료를 수집한 날짜를 반드시 기록한다. • 포트폴리오에 포함되는 자료에 대한 교사 또는 유아의 생각이나 코멘트, 또는 조언을 함께 기록할 수 있다.	

(6) 수집된 자료를 기초로 종합 평가하는 단계

수집한 모든 자료를 검토한 후 각 유아가 평가 영역별 또는 시기별로 어떻게 발전해 왔는지 종합하여 평가한다. 종합하여 평가할 때는 첫째, 마지막 시점의 유아의 발달이나 학습 상황에 초점을 두기보다는 1년 동안의 변화에 초점을 두어 평가하고, 둘째, 다양한 평가 영역 간의 비교가 가능하도록 평가하고, 셋째, 평가 영역 내의 하위 영역 간 비교도 가능하도록 평가한다.

다음은 유아교육진흥원(2014)에서 개발한 5세 누리과정 유아 관찰 척도를 사용한 후 평가 영역별 추이와 시기별 추이를 동시에 살필 수 있는 그래프이다. 그래프 하단에는 영역이 표시되어 있고, 좌측과 우측에는 각 영역별로 1수준부터 4수준의 평가를 받았을 때의 위치가 표시되어 있고, 2개의 선 중 아랫선은 1학기의 평가를 윗선은 2학기의 평가를 나타낸다.

예시 10-6 | 평가 영역별 시기별 추이를 나타낼 수 있는 그래프

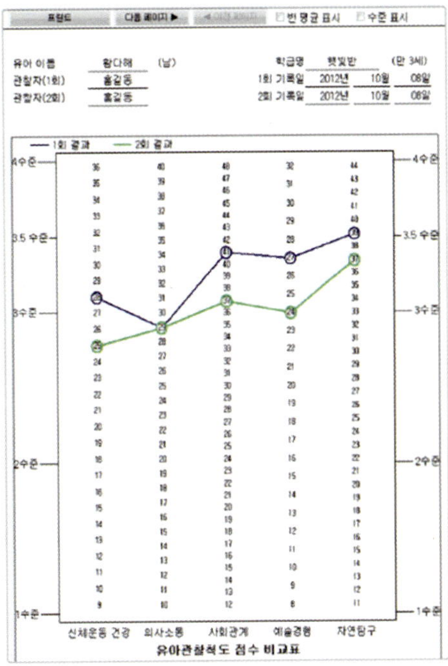

(7) 평가한 결과에 대한 보고서를 작성하여 기록하는 단계

평가한 결과에 대한 보고서를 작성하여 기록하는 단계에서는 평가보고서를 별도로 작성하기보다는 생활기록부에 기록할 수 있다. 생활기록부는 「유아교육법」 제14조에 근거하여 고시한 [유치원생활기록부 작성 및 관리지침](고시 제 2020-230호, 2020.07.15. 일부 개정)에 따라 전자기록생산시스템을 통해 전자적으로 생산·관리하도록 되어 있다. 생활기록부는 매 학년이 종료된 후 당해 학년도 담임교사가 작성하고, 총괄교사 혹은 원감이 수합하여 업무관리시스템에서 생활기록부 기안을 작성한 후 반별 생활기록부 작성 서식을 붙임문서로 첨부하여 결재한다. 정정 사항이 발생했을 경우에는 그 다음 해 담임교사가 정정대장을 작성하고 수정 후 절차에 따라 처리한다. 생활기록부는 유아의 보호자나 상급 학교의 장이 요청할 때 보호자의 동의를 얻어 출력 송부할 수 있기 때문에 교육의 연계성 유지에도 기여할 수 있다.

생활기록부에는 6가지 사항(인적사항, 학적사항, 출결상황, 신체발달상황, 건강검진, 유아발달상황)을 기록하도록 되어 있는데, 유아발달상황 기록란에 총괄평가의 결과를 기록할 수 있다. 생활기록부 서식은 다음과 같다.

예시 10-7 | 유치원생활기록부

[별지 제1호서식]

유치원생활기록부

구분 \ 연령	3세	4세	5세
수료 · 졸업대장번호	20 -	20 -	20 -
반			
담임 성명			

사 진 (3.5㎝×4.5㎝)

1. 인적사항

성명		성별		생년월일	
주소					

가족상황	구분 \ 관계	부	모
	성명		
	생년월일		

2. 학적사항

연, 월, 일 \ 구분	내 용	특기사항
20 . . .	유치원 세 입학	
	※ *이하 빈칸은 학적변동에 따라 추가 가능*	
졸업 후의 상황		

3. 출결상황

연령 \ 구분	수업일수	출석일수	결석일수	특기사항
3세				
4세				
5세				

4. 신체발달상황

연령 \ 구분	검사일	키(cm)	몸무게(kg)
3세	20 . . .		
4세	20 . . .		
5세	20 . . .		

5. 건강검진

연령＼구분	검사일	검진기관	특기사항
3세	20　.　.　.		
4세	20　.　.　.		
5세	20　.　.　.		

6. 유아발달상황 (성명 :   )

연령	발달상황
3세	
4세	
5세	

출처: 교육과학기술부, 서울시교육청(2020). 2020 유치원생활기록부 기재요령.

(8) 평가한 결과를 활용하는 단계

평가한 결과는 크게 세 가지로 활용할 수 있다. 첫째, 유아에 대한 평가 결과를 개별 유아의 발달, 진보, 학습을 위한 계획을 수립하는 데 활용할 수 있다. 둘째, 교육과정을 개선하는 데 활용할 수 있다. 특히 교육과정을 준거로 평가했을 때는 각 유아가 교육 목표를 달성했는지 뿐만 아니라 교사가 교육과정을 운영한 방식, 선정한 교육 내용, 실시한 교육 활동, 사용한 교수 전략이 효율적이었는지도 평가할 수 있기 때문에 교육과정 개선에 활용할 수 있다. 셋째, 가족과의 협력을 증진하는 데 활용할 수 있다. 개별 영유아를 평가한 결과를 일상적 또는 정기적인 의사소통과 면담을 통해 공유함으로써 가족과의 협력과 연계가 증진될 수 있다.

제11장에서 학습할 내용은 다음과 같다.

1. 학부모 관리를 위한 교사의 역할을 이해하고 바람직한 관리 방법을 알아본다.
2. 유치원의 여러 구성원과 원만한 관계를 형성하고 관리하는 방법을 알아본다.
3. 유치원의 행정 실무 내용과 방법에 대한 기초 지식을 안다.
4. 유치원에서 시행하는 문서 및 행정적 실무 절차의 구체적인 방법을 경험해 본다.

교원의 역량

- 인성과 사명감 및 윤리의식
- 평가에 대한 이해 및 실행
- 학습자의 특성 및 문화에 대한 이해
- ✓ 공동체와의 협력 및 의사소통
- 교육과정에 대한 이해 및 실행
- 학급운영
- 교수-학습과정에 대한 이해 및 실행
- ✓ 전문성 발달

제 11 장

유치원의 행정실무 관리

**유치원 모든 구성원 간의 신뢰로운 관계 형성은
유치원 교육 목표의 효과적 달성을 위한 핵심 요소이며,
유치원의 행정실무 업무는 교육활동을 지원하고,
원활한 학급운영과 원운영 및 관리를 위해 필요한 영역이다.**

전문성을 가진 교사는

- 학부모가 올바른 유아교육을 위한 훌륭한 파트너임을 인식하기 때문에 지속적이고 신뢰로운 관계 형성을 위해 노력한다.
- 유치원 구성원과 긍정적이고 원만한 관계를 맺음으로써 효과적인 교육 활동이 이루어질 수 있도록 노력한다.
- 행정실무 업무 각 영역의 수행 방법과 절차를 잘 알고 있다.
- 행정실무 업무를 스스로 효율적으로 실행할 수 있다.

전문성이 없는 교사는

- 교육의 주체로서의 학부모 역할을 중요하게 여기지 않는다.
- 유치원 구성원과의 바람직한 관계가 전체 유치원의 교육 목표 달성에 미치는 영향을 소홀히 여긴다.
- 행정실무 업무 각 영역의 수행 방법과 절차에 대해서 제대로 알지 못한다.
- 행정실무 업무를 다른 사람의 도움을 받아야만 제대로 실행할 수 있다.

다른 유아의 실명 거론으로 발생한 학부모 간 다툼

K유치원의 L교사는 학부모와의 상담 중 무심결에 다른 유아의 이름을 이야기했다가 호된 경험을 했다. 부모 간의 싸움의 원인을 제공하게 됨으로 학부모의 원망을 사야 했기 때문이다. 한참 전국적으로 머릿니가 유행하던 때 A유아의 학부모가 자신의 자녀가 머릿니가 생겼다며 교사와 상담하던 중 L교사가 무심결에 "얼마 전에 B도 머릿니가 생겨서 고생했는데 요즘 유행인가 봐요." 하고 말한 것이 화근이 되었다. 마침 유아 A와 B의 학부모는 같은 아파트에 살면서 서로 알고 지내던 사이였는데, A유아의 학부모는 B학부모에게 전화해서 'B때문에 우리 아이가 머릿니가 생겼다. 머릿니가 있을 때 왜 유치원에 보냈느냐. 부모가 자녀 관리에 너무 소홀하다.'며 따졌고 이것이 감정싸움이 된 것이다. L교사는 일이 이렇게 확대되어 매우 난감하였고 이를 수습하느라 애를 먹었다.

행정업무를 혼자서 제대로 처리하지 못하고 다른 교사의 도움을 받아야 하는 신입교사

S유치원의 교사 K는 새로 임용된 신입교사이다. 대학에서 유아교육을 전공하는 과정이나 교생실습을 할 때도 주로 유아를 가르치는 교수학습 관련 내용이나 유아생활 지도에 관한 내용을 교육받아서 교사로 임용된 후 시행하게 되는 행정적인 업무를 처리할 때마다 늘 어려움을 겪고 있다. K교사는 출석부를 정리할 때도 사고 보고서를 작성할 때도 공문을 접수하거나 발송할 때 등 행정 업무를 처리하는 과정에서 경력교사에게 수시로 물어가며 처리하고 있다. 경력교사가 K에게 조언해 주기는 하지만 K교사도 매번 선배에게 물어 가며 업무를 처리해야 한다는 점이 매우 부담스러웠다. K는 교사로서 유아만 잘 가르치면 된다고 생각하고 있었는데 막상 교사가 되어보니 유아를 교육하는 것뿐만 아니라 문서나, 공문 등 여러 가지 행정적인 업무도 처리할 수 있어야 한다는 현실을 깨닫게 되었다.

제11장

유치원의 행정 실무 관리

1. 유치원의 인력관리

1) 유치원운영위원회

유치원운영위원회는 유치원 운영에 대한 학부모, 교원의 공식적 참여 통로로서 유치원 운영의 민주성·합리성·투명성을 제고하고, 유치원의 자율성과 책무성을 강화하는 역할을 한다. 교육부는 2009년 11월 질 높은 유아교육 서비스 제공, 생애초기 출발점 평등 보장, 선진 유아교육 기반 마련이라는 3가지 목표를 가지고 '유아교육 선진화'를 추진하였다. 이러한 배경으로 도입된 '유치원운영위원회'는 유치원 운영의 투명성과 책무성을 강화하며, 유치원 운영에 대한 주요 사항을 교원 및 학부모가 심의 또는 자문하는 것을 목적으로 한다. 조직과 운영에 관한 유치원 규칙 개정과 운영위원회 규정의 제정 및 개정 등 준비에 관한 사항은 원장을 중심으로 이루어지지만, 이후 학부모위원과 교원위원 선출, 회의 개최와 진행, 회의록 작성과 보고 등 일련의 운영에 있어 교사의 참여가 많이 이루어지므로, 운영위원회의 기능과 운영과정 등을 잘 숙지하는 것이 필요하다.

(1) 유치원운영위원회의 기능(유아교육법 제19조의4 및 유아교육법 시행령 제22조의5 및 조례 제10조)

유치원운영위원회는 유아교육법과 유아교육법 시행령에 따라 유치원 규칙의 개정, 예산 및 결산에 관한 사항 외 유치원 운영의 다양한 사항을 의결하는 기능을 갖는다. 공립유치원은 심의기구 역할을 하고, 사립유치원은 자문기구 역할을 한다는 차이가 있으며 몇 가지 사항은 자문사항에서도 제외된다. 이를 정리한 내용은 〈표 11-1〉과 같다.

표 11-1 | 유치원운영위원회의 기능

국·공립유치원(심의기구)	사립유치원(자문기구)
1. 유치원 규칙의 제·개정에 관한 사항 2. 유치원의 예산 및 결산에 관한 사항 3. 유치원 교육과정의 운영방법에 관한 사항 4. 학부모가 부담하는 경비에 관한 사항 5. 유치원 급식에 관한 사항 6. 방과후 과정 운영에 관한 사항 7. 유치원 운영에 대한 제안 및 건의 사항 8. 교육공무원법 제29조의3제8항에 따른 공모원장의 공모 방법, 임용, 평가 등에 관한 사항 9. 교육공무원법 제31조제2항의 규정에 의한 초빙교원의 추천에 관한 사항 10. 그 밖에 대통령령, 시·도의 조례로 정하는 사항 10-1. 유아의 보건 및 안전관리에 관한 사항 10-2. 유치원규정의 제·개정 10-3. 국가 및 지방자치단체의 보조금 및 지원금 신청	아래의 사항을 제외하고 공립유치원의 기능과 같음 〈 제외되는 자문사항 〉 · 8, 9는 공립유치원에 한 함

(2) 유치원운영위원회 구성

유치원운영위원회의 구성은 유치원 교원 대표 및 학부모 대표 5~11명 이내로 구성된다. 초중등학교와 달리 지역위원은 포함되지 않는다. 유아 수 100명 미만은 5~8명으로, 100명 이상은 9~11명으로 구성된다. 구성 비율은 학부모 위원 60~70%, 교원 위원은 30~40%로 이루어진다. 학부모 위원은 학부모 전체회의에서 직접 선출하며, 위원장 및 부위원장은 운영위원회 회의를 통해 학부모 위원 중 무기명투표로 선출된다. 교원 위원은 공립유치원의 경우 교직원전체회의에서 무기명투표로 선출되며, 사립유치원의 경우는 교직원전체회의에서 추천한 자 중 원장이 위촉한다.

학부모 위원과 교원 위원을 선출하기 위해서 선거 일정 관리와 선거 사무를 총괄하는 선출관리 위원회를 구성하여 선거 공고를 하게 된다. 가정통신문, 게시판, 유치원 홈페이지 등을 통하여 선거 공고를 하고 후보자 등록을 받는다. 학부모 위원의 구성 인원을 초과할 경우에는 학부모 전체회의에서 투표를 하지만, 많은 유치원에서 오히려 인원이 미달되어 구성에 어려움을 겪기도 한다. 이런 경우 교사는 평소 유치원 운영에 관심을 갖고 있던 학부모를 파악하여 등록을 권유할 수 있으며, 가능한 전 연령에서 고르게 구성될 수 있도록 한다. 학부모 위원 입후보자 수가 위원정수와 같으면 선거 없이 무투표 당선되며, 선출 결과를 가정통신문, 게시판, 유치원 홈페이지에 안내한다.

유치원운영위원회 규정 제·개정	■ 원아 수 기준 운영위원 정수 및 구성비 확인 ■ 필요 시 유치원운영위원회 심의(자문)를 통한 유치원운영위원회 규정 개정
⇩	
유치원운영위원회 구성 계획 수립 및 선거 홍보	■ 유치원운영위원회 구성 계획 수립 ■ 가정통신문, 게시판, 홈페이지 등을 통한 선거 홍보
⇩	
선출관리위원회 구성	■ 각 시 · 도의 조례 및 각 유치원의 유치원운영위원회 규정에 의거 선출관리위원회 구성
⇩	
선거 공고 및 입후보	■ 가정통신문, 게시판, 유치원 홈페이지 등을 통한 선거 공고 ■ 후보자 등록을 위한 충분한 기한 확보
⇩	
학부모위원 및 교원위원 선출	■ 선출 방법 • (학부모위원) 학부모 전체회의에서 직접 선출 • (교원위원) – 공립유치원: 교직원 전체 회의에서 무기명 투표 – 사립유치원: 교직원 전체 회의에서 추천한 자 중 유치원의 장이 위촉
⇩	
위원장 및 부위원장 선출	■ 학부모 위원 중에서 무기명 투표로 선출
⇩	
선거 결과 홍보	■ 가정통신문, 게시판, 유치원 홈페이지 등을 통한 선거 결과 홍보

☞ 운영위원의 선출 시기 및 절차는 각 시·도의 조례 또는 유치원 규칙으로 정함

그림 11-1 | 유치원운영위원회 구성 절차

(3) 유치원운영위원회의 운영 및 활동

운영위원회 회의는 연간활동계획에 따라 정기회로 개최되는 것이 일반적이지만 안건이 발생한 경우 임시회를 소집하여 개최할 수 있다. 회의 일수 및 회기 등 회의에 대한 사항은 유치원 규정으로 정하지만, 회의는 연 4회 이상 개최하며 회의일수는 연 15일을 초과할 수 없다. 운영위원회의 회의를 개최할 때에는 가정통신문, 유치원 홈페이지 등으로 안내하여 공개를 원칙으로 하며, 회의 결과 역시 공개한다. 이때 회의록 기록 및 정리 등은 간사로 임명된 교직원이 담당하며, 간사는 원장의 추천을 거쳐 위원장이 임명한다.

교사는 운영과 관련한 통신문 작성, 게시물 작성과 부착, 유치원 홈페이지 탑재 등 일련의 과정을 숙지하여 담당 업무를 처리하며, 특히 간사로 임명된 교직원은 회의 기록 및 회의록 탑재 등에 누락이 없도록 유의한다.

운영위원회 연간활동계획은 아래의 예시와 같으나, 유치원별로 차이가 있을 수 있다.

예시 11-1 | 유치원운영위원회 연간 활동 계획

회	시기	활동 계획
1회	1월~2월	• 유치원운영위원회 규정 정비(안) • 유치원규칙 개정(안) • 유치원회계 예산(안) • 교육과정 운영계획(안) • 방과후 과정 운영계획(안) • 유치원안전계획(안) • 유치원 급식 운영 계획(안) • 현장체험학습활동계획(안)
2회	3월~4월	• 유치원회계 결산(안) • 추가경정예산(안) • 유치원 운영에 대한 제안 및 건의사항 • 지방자치단체 지원금 운영(안) • 유아학비지원금 운영(안) • 보결수업 운영(안) • 졸업앨범 제작(안)

회	시기	활동 계획
3회	7월~9월	• 추가경정예산(안) • 여름방학 중 방과후 과정 급식운영 계획(안) • 유치원 운영에 대한 제안 및 건의사항 • 원장공모 계획(안) • 유치원 교원능력개발평가관리위원회 규정(안) • 현장체험학습활동(혹은 차량 임차대금) 변경(안)
4회	11월~12월	• 추가경정예산(안) • 겨울방학 방과후 과정 급식업체 선정(안) • 초빙교사 계획(안) • 지방자치단체 지원금 운영결과 보고(안) • 입학 전형 기타 우선 순위 선정(안) • 원복, 체육복 선정(안)

2) 학부모 자원 활용

다양한 학부모 참여 활동 중에서 학부모의 자원 활용, 자원봉사자로서의 참여는 매우 적극적인 부모 참여 형태라고 볼 수 있다(이은화·김영옥, 2000). 부모의 자원 활용 및 봉사활동은 부모와 유아교육기관이 유아에게 최적의 환경을 제공하려는 공동의 목적을 위해 동반자적인 관계에서 자녀에 대한 일차적 책임자가 자신이라는 자각을 가지고 보다 적극적으로 자녀의 교육과정에 동참하려는 것을 의미한다(이기숙, 2004).

유치원에서의 부모 자원 활용과 봉사활동은 유아의 교육에 참여하는 교사와 학부모, 유아들에게 이르기까지 긍정적인 영향과 효과가 있다(박화윤·최재숙, 2002; 진영란, 2002; 이소정, 2007). 첫째, 학부모는 교사를 보조하는 활동을 통하여 유아교육에 대한 인식을 넓히게 되고 성취감과 보람을 느낄 수 있게 된다. 또한 부모 자신의 역할과 능력을 새롭게 확인할 수 있는 기회가 되기도 하며, 자녀에 대한 이해와 대화 기술, 상호작용 등을 익혀서 효율적인 부모 역할을 수행할 수 있게 된다(정성숙, 2003). 둘째, 부모가 유아교육기관의 부모 참여 프로그램에 적극적으로 참여할 때 유아는 자신과 부모를 존중하게 되고, 교사와 기관에 대하여 긍정적인 태도를 형성하게 되며 좋은 습관을 갖게 된다(Epstein, 2000). 셋째, 부모가 교사를 보조함으로써 교사 대 유아의 비율을 감소시켜 교사의 업무과다 문제점을 해결할 수 있으며(김향숙, 2000), 부모로부터 교육적 지원과 이해를 구할 수 있어서(Eldridge, 2001), 일관성 있는 교육을 할 수 있게 된다. 또한 교사로 하여금 풍부한 교육 프로그램을 제공하도록 하는 데 기여할 수 있고(조동섭 외, 2009), 교사의 업무 분담 및 부모의 적극적인 지원과 이해를 구할 수 있다는 점에서 유치원에서의 부모 자원 활용은 매우 유용하고 필요하다고 할 수 있다.

부모의 자원을 활용하는 방법은 전문지식을 활용한 봉사, 교육자료 제작, 수업 보조 교사로서의 봉사 등 다양한 형태와 방법이 있다(교과부, 2009). 신은수(2002)는 부모의 학급 보조자 활동 유형을 교실 안과 밖, 가정에서 할 수 있는 활동으로 분류하였으며, 교실의 보조자 활동을 다시 교사 보조와 유아 보호를 중심으로 하는 소극적 활동과 놀이와 활동의 지도를 담당하는 적극적 활동으로 나누었다. 김향자(2008)는 유치원 자원봉사자가 참여할 수 있는 활동을 구체적으로 보조 교사, 자원인사, 교재·교구 제작, 간식 운영 보조, 환경미화, 등원 지도, 물품 구입, 번역 및 컴퓨터 작업, 도서 관리 등으로 나누었다. 이러한 다양한 형태의 부모 자원 활용의 종류와 방법을 정리하면 다음과 같다.

(1) 수업 보조

수업 진행을 직접적으로 도와줄 수 있는 보조 교사의 역할로서 간식 보조 등의 단순한 일로부터 실내·외의 직접적인 수업 지도에 이르기까지의 역할을 할 수 있다. 수업에 보조 교사 역할을 하기 위해서는 학급 자원봉사자 연수 등의 일정한 교육을 받도록 하거나, 교사로부터 해당 활동에 대한 구체적인 지도와 도움을 받을 수 있도록 해야 한다. 구체적인 역할로는 자유선택활동의 일정 영역 지도하기, 요리활동 지도하기, 동화책 읽어주기, 견학 및 현장학습 시 보조 역할하기 등이 있다.

(2) 전문지식 활용

부모가 가진 특정 전문지식이나 자원을 활용하여 교육적인 도움을 받는 활동으로서 부모가 유치원에 직접 방문하여 도움을 주거나 유아를 지도할 수 있으며, 때로는 직접 부모의 직장을 방문하는 형태로 이루어질 수 있다(교육과학기술부, 2009). 유치원의 수업 주제와 관련하여 전문적인 지식·정보를 전달하거나 특기를 보여주고 수업에 함께 참여할 수 있다. 예를 들어 건강한 생활이나 나에 대한 주제와 관련하여 의사나 간호사 부모님, 우리 이웃에 관한 주제에는 경찰이나 소방관 등 전문적인 직업에 종사하는 부모님, 우리나라와 관련되어서는 국악기를 다루시는 분을 초빙하거나 직접 방문하여 수업에 도움을 받을 수 있다.

(3) 특별 행사 보조

유치원은 기관의 특성상 다양한 행사나 특별 활동이 많은 편이므로 이때 부모 자원을 활용하여 보조 역할을 담당하도록 할 수 있다. 특별 행사 보조 역할은 수업의 보조교사 역할과 마찬가지로 부모가 행사와 활동의 취지를 잘 이해하고, 진행 내용과 보조 역할의 구체적 방법을 알 수 있도록 사전에 충분한 도움과 설명이 있어야 한다. 행사 보조에는 알뜰바자회의 물품 분류와 판매 등의 진행 보조, 운동회의 일부 프로그램 진행, 크리스마스 행사의 산타 역할이나 성극 활동, 각종 행사의 촬영 보조 등 다양한 역할이 있다.

(4) 인력 보조 활용

부모가 인력 보조 활동은 교재 교구 제작, 도서 정리, 책 대여, 도서관 운영, 환경미화 활동, 등·하원 안전 지도 등 다양한 부분에서 유치원에 도움을 줄 수 있다. 교육자료의 제작은 부모가 손쉽게 만들 수 있는 것으로 준비하는 것이 좋으며, 수업과 가정에서 활용할 수 있도록 주 1회 제작 등 정기적인 참여 활동으로 실시하거나 운동회와 음악회 등의 소품을 제작하는 등 행사에 필요한 자료를 제작하는 데 도움을 받을 수 있다. 이 외에도 손길이 많이 필요한 유치원 실내외 환경미화, 화단 가꾸기에 자원을 받아 활용할 수 있으며, 초등학교의 녹색어머니회 활동처럼 등·하원 시의 안전지도 요원으로 도움을 받을 수 있다.

(5) 학부모 자원 활용의 실제: 학부모 자원봉사 프로그램

① 목표

- 학부모를 유치원의 교육활동에 직접 참여하게 함으로써 교육활동에 대한 이해를 돕고 공동체 의식을 고취시킨다.
- 학부모의 유치원에 대한 소속감을 향상시키며, 교사의 업무를 분담함으로써 업무부담을 줄인다.

② 활동 계획

- 학년 초 신입생 오리엔테이션 기간 중 학부모 자원봉사에 대한 안내(필요성, 내용, 방법 등)를 한다.
- 자원봉사가 필요한 교육활동과 신청에 관한 설문지를 각 가정으로 배부한다.
- 회수된 설문지를 수합하여 학부모에게 결과를 알린 후 위촉장을 전달한다.

Tip

자원봉사 활동 계획을 위한 유의점

- 우리 학급의 학부모에 대한 배경(직업, 연령 등)은 당연히 사전에 조사해야겠죠.
- 학부모의 조력 활동이 필요한 부분이 무엇인지 교사의 의견 수렴은 필수적이에요. 자칫하면 학부모가 오는 것이 오히려 부담될 수 있어요.
- 위촉장을 전달할 경우 이름의 오타가 없는지 다시 한 번 더 확인! 유아 편에 보낼 때는 구겨지지 않도록 봉투에 잘 넣어서 보내야 해요.
- 만약 신청자가 없다면 교사가 적당한 분을 선택하여 정중하게 의뢰를 할 수도 있어요. '어머님께서 매우 잘 도와주실 것 같아서…', '이 분야에 전문가시니까…', 'ㅇㅇ가(자녀 이름) 정말 자랑스럽게 생각할 것 같아요.' 등은 기분 좋은 참여를 위한 센스있는 말!
- 적정 인원보다 많은 신청자가 있을 때는 인원수를 조정해서 알리고 다음 기회에 참여 우선순위 배정 등으로 배려해 주세요.

③ 자원봉사 활동 실시

- 각 활동의 시작 일주일 전에 정확한 자원봉사 활동 설명문을 해당 학부모에게 전달한다.
- 당일 아침 일정 장소에 간단한 다과와 안내의 글을 준비한다.
- 활동 담당 교사가 자원봉사자의 구체적 역할, 주의점을 다시 한 번 설명한다.
- 활동에 참여하여 자원봉사자 역할을 한다.
- 해당 활동을 마친 후 유아들이 자원봉사자께 감사 편지(글, 그림)를 써서 보내고, 유치원에서는 자원봉사 활동에 관한 감사장을 전달한다.

Tip 자원봉사 활동 실시를 위한 유의점

- 활동의 최소 3주 전에는 다시 전화통화 등 참여 여부를 확인하여야 실수가 없습니다.
- 일부 그룹의 유아를 지도해야 하는 경우에는 유아 명단을 작성해서 드립니다. 야외 활동 시에는 목걸이 등으로 휴대할 수 있도록 코팅하여 만들어 주는 센스!
- 특별한 기구(요리 활동의 그릇 등)가 필요할 경우에는 봉사 활동 확인 전화 시 미리 부탁을 드립니다.
- 아주 간단한 봉사 활동이라도 학부모에게는 생소하거나 방법을 모르는 경우가 많답니다. 반드시 사전에 상세한 방법을 기록하여 유인물로 드리는 것은 필수에요. 그것도 아주 쉬운 말로!

④ 자원봉사 활동 평가

- 자원봉사 활동에 참여하신 부모의 간단한 소감이나 의견을 듣는다.
- 자원봉사 활동에 대한 결과를 평가협의록에 기록하여 다음 활동에 반영한다.
- 유아가 작성한 감사의 편지나 선물은 미리 준비하였다가 당일 자원봉사활동이 끝난 후 바로 드릴 수 있도록 한다. 요리 활동이었다면 요리를 조금 포장해서 드리는 것이 좋다.
- 감사장을 전달한다면 이것 역시 오타를 확인하고 구겨지지 않도록 봉투에 잘 넣어서 드린다.
- 봉사 활동을 사진과 함께 유치원이나 학급 홈페이지에 탑재하면 다른 분에게도 자극제가 될 수 있다.

3) 교육실습생

교육실습이란 교원양성기관이나 대학의 교직 이수과정으로서 예비교사가 일정 기간 동안 교육 현장에서 교육경험을 하는 과정을 말한다. 교육실습은 이론과 실제를 통합하는 경험을 통해 교직에 대한 태도와 가치관을 확립하게 하고 학문적 연구를 심화시키기 위한 교사양성 과정의 중요한 부분이다. 교육실습 기간 동안의 질은 교육실습생을 비롯하여 실습기관의 지도교사에 의하여 많은 부분이 결정된다. 따라서 교육실습이 성공적으로 이루어지기 위해서는 지도교사와 교육실습생 간의 상호 이해와 신뢰적인 관계 형성이 필수적이라고 볼 수 있다.

(1) 실습 지도교사의 역할

실습 시도교사는 교육실습생에게 교사로서의 태도 및 가치, 교사로서의 역할 수행의 향상을 지원해 주는 교육실습의 가장 중요한 구성원이라고 볼 수 있다. 조언과 안내, 조력자의 역할을 하는 멘토(mentor)로서의 지도교사는 교육실습생과 매일 많은 시간을 같이 하면서 교사로서의 모델을 제공하고, 학습 기회를 제공하는 등 교육실습의 전 과정을 통해 주도적으로 지도한다. 이러한 과정을 통해 교육실습생의 교육철학, 가치관, 태도, 교수 방법 등 전반적인 면에 영향을 미치므로 지도교사의 전문적이고 정서적인 지원이 매우 필요하다. 전문적이고 정서적인 지원에 대한 지도교사의 역할을 정리한 것은 다음과 같다(박은혜·조운주, 2013).

교생실습 지도교사의 역할

① 감정적 지원 역할
- 교육실습생의 장점을 인식하여 평가하기보다는 지지와 칭찬을 제공한다.
- 교육실습생을 항상 성인 협력자로 존중하여 함께 문제해결 방법을 찾는다.
- 교육실습생의 이야기를 항상 들어주고 비밀을 유지한다.
- 교육실습생이 기관 밖의 여러 가지 활동에 참여할 수 있게 격려한다.
- 교육실습생의 스트레스를 해소할 수 있는 건설적인 방법을 제안한다.
- 교육실습생과 친밀하고 신뢰적인 관계를 형성한다.

② 전문적 지원 역할
- 교육실습생에게 유아를 동기 유발하고, 지도하고, 평가하는 방법을 알려준다.
- 효과적인 교수전략을 알려 준다.
- 학급 운영 방법을 알려 준다.
- 어떻게 자료를 사용하는지에 대해서 알려 준다.
- 교육실습생의 교수 향상을 위해서 협의회를 실시한다.
- 교육실습생이 반성할 수 있도록 지속적인 정보와 피드백을 제공한다.

③ 교육실습 시기에 따른 교사의 역할
- 실습 시작: 낯선 실습지에 대한 불안감을 가질 수 있는 교육실습생을 따뜻하게 맞이한다.
- 실습 초기: 교육실습 전체 과정, 기관의 운영 방침, 교직원 소개, 기관의 규칙 등에 대한 전체적인 오리엔테이션을 실시한다.
- 실습 중기:
  - 실습 전반에 관해 어려움을 느끼는 실습생에게 정서적 격려와 지지를 제공한다.
  - 수업에 필요한 자료와 정보를 제공한다.
  - 바람직한 수업 모델을 제공한다.
  - 협의회를 통해서 피드백을 제공한다.
- 실습 후기:
  - 교육실습생에 대한 감사의 뜻을 표현한다.
  - 교육실습생의 진로에 대한 도움을 준다.

사례

교육실습생에게 필요한 지원은 무엇인가?

■ 사례 1

지도교사 선생님과 부분수업에 대한 협의회를 하게 되었다. 선생님은 우선 처음 수업치고는 잘했다고 칭찬을 해 주셨다. 그래서인지 의기소침했던 마음이 조금은 나아진 것 같다. 선생님은 눈치를 채셨는지 너무 자신 없어 하지 말라고 처음에는 누구나 실수를 많이 하는 것이고 그렇기 때문에 지금 배우러 오지 않았느냐면서 나를 위로해주고 칭찬해 주셨다. 그리고 나의 수업에 대한 부족한 점이나 선생님의 생각에 대해 자세하게 이야기해 주셨다. 여러 가지 선생님이 말씀해 주신 것 중에서 가장 귀가 솔깃하고 마음에 와 닿은 부분은 아이들에게 발표권을 줄 때의 선생님의 자세였다. (중략) 보통 대학교에서는 다루지 않는 부분으로 그냥 지나갈 수 있는 부분이지만 참 중요한 것이라는 생각이 들었다.

■ 사례 2

정말 너무한다. 일주일이 다 가고 새로운 한 주가 시작됐는데 난 쪼그리고 앉아 붙이고 자르고 환경 정리만 했다. (중략) 선생님은 친절하시지만, 정말 너무도 바빠서 나를 신경 써 주실 여력이 없으시다. 나는 너무너무 힘들다. 수업은 하고 싶은데, 전혀 준비되지 않은 상태에서 갑자기 부분 수업을 하라고 하신다. 계획안도 없이 말이다. 난 정말 어찌해야 할지를 모르겠다. 하루 종일 환경 구성하고 저녁에 집으로 가지고 가서 마쳐야 하는 일들이 가득 이다. 난 정말로 수업의 모델을 보고 싶고 직접 유아들과 게임하고 이야기 나누고 노래 부르고 싶다.

사례 출처: 박은혜·조운주(2013)

(2) 실습 지도 시 유의 사항

실습 지도를 담당하는 지도교사는 많은 역할을 수행하기 위한 노력과 시간을 투자해야 하는데, 이 과정에서 여러 가지 어려움과 스트레스가 발생할 수 있다. 좋은 모델로서 모범이 되어야 하는 것과 수업 진행에 대한 부담감을 비롯하여 바쁜 하루의 일과 가운데 교육실습생을 지도하고 실습일지를 점검하고 조언과 평가를 하는 일은 결코 쉽지 않다. 올바르게 지도하고 있는지, 어느 정도까지 지도해야 하는 것인지 확신이 서지 않기도 하고, 특히 초임교사나 저경력 교사는 경험이 부족하여 방법이나 기술적인 부분에 대한 지도에 어려움을 느낀다. 경력이 많은 교사라 하더라도 타인에게 평가를 받고 있다는 부담이나 중압감을 가질 수 있다. 그러므로 지도교사는 스트레스를 해소하기 위한 긍정적인 사고와 노력을 해야 하며, 원인에 따라 조절 전략을 세워 스트레스를 해소하는 것이 필요하다.

표 11-2 | 지도교사의 스트레스 원인별 조절 전략

스트레스 원인	스트레스 조절 전략
시간 부족 및 과다 수업	• 모든 업무를 기록한다. • 반드시 해야 할 업무와 아닌 업무를 분류한다. • 업무의 우선순위를 매긴다. • 업무의 마감 날짜를 정한다. • 수행한 업무는 확인 표시를 한다. • 지도교사의 역할을 긍정적으로 수용한다. • 책임을 다 완수할 수 없을 것 같을 때 원장, 원감, 교육실습생에게 솔직하게 말하고 의논한다.
모델 제공	• 교육실습생에게 본인의 장·단점에 대해서 말한다. • 교육실습생에게 평가표를 기초로 자신의 수업을 분석하게 한다. • 바람직한 모델이 될 수 있는 다른 교사의 수업을 관찰할 수 있는 기회를 제공한다.
인간관계	• 선입견을 갖지 않고 개방적인 자세를 갖는다. • 본인이 지도하는 교육실습생과 다른 교육실습생을 비교하지 않는다. • 대화를 위해서 노력하고 대화시간을 많이 갖는다.
평가	• 교육실습생의 평가를 긍정적으로 수용한다. • 교육실습생의 실습 전·후의 발전을 통해서 평가한다. • 모든 교육실습생을 다 잘 지도할 수 없다는 것을 수용한다.

출처: 박은혜·조운주(2013)

예시 11-2 | 교생실습 안내책자 목차 및 교육 일정표

목 차	
1. 유치원 연혁 2. 원장의 교육 운영관 3. 원훈 및 교육 목표 4. 교직원 현황 및 학급 현황 5. 일과 시간표 6. 시설 및 교재교구 비치 현황	7. 교육과정 연간계획 8. 교실 배치도 9. 유치원 약도 10. 교생실습 교육일정표

과정	실습 내용
제1주	• 실습학급 배정(유아 이름 익히기) • 순회 참관(타 연령 및 학급 교육활동 참관) • 담당 학급 환경 정리 보조 • 놀이 및 활동 계획 수립 및 진행
제2주	• 대그룹 교육활동 1회 • 유아 생활 관찰 기록 • 담당 학급 환경 정리 보조
제3주	• 대 그룹 교육활동 1회, 소그룹 교육활동 1회 • 유아 생활 관찰 기록 • 담당 학급 환경 정리 보조
제4주	• 종일 수업 계획 및 종일 수업 실시 1회 • 수업 활용 교재 교구 자료 정리 • 담당 학급 환경 정리 보조 • 실습 평가회
준비 사항	1) 출· 퇴근 시간: 오전 8:30 ~ 오후 5:30 2) 준비물: 실내화, 도장, 실습일지, 교생 이름표, 앞치마, 필기구 등 3) 복　장: 실습생 품위에 적합한 복장 4) 제출 서류: 교생 신상 조사표, 실습 평가지, 출근부, 건강검진표, 성범죄 경력조회 동의서 등

4) 관리 직원 및 기타

사례

유치원에서 생긴 교사와 조리사 간의 신경전

H유치원의 원장이 출근하자마자 급간식 업무를 담당하는 조리사가 찾아와 "선생님들 때문에 도저히 일 못하겠어요"했다. 이유를 들어보니 아침마다 주방에 먹다 남은 음식들과 그릇들을 잔뜩 쌓아놓는 것은 물론이고, 주방으로 갖다놓는 것은 그나마 나은 편이라며 교실에 간식이나 음식물이 담긴 그릇들이 즐비하다는 것이다. H유치원의 원장은 오후에 늦게까지 일하는 교사들을 위하여 방과후 과정반 간식을 준비할 때 교사 간식까지 여유 있게 준비하도록 한다. 그러다 보니 간식의 뒷처리가 문제가 되었고, 일이 많아진 조리사가 교사들에게 음식과 그릇의 정리를 요구하자 그 이후에 교사들은 불만스러운 표정으로 말도 잘 안 할 뿐만 아니라 점심시간마다 수시로 1층부터 5층까지 음식을 들고 오르락 내리락 하게 한다는 것이다. 원장은 일단 교사들의 이야기를 들어보기로 했다.

유치원에는 원장과 교사 이외에도 여러 직원이 각자의 역할에 따른 다양한 일을 한다. 행정실이 별도로 있는 경우에는 행정실장을 비롯한 행정직원이 있으며, 일반적으로 버스기사, 조리사, 영양사, 환경미화원 등의 관리 직원들이 있다. 조직사회에서 각자의 업무가 나뉘어 있고 자신의 업무에 충실한 것은 당연하지만, 자신의 업무 외에 사람들 간의 '관계'를 잘 형성하는 것이 매우 중요하다. 유치원은 조직이 크지 않고 여자끼리 지내는 경우가 많아 보다 가족적이고 관계지향적인 분위기가 형성되어 있는 특성이 있다. 일단 좋은 관계가 맺어지면 몇 가지 문제들이 있더라도 서로 이해하고 넘어가는 경우가 많으나, 관계에서 원만하지 않으면 조직원과 마음을 맞추어 일하는 것이 매우 어려울 뿐만 아니라 성공적인 원 운영에 있어서도 문제가 발생할 수 있으므로 좋은 관계 형성을 위한 배려와 노력을 잊지 않는다.

직원과의 좋은 관계 형성을 위한 유의점

① 먼저 인사하고 친절하게 행동한다.

같은 기관에서 일하는 교사 외에도 조리사, 차량기사, 환경담당원 등 관리직원 모두는 유치원 유아에게 큰 영향을 미친다는 것을 명심하여 먼저 인사하고 친절하게 다가감으로 좋은 관계를 형성하도록 한다. 관리직원 중엔 교사에게 불친절하거나 혹은 신규교사에게 마치 선임자처럼 훈계하거나 지시적인 행동을 하는 사람도 있을 수 있다. 그런 상황에서도 더욱 예의 바르고 친절한 행동으로 교사의 품위에 어울리도록 노력한다.

② 다른 사람의 입장에서 배려하는 마음을 갖는다.

유치원 교사는 자기의 업무만으로도 매우 벅차고 힘들게 일하기 때문에 자신의 업무가 아닌 것에 관심을 갖기 어렵다. 그러나 조금만 다른 사람을 배려한다면 훨씬 원만한 관계를 유지할 수 있다. 위 사례에서처럼 설거지와 청소를 담당하는 사람이라도 아침 출근하자마자 부엌에 한 가득인 일거리를 본다면 유쾌한 기분으로 하루를 시작하긴 힘들 것이다. 각 유치원의 사정에 따라 당번이나 주번교사가 마무리를 하고 퇴근한다든지, 혹은 음식물은 별도로 모아서 담아놓는 등의 작은 배려를 잊지 않는다.

③ 모든 교직원은 유치원의 대외적인 이미지를 결정하는 중요한 사람임을 기억한다.

유치원은 많은 학부모를 비롯한 상담자, 기타 외부인이 수시로 방문하여 교사 외에 여러 사람을 만나는 되는 곳이다. 이때 형성된 좋은 인상은 유치원에 대한 긍정적인 이미지와 신뢰감을 구축하는 데 많은 역할을 하므로, 관리직원에 대한 지속적인 교육이나 의사소통이 중요하다. 특히 버스운전을 담당하는 운전기사는 매일 학부모와 대면하며 그 유치원의 이미지를 형성하는 데 중요한 역할을 하게 된다. 안전한 운행과 원활한 의사소통을 위한 지속적이고 정기적인 업무연락이나 회의체계를 갖추어 놓는 것이 좋다.

원장 및 교사, 직원 외에도 학급운영의 보조적인 역할을 하는 보조교사, 교육청 지원 인력 (방과후, 돌봄 활동 보조 등), 대학의 봉사활동 학생 등 학급 운영 및 전반적인 원 운영에 도움을 주는 다양한 인력이 있을 수 있다. 몇 년 전부터는 한국장학재단에서 저소득층 대학생의 등록금과 생활비를 지원하여 안정적인 학업 여건을 조성하고, 직업체험 기회를 제공하여 취업 역량을 제고하기 위하여 국가근로장학생을 적극적으로 선발하여 유치원에도 지원하고 있다.

유아를 돌보거나 다양한 업무를 보조해 주는 인력이 생기는 것은 바람직하지만, 처음 업무를 시작하는 사람에게 어떤 일을 어떻게 담당해야 하는지에 대한 명확한 안내가 없다면 오히려 유아의 생활 지도가 흐트러지는 혼란과 업무상 혼선이 발생할 수 있는 단점도 있다. 따라서 오리엔테이션을 통하여 근무 시간이나 복장 등의 기본 유의사항, 담당 업무, 필요한 서류와 절차 등을 꼼꼼하게 안내하도록 한다. 단기간에 걸친 인력이라도 유아와 생활하는 만큼 건강검진결과서, 성범죄경력조회 회보서 등 건강과 안전에 관한 서류는 반드시 갖추어 놓도록 하며, 정해진 양식에 따른 출근부 날인과 기관 확인 절차를 준수하도록 정확하게 안내한다.

2. 유치원의 문서 관리

교사는 유치원에서 교육과 관련된 활동 이외에도 문서 관리와 공문 처리, 행정적 처리 등 여러 가지 유형의 업무를 담당하고 있다. 교사가 담당하는 문서 중에는 매일 처리하거나 특정한 시기에만 처리하는 것도 있으며, 학급 담임으로서 담당하는 문서와 전체 교사가 역할을 나누어 담당하는 공동의 문서도 있다.

1) 학급 담임 관리 문서

학급 담임이 관리하는 문서란 각 학급의 담임교사가 각자 담당하는 문서를 의미하며, 작성 문서와 관리 문서로 구분해 볼 수 있다.

문서 구분

작성 문서

- 매일 또는 일정 시기마다 교사가 직접 내용을 작성하는 문서
  주간교육계획 및 일일교육계획 관련문서, 유아관찰일지, 유아놀이기록, 출석부, 생활기록부, 안전사고 보고서, 현장학습 계획서 및 평가서, 상담 일지(통화 일지), 투약결과서(보고서) 등

관리 문서

- 입학 초나 학기 중 가정에서 작성 제출하고 교사가 관리하는 문서
  입학원서, 응급처치허가서, 개인조사서, 개인정보동의서, 주민등록등본, 투약의뢰서, 알레르기 질환 조사서 등

(1) 출석부

출석부는 법정 문서는 아니지만 교사가 매일 관리해야 하는 중요한 문서이다. 교사는 매일 수업 종료 후 담당 학급의 출석부에 유아의 출결 상황을 정확하게 기록해야 한다. 유아의 출결 상황은 유아학비 지원의 근거가 되므로 담임교사로서 정확하게 작성 및 관리해야 한다. 유치원마다 사용하는 출석부의 양식은 다를 수 있지만 교사는 일반적인 출석부 기재 요령을 알고 있어야 한다.

Tip

유아가 장기 결석한 경우

- 유아가 3일 이상 결석할 때 담임은 그 사유를 확인하여 출석부 결석 사유란에 기재한 후 원장에게 보고해야 한다.
- 결석생 관리는 출결 관리에서 매우 중요하며 하루라도 결석하는 경우에는 전화로 안부를 묻는 것이 바람직하다.
- 정확한 출결 상황 기록을 위해 유아의 출석 여부를 간략한 명부에 작성한 후 출석부에 옮기면 보다 정확하게 출석 여부를 기록할 수 있다.

유아교육법 시행령 제12, 14조와 유치원 생활기록부 작성 및 관리 지침 제2020-230호(2020. 07.15 일부 개정)에 근거한 출석부 작성의 예는 <예시 11-3>과 같다.

① 기타 요일은 검은(청)색 선을 세로로 긋는다.

② 일요일은 빨간색 선을 세로로 긋는다.

③ 자율휴업일이나 공휴일은 빨간색으로 쓰고 빨간색 선을 긋는다.

④ 방학은 방학식 다음날부터 해당월 방학 기간 날까지 사선으로 긋는다.

⑤ 중도 퇴학생은 빨간색으로 퇴학일에 ㉻로 기재하고 그 후로 계속 빨간색 선을 긋는다.

⑥ 중도 입학생은 검은(청)색으로 ㉹으로 기재하고, 그 전일부터 입학일까지 계속 검정(청색) 선을 긋는다.

⑦ 월말 통계 작업 시 출석부 마지막 번호 유아 이름란 바로 밑 칸에 옆으로 줄을 긋고, 1일부터 31일까지는 사선을 긋는다.

⑧ 수업 일수에 토요일, 일요일은 제외한다.

⑨ 월말에 통계처리 후 담임란에 서명하고, 원장의 결재를 받는다(원감이 있는 경우 담임 → 원감→원장 순으로 결재한다).

⑩ 결석은 사유에 따라 다음과 같이 처리한다.

⑩-1 : 단순 결석이나 진단서 없는 병결 일때는 ⓞ로 표기

⑩-2 : 병결이면서 진료확인서 제출 시 ㉥ 으로 표기는 하지만 결석으로 처리하지 않는다.

⑩-3 : 여행 등으로 체험학습계획서와 결과서를 제출하는 경우에는 ㉧으로 표기하지만 결석으로 처리하지 않는다.

Tip

- 전출일과 중도 입학일 모두 수업 일수에 포함한다.
- 출석부 기록 내용을 정정할 때는 수정할 글자나 숫자 중앙에 두 선을 긋고 담당자가 날인한다.
- 출석부 기재 시 유아 성명란과 요일란의 가로줄이 잘 맞도록 명단을 부착해야 정확하게 표기할 수 있다.

예시 11-3 | 출석부 작성의 예

담임	원감	원장
⑨ 김연지		⑩ 이수정

2019년 7월

출석부

④ ⑧ 수업일수 12일

번호	성명	월	1	2	3	4	5	6	7	8	9	10	11	12	13	14	15	16	17	18	19	20	21	22	23	24	25	26	27	28	29	30	31	결석				지각				조퇴				결과			
		요일	월	화	수 ③	목	금	토 ①	일 ②	월	화	수	목	금	토	일	월	화	수	목 ④	금	토	일	월	화	수	목	금	토	일	월	화	수	질병	사고	기타	계	질병	사고	기타	계	질병	사고	기타	계	질병	사고	기타	계
1	강민혜				자															여																													
2	고민수				율		⑤													름																													
3	김성식				휴		(퇴)														방																												
4	김연아				업																	학																											
5	김정숙				일							⑩-1																																					
6	김창민											○						○																															
7	민서준																																																
8	박서영											⑩-3																																					
9	서정아										(ㅂ)	(ㅂ)																																					
10	신준서																																																
20	이민주											⑩-2																																					
21	이승철											(ㅊ)	(ㅊ)	(ㅊ)						○																													
22	이현옥																																																
23	장세준												⑥																																				
24	정상준												(입)																																				
	⑦																																																
출석유아 수																																																	
결석유아 수																																																	
지각유아 수																																																	
조퇴유아 수																																																	
결과유아 수																																																	

기재 예

구분	질병	무단	기타
결석	○	◎	□
지각	○	◎	□
조퇴	○	◎	□
결과	○	◎	□
교환학습	㉠		
체험학습	(ㅊ)		
경조사결	△		

전입·전출·정원 외 관리사항

번호	유아명	월·일	사유	수업일수
3	김성식	7/5	이사로 전출	4
24	정상준	7/11	이사로 전입	5

결석사유·기타사항

번호	유아명	월·일	사유	결석일수
6	김창민	7/10 7/16	휴식 친척집방문	2
9	서정아	7/9~ 7/10	후두염 (진료확인서제출)	
21	이승철	7/10~ 7/12	체험학습 (외갓집방문)	

전월말재적 수	23
전입 유아 수	1
전출 유아 수	1
정원 외 관리유아 수	
현재적 유아 수	23

출처: 유치원 교직실무 편람-관리운영편, 서울시교육청(2007)

활동

출석부 작성 시 교사가 알아야 할 사항을 토대로 아래의 내용을 반영하여 출석부를 작성해 보자.

1. 퇴원생 : 7월 8일 민서준
2. 전입생 : 7월 11일 윤준서
3. 여름방학날 : 7월 23일
4. 토, 일요일 기재
5. 자율휴업일 : 7월 9일
6. 결석생 : 7월 2일 김연아/ 7월 10~11일 장세준(체험학습)
/ 7월 9일~10일 고민수(진료확인서 제출)

(2) 유치원생활기록부[1)]

① 유치원생활기록부의 의미와 작성 방법

유치원생활기록부는 준영구(대개 70년 보관을 의미) 보존되는 공공기록물로 전자적으로 생산·관리되어야 한다. 유치원생활기록부를 전자적으로 생산·관리한다는 것은 업무관리시스템에서 생활기록부 기안을 작성하고 해당 생활기록부를 붙임문서로 첨부하여 결재함을 의미한다.

이때 유의할 중요한 사항은 다음과 같다.

첫째, 유치원생활기록부는 개인정보에 대한 기록이므로 업무관리 시스템 결재 정보에서 비공개, 공개제한 6호, 영구(직원열람제한)로 결재한다.

둘째, 비상사태에 대비하여 유치원생활기록부 서식에 맞게 전체항목을 출력하여 해당 유아 졸업 후 5년동안 보존·관리하고 5년 후에는 내부결재 후 폐기한다.

셋째, 인적사항과 학적사항은 입학 후 한달 이내에 기입하며, 신체발달사항은 해당 학기 실시 일주일 이내에, 나머지 항목은 2월말까지 기재한다.

넷째, 유치원생활기록부 입력 내용에 대한 책임은 입력 당시 담임교사에게 있으며 학년이 종료된 후에는 정정이 불가하다. 불가피하게 정정이 필요한 경우에는 오류를 발견한 당해 학년도 담임교사가 반드시 정정대장을 작성한 후 처리해야 한다.

1) 교육부에서 발간한 '2014 유치원생활기록부 기재요령'에서 발췌하여 서술함.

유치원생활기록부는 유아의 유치원 생활 전반의 기록으로 이를 통해 유아의 성장 발달을 이해하고, 교수·학습 활동을 지원하며, 부모와 정보를 공유하는 문서이다(박은혜 외, 2010). 생활기록부는 유치원 재원 중 나타나는 발달 상황과 생활모습 등 유아와 관련된 모든 사항에 대한 총괄평가의 성격을 갖는다. 따라서 생활기록부를 작성하기 위해 다양한 정보를 수집하고, 이를 분석하고 종합하여 기재할 수 있어야 한다(생활기록부에 대한 내용은 10장 평가관리 부분을 참조).

유치원생활기록부의 작성 방법은 세 가지로 구분할 수 있다. 첫째, 관찰 결과를 토대로 생활기록부를 작성한다. 자료 수집은 유아의 관찰척도, 일화 기록, 작품 분석 등 유아를 직접 관찰한 것을 토대로 하고, 부모 면담을 통해 얻은 자료도 생활기록부에 기록하도록 한다. 둘째, 5개 생활 영역에 바탕을 두고 유아의 발달 상황을 기록한다. 셋째, 생활기록부는 절대 평가 기준으로 유치원의 교육과정인 누리과정 중심으로 문장을 기술한다(박은혜 외, 2010).

(3) 투약결과서

유아가 질병으로 인해 가정에서 복용하던 약을 유치원으로 가져와 복용하는 경우가 있다. 이런 경우 교사는 가정에서 약과 함께 보내온 투약의뢰서를 근거로 약 복용을 지도하게 된다. 투약은 유아의 건강과 직결되는 중요한 사항이므로 교사는 정확하게 투약한 후 투약결과서에 구체적으로 기록하여 가정으로 보내고, 투약의뢰서는 잘 보관해야 한다.

예시 11-4 | 투약의뢰서

투약의뢰서	
* 금일 자녀의 투약을 선생님께 의뢰합니다. * 단, 투약으로 인한 책임은 의뢰자가 집니다.	
반 명	새싹반
유아명	김다정
증상	감기
약의 종류 및 용량	물약 15㎖
투약 시간	식후 30분
투약 관련 유의사항 :	
2019년 9월 19일 의뢰자 이사랑 (인) 좋은 유치원장 귀하	
투약자 확인 :	

예시 11-5 | 투약결과서

투약결과서

▶ 날짜 :

▶ 이름 :

약의 용량	투약 시간	비고

보호자의 투약 의뢰에 따라
투약하였음을 알려 드립니다.

○○유치원 ○○반 담임 ○○○

투약 시 교사가 유의할 사항

- 투약의뢰서 없이 약만 보내온 경우 반드시 부모에게 문의하여 정확한 투약 용량을 확인한 후 투약한다.
- 냉장 보관하는 약은 특별히 보관에 유의한다.
- 투약의뢰서와 함께 보내온 약은 유아의 손이 닿지 않으면서 교사가 잘 볼 수 있는 곳에 두는 것이 좋다.
- 투약 의뢰 사실을 잊지 않도록 교사가 유의해야 하며, 미처 투약하지 못한 경우에는 유아의 건강을 위하여 부모에게 바로 연락한다.

활동

〈예시 11-4〉에서 제시한 투약의뢰서를 근거로 〈예시 11-5〉의 투약결과서를 작성해 보자.

(4) 사고 보고서

유아가 등원 후 귀가 시까지 유치원에서 지내는 동안 크고 작은 다양한 유형의 사고가 일어날 수 있다. 이러한 사고 발생 시 교사는 부상 유아 부모와 협의 및 치료 등 적절한 조치 후 서울특별시학교안전공제회사이트에서 '사고통지'와 '보상청구' 등의 절차를 시행한다.

① 서울특별시학교안전공제회사이트(http://ssia.or.kr)→ 서울학교안전보상시스템 → 로그인

② 학교안전사고→ 사고통지 하단의 사고 등록 클릭 후 단계별 양식에 따라 작성 → 공단심사 완료 후 보상청구서 작성

③ 보상청구에 필요한 서류(병원진단서, 병원 및 약국 영수증, 가족관계증명서나 주민등록등본 등)를 우편으로 공단에 발송

예시 11-6 | 학교안전사고 발생 신고서

학교안전사고 발생 신고서

1. 일반사항

사고번호			보고일자		
학교정보	학교명		주소		
	전화번호		팩스번호		
사고자	성명	생년월일	성별	학년반	사고자 구분
지도교사		작성자		작성자연락처	

2. 사고관련자

성명	학년반	사고자구분

3. 사고개요

사고일시		사고부위	
활동시간		사고당시활동	
사고장소		사고의도	
사고형태			
사고매개물			

4. 사고경위

5. 지도내용 및 안전교육내용

6. 사고발생 후 긴급 조치 내용

7. 기타사항

담당자	교감	교장
(인)	(인)	(인)

출처: 서울특별시학교안전공제회 홈페이지에서 발췌

사고 사례와 사고 보고서 작성 시 교사가 유의할 사항

사례

B교사는 바깥놀이 시간에 L어린이가 놀이터 벽과 충돌하여 이마에 생긴 지름 3㎝의 커다란 혹으로 인해 정신없이 하루 일과를 지내는 중이다. 우선 지나치게 부어오른 혹으로 인해 교사 자신도 놀랐고, 일단 우는 아이를 달래며 상처 부위를 확인하고 교무실로 데려와 응급처치확인서를 근거로 방과후과정반 교사에게 부탁하여 다친 어린이를 정형외과로 보내 진료를 받게 하고 부모에게 연락을 취하였다. 다행이 병원에서 뇌에 큰 충격은 없다는 소견을 보였으나 부모는 본인이 원하는 큰 병원에서 다시 진료를 받았다. 하지만 이마에 멍이 든 것 이외에 별다른 증상은 없었다. B교사는 그 이후에도 사고보고서를 작성하고 이를 근거로 원장과 보험 담당(또는 학교안전공제회)자에게 사고 경위를 설명하고 보험료 청구를 요청하였다.

유치원 일과 중 일어나는 사고로 유아가 다치거나 상처가 생기는 상황은 교사로서 처리해야 하는 가장 어려운 일 중에 하나이다. 이런 상황에서 정확한 사고 보고서를 작성 하는 것은 신속하고 원활한 사후 대처를 위해 매우 중요하다.

- 사고 발생 시 응급처치허가서를 근거로 부모와 연락을 하고 협의 후 치료를 진행하는 것이 바람직하다.
- 사고 보고서에는 사고 후 교사의 처치와 부모에 대한 연락, 후송된 병원에서의 처치에 대해 자세히 기록해 두어야 한다.(학교안전공제회 사이트 양식으로 작성).
- 유사한 사고가 재발되지 않도록 유아의 안전에 유의하고, 적절한 안전교육을 실시해야 한다.

2) 공동 관리 문서

공동 관리 문서는 유치원마다 원 운영과 관리를 위해 영역별로 필요한 항목들을 체계적으로 정리하여 관리하는 문서이다. 교사는 유치원에 소속된 교원으로서 이러한 문서를 작성하고 관리하는 업무도 담당하게 된다.

(1) 공동 관리 문서의 유형

공동 관리 문서는 유치원마다 다를 수 있지만 일반적으로 <예시 11-7>과 같이 구분해 볼 수 있다.

예시 11-7 | 공동 관리 문서의 유형

구분	내용
교육과정 관련	현장학습계획서, 행사계획서(또는 기록부), 월간, 주간교육계획안, 방과후 과정 관련 서류(재직증명서 등) 등
건강·안전 관련	연금 및 보험철, 차량관리(시간표, 점검표, 안전교육), 소방대피훈련 일지, 식단표, 영양교육, 소방관리 문서(소방계획서, 정밀 진단, 점검일지), 실내 공기질 관리, 조리실 관련 문서(조리실 운영일지 등), 교사 및 유아 건강관리, 안전교육(유아, 부모, 교사) 등
교사 관련	교사회의록, 교원연수 관련(대장, 연수철), 근무상황부 등
운영 관리 관련	원아 관리(원아대장, 퇴원원아 대장), 내부기안, 개인정보 관리, 홈페이지(카페) 관리, cc-tv관리(운영 및 관리 대장), 학부모운영위원회, 품의요구서, 정보공시 관리, 교육통계 관리, 졸업대장, 수료대장, 원 운영일지, 물품구입대장, 부모교육 관련 등
시설·설비 관련(추가)	놀이터 관리대장, 시설물 안전점검, 화장실 점검 및 위생용품 점검
교재 교구 관련	비품 및 소모품 대장, 교재·교구 대장, 도서대장, 시청각기자재 대장(소프트웨어), 음률 자료 대장(악기, 음악CD 등), 과학 기자재 대장, 체육기구 대장 등
특성화 활동 관련	방과 후 특성화 원아 명단, 활동계획안, 강사 출석부 등
기타	AS관리 대장, 업무 인수인계, 하모니 관리(개인서류, 활동상황부) 등

(2) 업무분장

공동 업무를 교사에게 분배하는 일을 업무분장이라 하며, 대체로 업무분장은 원감이나 부장교사가 초안을 작성하고 교사와 협의하여 업무를 조정하기도 한다.

유치원마다 공동관리 문서의 수나 전체 업무량은 비슷하지만 유치원별 교원의 수나 직원 현황에 따라 각 교사가 담당할 업무의 양과 내용은 달라진다. 업무분장 시 교사의 경력이나 개인적인 특성, 능력을 반영하면 효율적인 업무분장이 될 수 있다.

예시 11-8 | 교원 업무분장

김○○	전체주임교사/현장학습계획서/월간, 3세 주간 통신문 작성/소모품 관리/3세 교재·교구 관리/3세 부모교육/차량시간표 작성 및 관리
이○○	5세 주간 통신문 작성/5세 교재·교구 관리/졸업대장/졸업생 사진기록 관리/교원 연수대장 및 연수철 관리/유치원 운영위원 교원 위원
박○○	5세 현장학습계획서/차량 예약/교육청 및 기타 공문서철 관리/현관 게시판/연금, 보험철/5세 부모교육/식단 작성/기본생활습관
정○○	4세 현장학습계획서/4세 주간 통신문 작성/4세 교재·교구 관리/식단 작성/퇴원원아 대장/원아 상해 보험 관련 업무
차○○	행사 대장/행사사진 담당/홈페이지 관리/4세 부모교육/현관 게시판, 교사 회의록/비품대장
송○○	도서, CD, 비디오 대장/비품대장/ 바깥놀이터 관리/2층 화장실 물품 및 난방 관리/교무실 관리/정수기 관리
이○○	3세반 수업 보조/현관 게시판/사진관 연락/소모품 주문/AS연락/1층 화장실 물품 및 난방 관리/소화기 관리
주방조리사	음식 조리 및 식자재 구입/복도, 화장실 청소
보조	각 교실 수업보조 및 유치원 버스 탑승 안전지도
기사	유치원 버스 운행 및 관리

교사가 관리하는 문서 중 대부분은 대장의 형태로 되어 있다. 비품 대장이나 도서 대장의 경우에는 해당 품목의 이름, 가격, 구입처, 보관 장소 등을 필수적으로 기록하는데 구체적인 내용은 <예시 11-9>와 같다.

예시 11-9 | 비품대장, 도서대장의 일반적 양식

비 품 대 장

<table>
<tr><td colspan="2">품명</td><td colspan="3"></td><td>단
위</td><td colspan="5"></td><td colspan="2">A/S 연락처</td><td></td></tr>
<tr><td colspan="2">결재</td><td rowspan="2">구입
일자</td><td rowspan="2">적요</td><td rowspan="2">물품
번호</td><td colspan="2">가 격</td><td rowspan="2">구입
또는
기부처</td><td colspan="5">현 재</td><td rowspan="2">분 임
출납원
수령인</td></tr>
<tr><td>물 품
관리관</td><td>물 품
출납원</td><td>단
가</td><td>수
량</td><td>관리
전환</td><td>대여</td><td>망실
파손</td><td>사용</td><td>현재량</td></tr>
<tr><td></td><td></td><td></td><td></td><td></td><td></td><td></td><td></td><td></td><td></td><td></td><td></td><td></td><td></td></tr>
<tr><td></td><td></td><td></td><td></td><td></td><td></td><td></td><td></td><td></td><td></td><td></td><td></td><td></td><td></td></tr>
</table>

도 서 대 장

<table>
<tr><td colspan="2">결재</td><td rowspan="2">구 입
년월일</td><td rowspan="2">관
리
번
호</td><td rowspan="2">분
류
번
호</td><td rowspan="2">도서명</td><td rowspan="2">저자 또는
발행기관</td><td rowspan="2">출판사</td><td rowspan="2">출 판
년월일</td><td rowspan="2">규
격</td><td rowspan="2">구입처</td><td rowspan="2">가
격</td><td rowspan="2">비
고</td></tr>
<tr><td>물 품
관리관</td><td>분임물품
출 납 원</td></tr>
<tr><td></td><td></td><td></td><td></td><td></td><td></td><td></td><td></td><td></td><td></td><td></td><td></td><td></td></tr>
<tr><td></td><td></td><td></td><td></td><td></td><td></td><td></td><td></td><td></td><td></td><td></td><td></td><td></td></tr>
<tr><td></td><td></td><td></td><td></td><td></td><td></td><td></td><td></td><td></td><td></td><td></td><td></td><td></td></tr>
</table>

3. 유치원의 행정 업무

유치원은 교육부, 시·도 교육청과 각 지역교육지원청에서 시행하는 다양한 행정 업무를 처리하고 있다. 사립유치원에 별도의 행정직원이나 전담 원감이 있는 경우에는 이들이 행정 업무를 담당하지만 그렇지 않은 경우에는 업무분장을 받은 교사가 행정 업무를 담당하게 된다.

1) 문서 관리[2)]

행정기관 내부에서, 행정기관 상호 간, 대내·외적으로 공무상 작성하거나 시행되는 문서(도면, 사진, 디스크, 테이프, 필름과 슬라이드, 전자 문서 등의 특수 매체에 수록된 기록도 포함)와 행정 기관이 접수하는 모든 문서를 행정상 공문서라 한다.

(1) 문서 작성

① 기안 문서

유치원의 교육계획 및 각종 행사 계획과 내부 규정 제정 등 의사결정, 감독청이나 외부기관에 필요한 사항 요구, 이들 기관에서 요구한 사항을 보고·처리하기 위해 자체에서 생산하는 모든 문서를 기안이라고 한다. 기안은 반드시 결재권자(원장)나 전결권자의 결재를 얻어야만 효력이 발생하며, 기안을 작성한 후 외부 기관으로 발송하지 않고 결재만 득하는 경우를 내부기안이라 한다. 사립유치원은 업무관리시스템을 이용하여 외부 기관과 공문서를 주고받았지만, 내부기안은 잘 시행하지 않는 경우가 많았다. 그러나 2020학년도부터 K에듀파인을 필수적으로 도입하면서 업무관리시스템을 이용하여 내부기안도 작성하고 있다.

② 기안 형식

문서의 기안은 원칙적으로 전자문서로 시행하지만 업무의 성격상 특별한 사정이 있을 때에는 종이 문서로 기안한다. (부록 예시 11-1, 11-2 참조)

2) 2007년 서울시교육청에서 배부한 '유치원교직실무 편람'의 내용을 기초로 서술됨.

문서는 두문, 본문, 결문으로 구성할 수 있으며 기재할 내용은 다음과 같다.

구분	기재 내용
두문	기관명 / 수신자 / (경유)
본문	제목 / 내용 / 붙임
결문	발신명의 / 기안자·검토자·결재권자·협조자의 직위 또는 직급 서명 / 생산등록번호와 시행일자 / 접수등록번호와 접수일자 /행정기관의 우편번호·주소·홈페이지 주소·전화번호·모사전송번호 / 공무원의 공식 전자우편주소 및 공개구분

(2) 문서 보존

유치원은 매년 다양한 문서와 자료들을 생성하고 있다. 생성된 문서와 자료는 학년도가 끝난 후 임의로 정리하는 것이 아니라 관련 법률에 의거하여 다음과 같이 처리해야 한다.

① 기록물은 공공기록물 관리에 관한 법률 제3조 제2호에 근거하여 공공기관이 업무와 관련하여 생산 또는 접수한 문서, 도서, 대장, 카드, 도면, 시청각물, 전자문서, 웹기록 등 모든 형태의 기록정보 자료와 행정박물을 의미한다.

표 11-3 | 유형별 기록물 종류

전자기록	업무관리시스템 생산 문서
비전자기록	종이기록물(수기결재 문서, 출석부/ 지출서류 등)
카드류	생활기록부, 도면 등
시청각기록물	졸업앨범, 각종 행사 사진(CD)
행정박물	관인(직인), 상장, 트로피 등

출처: 성북강북교육지원청, 2017 사립유치원 기록물 평가 및 폐기 사전연수 자료

② 문서를 포함한 기록물의 보존 기간, 보존 방법, 보존 장소 등 기록물의 보존 분류는 기록물 분류기준표를 근거로 한다.

③ 보존 기간은 1년, 3년, 5년, 10년, 20년, 준영구, 영구로 구분된다.

㉠ 영구 : 원칙 제·개정(유치원 규칙), 운영위원회(회의록, 등록부), 졸업대장

㉡ 준영구 : 생활기록부, 생활기록부정정대장, 교직원 임면관리(인사기록카드, 임/해임서류)

㉢ 10년 : 교육과정계획 수립, 각종 행사(입학식, 졸업식, 체험학습 등)

㉣ 5년 : 그 외 모든 기록물 (출석부, 학급경영록, 입학원서, 투약일지, 연수이수증, 방과후 관련 문서, 위생점검표, 안전교육, 차량안전점검, 놀이시설 안전점검표, 근무상황부, 지출 증빙 등)

④ 각 기록물의 보존 연한은 계속 변경되고 있으므로 최근 관련법을 참고하도록 한다.

2) 전자문서의 이해[3)]

전자문서인 업무관리시스템은 행정기관이 업무처리의 모든 과정을 과제관리 카드 및 문서관리 카드 등을 이용하여 전자적으로 관리하는 시스템을 말한다(행정효율과 협업 촉진에 관한 규정 제3조). 행정기관과 관련 유관기관들은 이전에 종이로 작성하여 주고받던 문서를 인터넷 기반 업무관리시스템으로 처리하고 있다. 업무관리시스템을 활용하여 문서의 기안, 결재, 발송, 접수가 가능하며 업무 메일도 함께 사용하고 있다.

유치원에서 작성하는 문서를 시·도교육청 및 지역교육지원청, 유관기관에 발송하거나 타 기관에서 발송된 문서를 접수하기 위해서 담당자가 수시로 업무관리시스템에 접속하여 문서를 확인하고 처리한다.

3) 2019년 서울시교육청 K-edufin 업무관리(학교용)의 내용을 기초로 서술됨

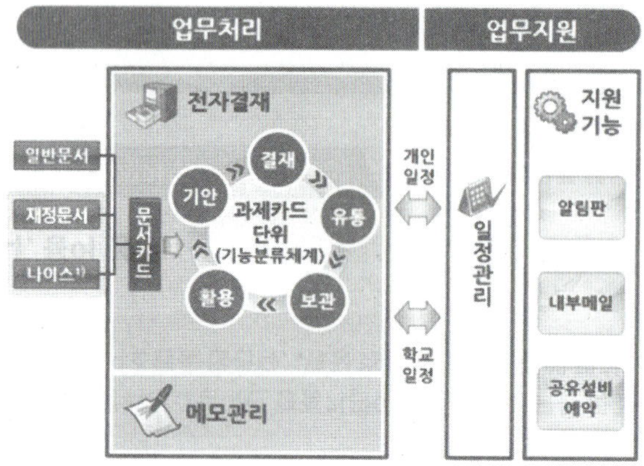

그림 11-2 | 업무관리 시스템 구성도

출처: K-edufin 업무관리(학교용), 서울시교육청(2019)

2020년부터 모든 공사립유치원에서는 K-edufin 도입으로 업무관리시스템을 통합적으로 사용하고 있다.

☞ 교육(행정)기관 원격업무시스템에서 로그인한다.

☞ 업무포탈에서 로그인한다.

☞ 업무포탈창에서 K-에듀파인 아이콘을 누른다.

3) 유아학비지원시스템(e-유치원)의 이해[4)]

유아학비지원시스템은 학부모서비스용과 유치원용으로 나눠져 있으며, 유아학비를 효율적으로 지원하고, 유치원 운영에 필요한 다양한 자료를 제공한다(교육부 2017).

유치원에서는 원아, 수업, 청구/정산, 유치원관리 및 알림마당 등의 메뉴 사용이 가능하다.

4) 2017년 교육부에서 배부한 '유아학비지원시스템 e-유치원 사용자 매뉴얼'의 내용을 기초로 서술됨.

출처: 교육부(2017년)에서 배부한 '유아학비지원시스템 e-유치원 사용자 매뉴얼'

유아학비시스템은 주로 관리자나 행정직원이 담당하지만 원아등록, 반편성, 출결 관리는 학급 담임교사가 처리하는 경우도 많다. 따라서 교사도 원아와 수업 관련 주요 내용은 알고 있을 필요가 있다.

(1) 유아학비시스템의 주요 내용

- 원아 메뉴: 원아등록 및 지원대상자 신청 등 원아와 관련된 업무 처리
- 수업메뉴: 학기설정부터 방학, 휴일, 출결관리 등 수업 전반에 관한 업무 처리
- 청구/정산메뉴: 지원금 청구와 정산 및 내역확인 등의 업무 처리
- 유치원 관리: 사용자관리, 휴·폐원 및 재개원 등의 업무 처리

① 원아메뉴에서는 유아학비 지원을 위해 여러 단계에 걸쳐 원아를 등록한다.

② 교육과정 출결 관리에서는 매월 말 담임교사가 출석부와 동일하게 유아의 결석날을 체크한다.

예시 11-10 | 유아학비지원시스템 메인 화면

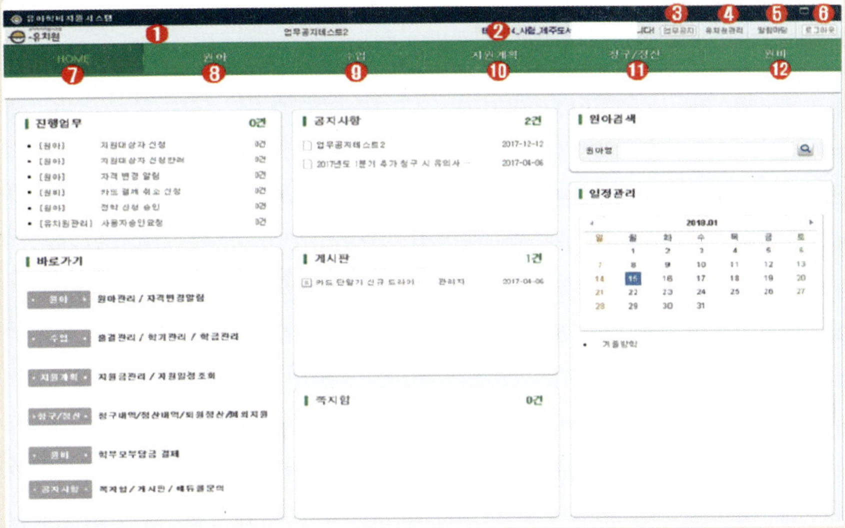

[유치원 그림 2-1-1]

예시 11-11 | 원아 등록

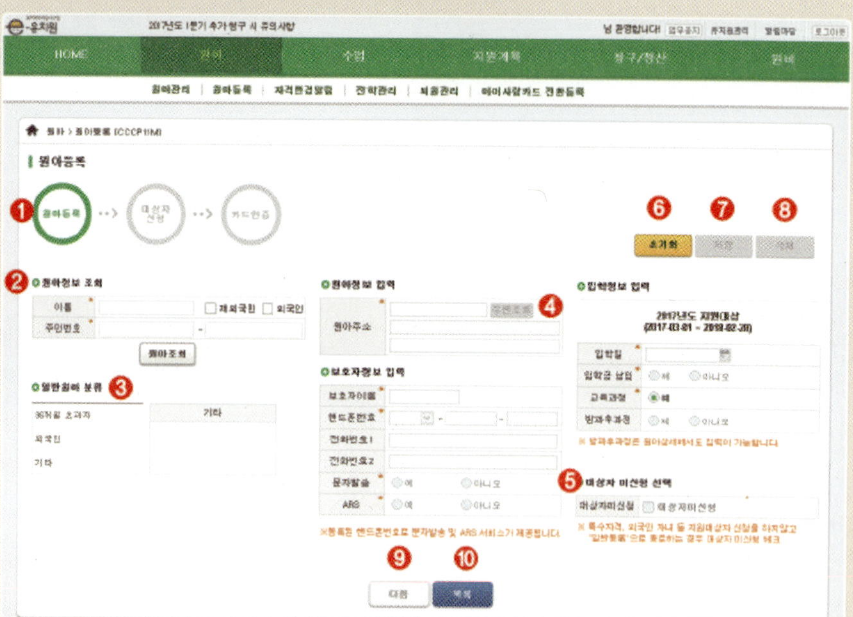

[유치원 그림 3-3-1]

❶ [유치원 그림 3-3-1]의 ❶ 항목은 원아등록 단계를 보여줍니다.

❷ [유치원 그림 3-3-1]에서 원아등록 시에 ❷ 번 항목에 이름, 주민번호로 등록된 원아를 조회합니다.

※ 자격 정보가 유아학비지원시스템으로 수신된 경우에는 우측 원아정보 입력, 보호자정보 입력 칸에 정보가 나타나고 자격이 미 수신된 경우에는 "**조회된 원아정보가 없습니다.**" 라는 메시지가 출력됩니다. 이 경우에는 [유치원 그림 3-3-1]의 원아정보, 보호자정보 항목 등이 입력 가능한 공란으로 나타나 원아주소, 보호자정보 등을 직접 입력하여 저장 가능합니다.

예시 11-12 | 교육과정 출결 관리

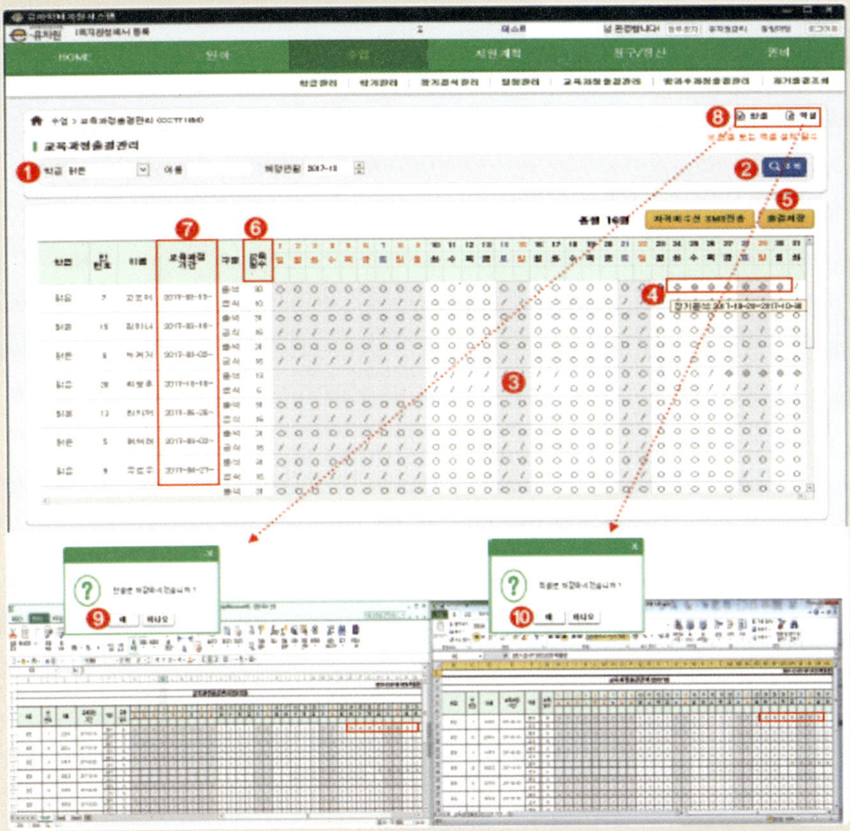

[유치원 그림 4-6-1]

❶ [유치원 그림 4-6-1]에서 학급, 이름 등 조회할 원아의 검색 조건을 설정하고 ❷ **'조회'** 버튼을 클릭하여 교육과정 출결 정보를 조회합니다.

❷ [유치원 그림 4-6-1]에서 1일~말일까지 출석(O)/결석(/)을 체크하면 ❸ "교육일수"가 자동으로 계산됩니다.

❸ [유치원 그림 4-6-1]에서 ❹ 영역을 클릭하면 출석(O) 또는 결석(/) 상태로 표시되고 공란은 아직 출결 체크를 하지 않은 날로 구분되어 언제까지 출결체크를 진행하였는지 확인할 수 있으며, 결석(/)만 체크하면 됩니다.

❹ [유치원 그림 4-6-1]에서 **장기결석기간은 문자기호 ' ' 표기되고 마우스 포인터를 대면 기간이 조회됩니다**

❺ [유치원 그림 4-6-1]에서 ❺ **'출결저장'** 버튼을 클릭하면 결석으로 체크한 일자를 제외하고 해당연월 안이면 오늘까지, 체크 일자가 해당연월보다 클 경우에는 해당연월의 말일까지 자동으로 출석(O) 처리되어 변경된 교육과정 출결 정보가 저장됩니다.

❻ 출결저장하면 교육일수가 자동으로 반영됩니다.

❼ 원아상세내역의 교육과정기간을 한눈에 볼 수 있도록 교육과정기간 정보가 확인됩니다.

❽ 한셀/엑셀 버튼을 클릭하면 다운로드 가능하고 저장, 출력할 수 있습니다.

Tip

유아학비시스템 출결 관리 운영 시 유의 사항

- 유아학비시스템의 출결 관리는 각 담임교사가 작성·관리하는 출석부와 그 내용이 일치하도록 정확히 관리해야 한다.

4) 유치원 정보공시제의 이해[5)]

유치원 정보공시제는 유치원의 주요 정보를 객관적이고 투명하게 공개하는 제도로, 학부모의 알권리를 보장하는 한편 유치원의 실태를 정확하게 파악하여 유아교육의 질을 높이기 위해 도입되었다. 이를 위해 유치원 알리미 사이트(http://e-childschoolinfo.moe.go.kr)를 개설하여 2012년 9월부터 대국민 서비스를 시행하고 있다.

각 유치원에서는 아래의 표와 같이 해마다 정해진 시기에 공시해야 할 항목의 내용을 입력하고, 교육지원청에서는 입력된 정보의 사실 여부를 확인한 후 공시한다. 각 항목의 입력은 작성된 자료를 토대로 담당자가 입력하지만 기본적인 사항은 교사도 알고 있을 필요가 있다.

(1) 유치원 공시정보 항목

유치원 공시정보는 〈표 11-3〉과 같이 7항목 21범위로 구성되어 있다.

5) 2019년 교육부 '유치원 정보공시 입력 지침서'에서 발췌하여 서술함

표 11-4 | 유치원 공시정보 항목

공시정보 항목	공시정보 범위	공시기관	공시횟수	공시시기
1. 유치원 규칙·시설 등 기본 현황	가. 일반 현황			
	1) 기관 기본 현황	전체	연 1회	4월
	2) 유치원 규칙	전체	연 1회	4월
	3) 원장명, 설립·경영자명	전체	연 1회	4월
	나. 교지(校地)·교사(敎舍) 등 시설 현황	전체	연 1회	4월
2. 유아 및 유치원 교원 등에 관한 사항	가. 연령별 학급수·원아수	전체	연 2회	4월, 10월
	나. 교직원 현황			
	1) 직위·자격별 교직원 현황	전체	연 2회	4월, 10월
	2) 교사의 현 기관 근속연수	전체	연 2회	4월, 10월
3. 유치원 교육과정 및 방과 후 과정 편성운영에 관한 사항	가. 교육과정 편성·운영에 관한 사항	전체	연 1회	4월
	나. 방과 후 과정 편성·운영에 관한 사항	전체	연 1회	4월
	다. 수업일수 현황	전체	연 1회	4월
4. 유치원 원비 및 예·결산 등 회계에 관한 사항	가. 유치원 원비 현황			
	1) 교육과정비, 방과 후 과정 운영비	전체	연 2회	4월, 10월
	2) 특성화 활동비	전체	연 2회	4월, 10월
	나. 유치원 회계 예·결산서	전체	각 연 1회	(예산) 4월 (결산) 10월
5. 유치원의 급식·보건관리·환경 위생 및 안전관리에 관한 사항	가. 급식관리 현황			
	1) 급식실시 및 급식사고 발생·처리 현황	전체	연 2회	4월, 10월
	2) 식단표	전체	수시	수시
	나. 환경위생관리 현황	전체	연 2회	4월, 10월
	다. 안전점검 및 안전교육 현황	전체	연 2회	4월, 10월
	라. 공제회 및 보험가입 현황	전체	연 2회	4월, 10월
6. 「유아교육법」 제30조부터 제32조까지의 시정명령 등에 관한 사항	위반내용 및 조치 결과	전체	수시	수시
7. 그 밖에 교육여건 및 유치원 운영상태 등에 관한 사항	가. 통학차량 운영 현황	전체	연 2회	4월, 10월
	나. 유치원 평가에 관한 사항	전체	연 1회	4월

(2) 유치원 알리미 공시규모

① 수시: 2범위

② 정시(연2회) 4월(19범위), 10월(11범위)

③ 수시·정시 모두 정시기간 외 수정은 교육(지원)청의 반려, 혹은 유치원에서 직접 수정 사유를 입력하여 수정할 수 있다.

예시 11-13 | 유치원 알리미 사이트 (http://e-childschoolinfo.moe.go.kr)

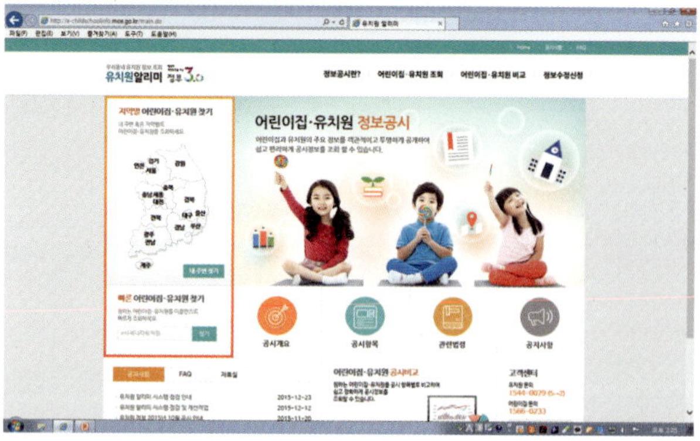

• 유치원알리미 사이트는 2015년부터 유치원과 어린이집을 통합 운영하여 유치원과 어린이집 모두 검색이 가능하다. 알리미 사이트 초기화면에서 서울지역을 클릭하면 다음과 같은 내용이 나타나며,원하는기관을 찾아 클릭하면 각 기관별 교육 및 운영에 대한 내용을 볼 수 있고 기관별 비교도 가능하다.

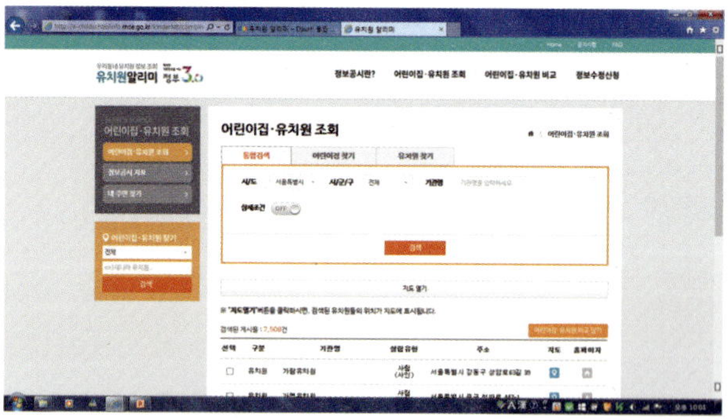

출처: 유치원 알리미 사이트, 교육부·교육학술정보원

5) 유치원 입학관리시스템(처음학교로)[6)]

유아모집은 유치원의 일년 운영을 좌우하는 매우 중요한 업무이다. 그동안 유아모집은 선착순, 자체 추첨제 등 유치원별 형편에 따라 자율적으로 운영되어 왔다. 교육부는 유아모집, 선발 과정의 공정성과 투명성을 제고하고, 유아 보호자의 편의 도모 및 유치원 유아모집 업무 경감을 위해 유치원입학관리시스템 '처음학교로' 사이트(http://www.go-firstschool.go.kr)를 개발하여 2017학년도부터 운영하고 있다.

(1) 유아모집·선발의 주요 내용

① 모집요강은 교육부 제시 표준안을 사용한다.

② 모집요강에는 모집시기, 모집방법, 모집대상, 모집인원, 모집절차, 과정구분, 등록, 대기자 등록 등의 내용이 기재되어 있다.

(2) '처음학교로'의 유아모집 절차

① 처음학교로 사이트에서는 우선모집 →일반모집→ 추가모집 순으로 선발 절차를 실시한다.

- ○ 우선모집 : 재원생 및 재원생의 동생, 우선순위 대상자를 대상으로 시행
- ○ 일반모집 : 전체 모집인원 중 우선모집 유아를 제외한 유아 대상으로 시행
- ○ 추가모집 : 우선모집과 일반모집에서 미달이나 결원이 발생한 경우 시행

② 처음학교로 사이트에서는 유치원이 선택한 난수(특정수)와 각 유아별 주민등록번호를 조합하여 자동 추첨되는 방식으로 유아를 선발하고 있다.

---

6) 교육부 '2020학년도 편리하고 공정한 유치원입학관리시스템 처음학교로 사용설명서', 서울시교육청 2020학년도 유치원 유아모집· 선발계획에서 발췌하여 서술함.

예시 11-14 | 처음학교로 사이트(http://www.go-firstschool.go.kr)

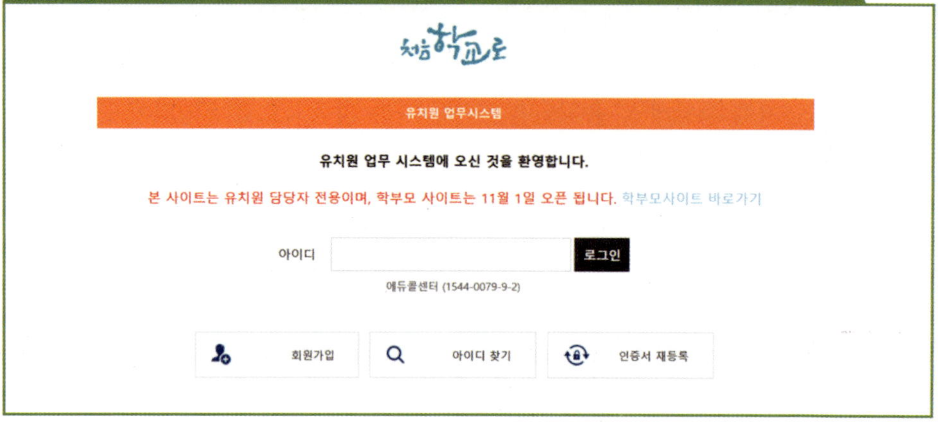

출처 : 처음학교로 사이트, 교육부, 교육학술정보원(2020)

2019년 "처음학교로" 운영 일정

SUN	MON	TUE	WED	THU	FRI	SAT
			10월 16일 교육청 OPEN (16일 9시~) (회원가입, 시스템 사용 유치원 등록)	17	18 유치원 OPEN (18일 9시~)	19
20	21 회원가입, 재학생, 선발기준번호(우선모집), 모집요강, 우선모집인원 입력	22	23	24	25	26
27	28 재학생, 선발기준번호(우선모집), 모집요강, 우선모집인원 입력	29	30	31	11월 1일 학부모 OPEN (9시~)	2
3	4 학부모 회원가입	5 우선모집 접수 (첫날 9시~/ 마지막날~18시)	6	7	8 증빙서류 확인	9
10	11 증빙서류 확인	12 추첨·발표	13 우선모집 등록 (첫날 9시~/ 마지막날~18시)	14	15 일반모집 선발기준번호~	16
17	18 ~ 및 모집인원 입력	19 일반모집 접수 (첫날9시~ / 마지막날~18시)	20	21	22 증빙서류 확인	23
24	25 증빙서류 확인	26 추첨·발표	27 일반모집 등록 (첫날 9시~/ 마지막날~18시) (현장접수는 17시 마감 권고)	28	29	30
12월 1일	2 일반모집 대기자 관리 및 추가모집	3	4	5	6	7
8	9 일반모집 대기자 관리 및 추가모집	10	11	12	13	14
15	16 일반모집 대기자 관리 및 추가모집	17	18	19	20	21
22	23 일반모집 대기자 관리 및 추가모집	24	25	26	27	28
29	30 일반모집 대기자 관리 및 추가모집	12월 31일 대기자 자격종지 (~24시)	20년 1월 1일	~ ~	20년 1월 31일 추가모집 완료	
–	–	3월 3일 개인정보 파기	4 결원 정보 제공	–	–	–

※ 상기 일정은 향후 정책적으로 부득이하게 일정 변경 시에 재안내 예정(19.08.14 기준)

출처 : 처음학교로 사용설명서, 교육부, 교육학술정보원(2019)

부록

6장

예시 6-1 | 교육과정 운영의 기본방향: 원장의 경영관, 원훈, 교육 목표

원장의 경영관

기독교 정신과 아동 중심 철학을 바탕으로 유아의 성장 발달에 적합한 교육 내용과 환경을 제공함으로써 유아가 건전한 민주시민으로서의 자질을 갖추도록 교육하고자 합니다.

어린이상	학부모상	교사상	유치원상
• 하나님의 사랑을 알고 배우고 나누는 어린이 • 몸과 마음이 건강하고 즐겁게 생활하는 어린이 • 바르게 생각하고 행동하는 어린이 • 친구와 사이좋게 지내는 어린이	• 솔선수범하고 행복한 가정을 가꾸는 부모 • 유치원 교육을 이해하고 함께 교육하는 부모 • 자녀의 미래를 위해 준비하는 부모	• 어린이를 사랑하고 존중하며 기도하는 교사 • 어린이에게 모범이 되며 사명감을 가진 교사 • 전문적 성장을 위해 열심히 연구하는 실력 있는 교사	• 사랑과 꿈을 키우는 행복한 유치원 • 인성교육을 강조하는 유치원 • 학부모에게 신뢰받는 유치원 • 발달에 적합한 교육을 하기 위해 연구·노력하는 유치원 • 교사들이 일하고 싶은 유치원

⬇

어린이, 부모, 교사 모두 행복하며 유아의 전인격적 교육을 위해
한 방향으로 나아가고자 함께 노력하는 교육 공동체 구현

원훈

- 건강한 어린이
- 친구를 사랑하는 어린이
- 즐겁게 생활하는 어린이

교육 목표

- 유치원 교육과정을 통해 하나님의 사랑을 느끼고 배우며, 친구와 주변 사람에게 사랑을 나누어 주는 어린이로 자라게 합니다.
- 심신의 조화로운 발달을 통해 건전한 인성을 갖춘 어린이로 자라게 합니다.
- 공동생활에 필요한 예절과 질서를 지키며, 친구를 도와줄 줄 아는 자율적이고, 책임감 있는 어린이로 자라게 합니다.
- 자신의 생각을 자신 있게 표현하며, 즐겁게 생활하는 어린이로 자라게 합니다.
- 주변 상황에 관심을 가지고, 창의적으로 문제를 해결할 수 있는 어린이로 자라게 합니다.

예시 6-2 | 20○○년 교육과정 운영 평가 분석

영역	번호	문 항	결과(%) 매우 적합	적합	평가 및 분석
교육 계획	1	교육 활동 계획은 5개 영역의 목표를 통합적으로 달성할 수 있게 되어 있다.	100	·	• 교육의 철저한 사전협의와 진행으로 적합하게 이루어지고 있음 • 계획 전반에 걸쳐 적합하게 나타났으며, 놀이중심교육과정에 대한 수업장학이 이루어짐
	2	교육 계획은 연간, 월간, 주간, 일일계획으로 구분하여 학급교육계획이 수립되어 있다.	100	·	
	3	교육 목표 진술은 유아의 발달 수준에 적절하며 구체적 행동 용어를 사용하고 있다.	100	·	
	4	교육 내용과 선정은 유아발달 수준에 적합하다.	100	·	
교수 학습 과정	5	교수·학습 과정에서 주제와 내용이 나선형의 계열성을 유지하고 있다.	100	·	• 유아의 흥미에 따른 개별교육 및 지도는 지속적으로 강조될 필요가 있음 • 체험학습에 대한 횟수 및 형태는 만족스럽게 나타났으며 놀이에 따른 현장합습이 필요함
	6	유아의 흥미에 맞춰 확산적 사고를 유발하는 상호작용을 한다.	100	·	
	7	유아의 개인차를 고려한 다양한 형태의 개별지도가 이뤄지고 있다.	100	·	
	8	다양한 현장학습 경험을 통하여 관찰 및 탐색활동, 놀이 중심 교육이 이루어지고 있다.	100	·	
교수 학습 자료	9	교육 자료는 양적 및 질적으로 충분하며 최적의 자료이다.	100	·	• 매년 교육 자료의 포괄적 구입요구에 관한 요구는 지속적 나타남 • 매년 지속적인 교재의 교체와 관리가 이루어지고 있음 • 학급별 다양성을 보다 강화하고, 놀이의 진행에 따른 각 교재교구의 수시 구입이 필요
	10	교육 목적과 교육 내용 및 유아의 발달수준에 적합하고 사용하기에 편리한 자료이다.	100	·	
	11	교사 제작 교육 자료와 구입한 교육 자료의 적절한 사용으로 교육의 효과를 극대화하고 있다.	100	·	
	12	교육 자료는 활용하기에 편리하게 정리 정돈되어 있으며 주제에 따라 주기적으로 교체하고 있다.	100	·	
평가	13	평가 계획은 유아의 교육 성취도를 평가하기에 적절하고 타당하다.	100	·	• 평가 계획의 타당한 실행이 지속적으로 요구되고 있으며 누리과정 평가척도를 활용한 평가가 연령별로 실제적으로 이루어지고 있음
	14	평가는 교육 목표 및 내용에 적합하며 타당하다.	100	·	
	15	각종 평가 결과를 누가적으로 기록하고 보완하며 교육적으로 활용되고 있다.	100	·	
	16	다양한 평가 방법과 도구를 개발하여 사용하고 있다.	100	·	

*5단계 평정척도(5 : 매우 적합/4 : 적합/3 : 보통/2 : 부적합/1 : 매우 부적합), 1, 2, 3단계는 응답 무

예시 6-3 | 20○○년 교육과정 운영에 대한 학부모 설문 분석

<table>
<tr><th rowspan="2">항목</th><th rowspan="2">내 용</th><th colspan="3">응답 결과(%)</th><th rowspan="2">의견 및 분석</th></tr>
<tr><th>매우 만족/ 만족</th><th>보통</th><th>불만족/ 매우 불만족</th></tr>
<tr><td rowspan="4">교육과정 운영 전반</td><td>• 전체 프로그램 만족도</td><td>95</td><td>5</td><td>·</td><td rowspan="4">• 전체 교육과정 운영과 유아의 행복한 유치원 생활에 대한 만족도가 매우 높았음
• 노력 중점 4가지 내용 전반에 대한 만족도가 고르게 높았으나 교육공동체 구축 부분은 상대적으로 낮았음</td></tr>
<tr><td>• 어린이의 행복한 생활</td><td>99</td><td>1</td><td>·</td></tr>
<tr><td>• 전인발달과 민주시민육성</td><td>99</td><td>1</td><td>·</td></tr>
<tr><td>• 2019 노력중점 운영관련 (통합교육, 연령별 중점교육, 방과후과정반 특색운영, 교육공동체 구축)</td><td>93</td><td>6</td><td>1</td></tr>
<tr><td rowspan="3">학급 운영 및 교수 활동</td><td>• 담임교사의 학급 운영</td><td>99</td><td>1</td><td>·</td><td rowspan="3">• 담임교사의 학급운영과 수업에 관한 만족도가 매우 높았으며, 교재확대는 상대적으로 낮았음</td></tr>
<tr><td>• 교수학습 방법의 만족</td><td>99</td><td>1</td><td>·</td></tr>
<tr><td>• 충분한 교재와 자료</td><td>95</td><td>5</td><td>·</td></tr>
<tr><td rowspan="4">건강 및 안전</td><td>• 급간식 방법과 내용</td><td>95</td><td>4</td><td>1</td><td rowspan="4">• 급식에 대한 학부모 만족도가 매우 높아졌으나 간식 메뉴에 대한 질 개선 의견 있었음
• 승차시간이 빠르다는 의견</td></tr>
<tr><td>• 식단 내용과 영양교육</td><td>97</td><td>2</td><td>1</td></tr>
<tr><td>• 환경·시설·설비</td><td>99</td><td>1</td><td>·</td></tr>
<tr><td>• 통학버스 운영</td><td>95</td><td>5</td><td>·</td></tr>
<tr><td rowspan="2">행사 및 현장학습</td><td>• 교육 행사 전반</td><td>97</td><td>3</td><td>·</td><td rowspan="2">• 교육행사 전반의 만족도 높음
• 실내체험놀이터는 지양</td></tr>
<tr><td>• 현장학습의 만족도</td><td>95</td><td>5</td><td>·</td></tr>
<tr><td rowspan="3">학부모 참여 활동</td><td>• 학부모 수업 및 학부모 교실</td><td>98</td><td>2</td><td>·</td><td rowspan="3">• 학부모수업참여와 정기면담으로 자녀이해에 관한 만족도 높으나 조력활동은 다소 낮음</td></tr>
<tr><td>• 학부모 조력 활동</td><td>92</td><td>8</td><td>·</td></tr>
<tr><td>• 개별면담 운영과 효과</td><td>99</td><td>1</td><td>·</td></tr>
<tr><td rowspan="2">방과 후 특별 활동</td><td>• 특별 활동 운영 만족도</td><td>90</td><td>10</td><td>·</td><td rowspan="2">• 강사질과 운영 만족도가 예년에 비해 더욱 높아짐</td></tr>
<tr><td>• 종류와 비용</td><td>94</td><td>6</td><td>·</td></tr>
<tr><td>기타</td><td>• 홈페이지 운영</td><td>90</td><td>10</td><td>·</td><td>• 모바일 반응형 활용도 높아짐</td></tr>
<tr><td>평가 및 대책 방안</td><td colspan="5">• 만족이상의 응답이 매우 높았으며, 방과 후 특별활동에 대한 만족도도 예년에 비하여 매우 높아짐으로서 전반적인 운영 만족도가 매우 높았음
• 유아중심, 놀이중심 통합교육과정 운영을 통한 유아들의 행복한 유치원 생활에 대한 신뢰와 만족도가 높았으며, 담임교사의 학급운영과 수업형태에 관한 만족도 최상임
• 메뉴 개선과 초등학교와 완전 분리한 조리법으로 급식 만족도 상당수 높아짐
• 다양한 행사에 대한 만족도 높으며, 실내외 교육공간과 자연체험공간 등 공간과 시설, 환경에 대한 만족이 꾸준히 높아지고 있음</td></tr>
</table>

항목	내 용	응답 결과(%)			의견 및 분석
		매우 만족/ 만족	보통	불만족/ 매우 불만족	
평가 및 대책 방안	• 급식 만족도에 비하여 상대적으로 간식의 종류와 메뉴에 대한 만족도는 낮은 편임 ⇒ 떡과 제철 과일 등을 확대하여 간식의 종류를 개선하도록 계획함 • 교실에 비치된 교재와 교구의 노후에 따른 교체 및 보완 요구 ⇒ 특히 종이류 블록을 교체 완료하고 라이트테이블 등 교구 구입으로 보완함 • 종일반 운영시간 중 통합보육시간(17시 이후)의 안전관리 보완 요구 ⇒ 경험이 풍부한 교사를 채용하여 특색활동 및 안전관리를 강화하고 3세반 인원을 감소함으로써 개별 지도와 안전 지도에 효율성을 높임 • 주간교육계획이나 가정통신을 SNS를 활용하여 전달받을 수 있도록 희망 ⇒ 홈페이지 외 학급별 밴드를 통하여 가정 통신이 실시간 업뎃되도록 계획함				

*5단계 평정척도(5 : 매우 적합/4 : 적합/3 : 보통/2 : 부적합/1 : 매우 부적합)

예시 6-4 | 연령별 운영 평가

영역	평가 내용	개선 방향
5세 교육 과정	생활주제 • 생활주제 중심 교육은 전반적으로 잘 진행되었으나 가을 이후의 생활주제는 계절적인 이유와 ESD 활동으로 인해 미흡하게 진행되었음 • 모든 생활주제를 편성하지 않고 다른 생활주제와 연계하여 편성한 것이 좋았음(환경과 생활, 생활 도구는 다른 생활주제와 연계/교통기관은 제외/ 우리 동네, 건강과 안전은 짧게 진행) • 행사로 인해 우리나라 부분의 진행 기간이 매우 짧았음 유초 연계 언어수학 • 언어 활동은 많아졌으나 수학 활동의 비중이 적었음 • 언어와 수학의 기본 개념에 맞게 활동을 진행해야 하겠음 • 연간계획을 할 때 기준을 명확히 할 필요가 있음(활동, 주제, 개념…)	• 행사와 주제 간의 균형을 잘 맞출 것 • 미흡했던 부분을 좀 더 보강할 필요가 있으나 날씨와 관련된 활동은 융통성을 가지고 운영할 필요 있음 • 수학 관련 활동 보강 • 언어/수학의 기본 개념 정리 • 연간계획 작성 시 한 가지 기준으로 통일하여 작성

영역	평가 내용	개선 방향
중점 교육 과정	• 3~5세 누리과정에 충실하며 연령별 중점 정하여 운영함 3세 중점 교육과정 –기초체력 증진을 위한 유아 신체 활동 –기본생활습관–식습관 형성하기 ※다양한 방법의 신체 활동을 통한 유아의 체력 향상 및 올바른 식습관 형성에 대해 학부모 반응 긍정적임 4세 중점 교육과정 –사회성 함양을 위한 그림책 연계활동 –동식물 기르기와 연계한 자연친화교육 ※그림책을 활용한 유아의 사회성 함양 활동이 보다 생활 속에서 이루어질 수 있도록 활동 선정 및 전개가 필요함 ※다양한 동·식물 기르기 체험 활동을 통해 자연에 대한 관심이 증가하였으나 가정과 연계가 부족하였음 5세 중점 교육과정 –창의, 인성교육 –지속가능발전교육(ESD) –발달에 적합한 언어, 수학교육 ※창의, 인성 교육의 내용이 지속가능발전교육 내용과 중복되어 정리 필요함 ※지속가능발전교육(ESD)을 통해 녹색성장에 대한 가치관 함양 활동을 지속적으로 운영하여 유아와 부모 모두 가정생활에서 변화를 보임 • 자유선택 활동과 바깥놀이(옥상 농원, 대근육 활동 포함) 시간을 충분히 확보하여 균형 있는 일과 운영이 되도록 함 • 다양한 형식, 방법의 평가 도구(체크리스트, 평정척도, 표준화 검사, 작품모음, 포트폴리오 등)를 활용하여 유아 평가를 다각도로 진행하고 있으며 이를 교육 활동에 반영하고 있음 • 유아 발달 상황 기록은 학부모 면담과 교육의 기초 자료로 활용하고 있음	• 만 3세: 식습관 형성 이외의 기본 생활습관 교육 강화 필요 • 만 4세: 주제와 연계한 사회성 교육 필요 • 만 5세: 언어/수학교육에 대한 유초연계 검토 필요 • 신체 활동 시간을 바깥놀이, 옥상 농원, 산책, 대근육 활동 등 다양하게 활용 • 누리과정 평가 도구 활용 및 실물자료 활용 강화 필요

예시 6-5 | 금년도 노력 중점 및 추진 계획

노력 중점 과제	추진내용	추진 계획
유아·놀이 중심의 2019개정 누리과정의 내실있는 운영	• 국가 수준 교육과정으로서의 구성 체계 확립에 따른 교육 현장에서의 적절한 적용을 위한 연구 및 계획 • 유아-놀이 중심 교육과정의 재정립을 위하여 유아놀이의 의미와 배움을 이해하고 유아가 주도하는 놀이가 될 수 있도록 교수-학습 방법의 개선 연구 및 적용 • 하루 일과에서 바깥놀이를 포함하여 유아의 놀이가 충분히 이루어지도록 편성·운영 • 유아가 흥미와 관심에 따라 놀이에 자유롭게 참여하고 즐기도록 환경을 구성하고, 지속적인 관찰을 통하여 적절한 지원과 실제적인 격려가 이루어지도록 운영 • 초등학교와 연계교육을 위한 연간계획 수립운영 • 초등학교 돌아보기(조사, 탐구 활동) • 초등학교에서 유치원 초청수업(10월)	• 전년도 운영평가를 반영한 연간교육계획안 협의(2월) • 월간계획 및 한주간의 놀이이야기 작성 • 학급경영록 평가와 반성(2월) • 초등학교초청 수업 참여(10월) • 초등학교 돌아보기
교사의 자율성과 전문성 신장을 위한 연수 및 자율장학 활성화	• 2019 개정 누리과정 적용을 위한 지속적인 교원 연수(누리과정에 대한 온라인, 오프라인 연수 참여) • 교사 자질 향상을 위한 각종 연수회 참여(원내·대외·교육청 주관 연수 활동) • 전국학교법인유치원연합회 주관 연수활동 참여(임원활동) • 원장 리더쉽 연수 및 교사 직무연수(1~2학점이상 의무) 참여 • 전문성 향상을 위한 상급학교 진학(대학원)격려 • 다문화 교육을 위한 외국어 교육 프로그램 연수참여 확대 • 정기적인 수업연구 공개발표 실시(원내 해당교사) • 교사 2명이 한 조가 되는 동료 수업장학 실시(협력교사제, 팀티칭) • 학급경영록 기록과 학급운영에 대한 약식 장학 • 교육과정운영과 교수-학습방법에 대한 교사 자기평가표 활용 및 비디오 녹화 분석을 통한 자기장학 실시	• 교육청주관 교사연수(수시) • 직무연수(수시) • 연구회 및 동아리 활동 참여(정기) • 수업연구(6, 7월) • 동료장학(매학기1회) • 약식장학(수시) • 연1회 이상 자기장학 실시
체계적인 평가 계획 및 적용	• 2019 교원능력개발평가와 4주기 유치원평가를 기초로 교육과정 운영 평가 계획 수립 추진 • 개정누리과정 적용에 대한 실제적인 평가 방법 계획 • 유아의 개별화 신장을 위한 평가방법 개발(평정척도, 일화기록, 체크리스트, 포트폴리오 등) 및 적용 • 유아의 놀이 지원을 위한 개별평가 중점 실시 • 종합평가 결과 작성, 보관·관리 운영(생활기록부 작성) • 평가내용을 「유치원생활」에 기록하여 월1회 가정으로 배부(회신을 통해 가정생활과의 연계 운영)	• 연간평가계획안 수립(3월) • 평가기록(수시) • 포트폴리오 모음집 • 유아 생활기록부 기록 및 보관 • 유치원 생활 배부 (월 1회)

예시 6-6 | 학사일정

<table>
<tr><th colspan="2">학사행사일</th><th colspan="5">기간(일시)</th><th colspan="2">비 고</th></tr>
<tr><td colspan="2">시업식</td><td colspan="5">2014.03.03(월)</td><td colspan="2"></td></tr>
<tr><td colspan="2">입학식</td><td colspan="5">2014.03.05(수)</td><td colspan="2"></td></tr>
<tr><td colspan="2">1학기 자율휴업일</td><td colspan="5">2014.06.05(목)</td><td colspan="2">1일</td></tr>
<tr><td colspan="2">여름 방학식</td><td colspan="5">2014.07.25(금)</td><td colspan="2"></td></tr>
<tr><td colspan="2">여름 방학 기간</td><td colspan="5">2014.07.26(토)~2014.08.19(화)</td><td colspan="2">25일</td></tr>
<tr><td colspan="2">개학식</td><td colspan="5">2014.08.20(수)</td><td colspan="2"></td></tr>
<tr><td colspan="2">2학기 자율휴업일</td><td colspan="5">2014.10.10(금)</td><td colspan="2">1일</td></tr>
<tr><td colspan="2">개교기념일</td><td colspan="5">2014.10.07(화)</td><td colspan="2"></td></tr>
<tr><td colspan="2">신입생 모집 기간</td><td colspan="5">2014.12.01(월)~2014.12.03(수)</td><td colspan="2"></td></tr>
<tr><td colspan="2">겨울 방학식</td><td colspan="5">2014.12.24(수)</td><td colspan="2"></td></tr>
<tr><td colspan="2">겨울 방학 기간</td><td colspan="5">2014.12.25(목)~2015.01.15(목)</td><td colspan="2">29일</td></tr>
<tr><td colspan="2">개학식</td><td colspan="5">2015.01.16(금)</td><td colspan="2"></td></tr>
<tr><td colspan="2">졸업식</td><td colspan="5">2015.02.13(목)</td><td colspan="2">5세반</td></tr>
<tr><td colspan="2">수료식</td><td colspan="5">2015.02.17(화)</td><td colspan="2">3, 4세반</td></tr>
<tr><td colspan="2">학년 말 방학</td><td colspan="5">2015.02.18(수)~2015.02.28(토)</td><td colspan="2">11일</td></tr>
<tr><td colspan="2">신입생 예비소집일</td><td colspan="5">2015.02.10(화)</td><td colspan="2"></td></tr>
<tr><td rowspan="4">월별
수업
일수</td><td rowspan="2">1학기</td><td>3월</td><td>4월</td><td>5월</td><td>6월</td><td>7월</td><td></td><td></td></tr>
<tr><td>20</td><td>22</td><td>20</td><td>21</td><td>19</td><td></td><td></td></tr>
<tr><td rowspan="2">2학기</td><td>8월</td><td>9월</td><td>10월</td><td>11월</td><td>12월</td><td>1월</td><td>2월</td></tr>
<tr><td>8</td><td>19</td><td>21</td><td>20</td><td>18</td><td>11</td><td>11</td></tr>
<tr><td colspan="2">1학기 수업 일수</td><td colspan="7">102일</td></tr>
<tr><td colspan="2">2학기 수업 일수</td><td colspan="7">108일</td></tr>
<tr><td colspan="2">총 수업 일수</td><td colspan="7">210일</td></tr>
</table>

예시 6-7 | 교육행사 계획

3(18)			4(22)			5(21)			6(19)			7(15)			8(10)		
일	요일	행사	일	요일	행사	일	요일	행사	일	요일	행사	일	요일	행사	일	요일	행사
1	금	삼일절	1	월	부활절예배(2) 방과 후 활동 시작	1	수	근로자의 날	1	토		1	월	주예배(14)	1	목	방과 후 과정 방학
2	토		2	화	신체검사(체격)	2	목		2	일		2	화		2	금	
3	일		3	수		3	금	어린이날 축하 파티	3	월	주예배(11)	3	수		3	토	
4	월	시업식	4	목	원내 달리기 1차 원내 식목 행사	4	토		4	화	현장학습(3세반-마트 장보기)	4	목	현장학습(3세반-선유도)	4	일	
5	화	학급 환경 정리/ 입학식 준비	5	금	식목일/ 화재대피훈련(1)	5	일	어린이날	5	수		5	금	4세반 생태체험(2차)	5	월	방과 후 과정 개학
6	수	입학식(2013학년도) 오리엔테이션(방과후과정)	6	토		6	월	주예배(7)	6	목	현충일	6	토		6	화	
7	목	오리엔테이션 학부모교실(1)/ 담임과의 대화	7	일		7	화		7	금		7	일		7	수	한강생태체험
29	금	3월 유치원 생활 배부	29	월	주예배(6)	29	수	〃 (4세반)	29	토		29	월	방과 후 과정 방학	29	목	
30	토		30	화	4월 유치원 생활 배부	30	목		30	일		30	화		30	금	
31	일					31	금	현장학습(4세반-뮤지컬 관람) 5월 유치원 생활 배부				31	수		31	토	

예시 6-8 | 3세 1학기 연간교육계획안

20○○학년도 계획	월	주	주제	행사
▶유치원에 입학하면서 안정감과 기대감을 갖고 잘 적응하도록 돕기 위한 '유치원과 친구'주제는 학기초 안전지도 및 기본생활 습관 지도를 통해 공동체 일원으로서 지켜야 할 규칙과 약속의 의미를 이해하는 것에 목적이 있다. 친구들과의 놀이를 통해 또래와 원만하게 지내기 위한 방법과 기술의 경험을 통해 '나와 가족', 우리 동네' 주제로 사회적 관계를 확장시켜 나갈 예정이다.	3	1 2 3 4	유치원과 친구 (3월 1~4주)	- 휴업기간(코로나19 감염예방) - 긴급돌봄기간 - 학부모 OT실시 - 가정 연계활동 학부모 유선상담 실시 - 유치원 운영위원회 조직
	4	1 2 3 4 5	나와가족 (4월 1주~5월 3주) 봄 (4월 1주~5월)	- 휴업기간(코로나19 감염예방) - 긴급돌봄기간 - 학급경영 계획 및 학사운영 정상화 준비 - 휴업일 기간 가정연계활동 (집콕 꾸러미와 집콕 활동소개)
▶'봄, 여름, 가을, 겨울' 주제는 계절적 특징이 가장 잘 나타나는 시기에 실시하며, 이미 진행중이거나 다음 놀이 주제와 병행하여 진행될 수도 있다.	5	1 2 3 4	우리동네 (5월 4주~6월 1주)	6(수) – 재난안전대피훈련(2) 8(금) – 원내달리기 2차 12(화) – 현장학습 (예술체험 1차) 28(목) – 5월 생일축하(3,4세반) 29(금) – 현장학습 (마트 장보기)
▶'우리동네' 주제는 유아들이 공동체의 일원으로 살아가는 소중한 존재임을 알고 이웃사람들이 하는 일에 관심을 가지며 이를 바탕으로 ○○유치원 시장놀이를 통해 동네의 일상을 경험해보는 기회를 갖는다.	6	1 2 3 4	여름 (6월~7월)	3(수) – 원내달리기 3차 4(목) – 재난안전대피훈련(3) 20(토) – 가족수업참여(1) 23(화) – 현장학습 (선유도 공원) 25(목) – 6월 생일축하(3,4세반)
▶유아가 좋아하는 동식물에 관심을 가지며 자연과 인간이 조화롭게 살아가기 위한 다양한 방법을 탐색하여, 공생하는 관계임을 이해할 수 있도록 구성한다.	7	1 2 3 4	동식물과 자연 (6월 2주~7월 4주)	10(목) – 현장학습(놀이체험 1차) 22(수) – 7,8월 생일축하 (3,4세반) 23(목) – 현장학습 (이진아 도서관–빛) 24(금) – 현장학습 (이진아 도서관–꿈) 31(금) – 여름방학식

예시 6-9 | 두 개의 놀이 주제를 반영한 월간교육계획안

계절 주제와 유아의 발현된 주제가 동시에 진행됨					
주		5월 1주	5월 2주	5월 3주	5월 4주
놀이 (바깥 놀이 포함)	봄	• 봄꽃 만들기	• ~~꽃가게 꾸미기~~	• ~~꽃가게 놀이~~	
		• 모형꽃, 화분으로 놀기	• ~~꽃가게 마리가스~~		• ~~티슈로 나비 만들기~~
		• 산책 사진으로 만든 책	• 씨앗 그림책	• ~~꽃모양 막대인형~~	• 봄이 곤충 그림책
		유아의 흥미에 따라 새로운 주제 "반짝이끈"이 시작되었고, 이를 반영함			
	반짝이끈	• 반짝이끈 가지고 나가 놀기 • 반짝이끈 나뭇가지에 묶기 • 반짝이끈으로 만든 도구로 운동하기			
활동		**유아의 흥미에 따라 새로운 주제 "반짝이끈"이 시작되었고, 이를 반영함**			
		• 우리 교실에는 어떤 장난감이 있으면 좋을까? • 상자와 반짝이끈으로 어떻게 놀이할 수 있을까? • 놀이의 진행과정에 따라 문제해결 의견나누기			
		• 동화'우리가족' 동화'봄소풍'			
		• 노래 '봄에 피는 꽃'	• ~~봄꽃 찾아오기 게임하기~~ • 반짝이끈으로 신체 표현하기	• ~~노래 '씨앗이 자라서'~~ • 반짝이끈으로 게임하기	• ~~노래 '개미'~~ • 애벌레 신체 표현하기
필요한 경우 활동을 통해 유아의 놀이를 지원함					
행사일정		5일 – 원내 어린이날 행사 / 8일 – 원내 어버이날 행사 & 포토존 22일 – 원내 손씻기 교육 / 29일 – 급식도우미 활동			

예시 9-1 | 컨설팅 장학 신청서

컨설팅 장학 신청서(유치원 작성용)

■ 신청 유치원

유치원명		소재지	
원 장 명		원 감 명	
담당자명		전화번호	

■ 장학 신청 대상(※ 유치원 상황에 따라 양식 조정하여 활용)

1. 교사(개인)

	직급	담당학급	경력	컨설팅 희망 횟수 및 일시	
대상 교사		세	년	회	0000. 00. 00. ( ) 00:00

2. 유치원(교사 2인 이상 및 전체)

	직급	담당학급	교육경력	컨설팅 희망 횟수 및 일시	
참여 교원		세	년	회	0000. 00. 00. ( ) 00:00
		세	년		
		세	년		

■ 장학 신청 영역

신청 영역 (해당칸에 ○표시)	교육 과정	방과후 과정	교원 지원	생활 기록부	행정 지원	교원 인사·복무	시설 운영 관리	기타 (내용 기입)
신청 사유								

■ 희망하는 컨설팅 장학위원

소 속		직 위		성 명	

※ 희망하는 컨설팅 장학위원이 있을 경우에만 작성하며 추천서도 함께 제출

표 9-1 | 컨설팅 영역 및 내용

연번	영역	내용	비고
1	교육과정	ㅇ 개정 누리과정 편성 및 운영 ㅇ 교원 전문성 신장 ㅇ 통합학급 운영 등	
2	방과후 과정	ㅇ 방과후 과정 편성 및 운영(특성화 프로그램 등)	
3	교원 지원	ㅇ 신규교사 지원(수업 장학 포함) ㅇ 신규 원감 지원 ㅇ 교원의 수업 및 교무업무 등 전문성 신장 지원	
4	생활기록부	ㅇ 생활기록부 작성 및 관리	
5	행정 지원	ㅇ 유치원 규칙 ㅇ 학급 및 정원 관리 ㅇ 업무관리시스템 및 에듀파인 사용	
6	인사 · 복무	ㅇ 교원 임용 시 관련 사항 ㅇ 교원 복무 관리	
7	시설 운영 관리	ㅇ 유치원 시설물 관리 ㅇ 급식 시설 관리 ㅇ 놀이 시설 관리	
8	기타	ㅇ 유치원에서 필요하다고 요청하는 내용	

표 9-2 | 교직원 필수 연수 및 교육

<table>
<tr><th>번호</th><th>내용</th><th>대상</th><th colspan="2">시수</th><th>근거</th></tr>
<tr><td>1</td><td>청렴연수</td><td>교직원</td><td colspan="2">연간 2시간 이상</td><td>2016년도 청렴도 향상 종합 대책
(서울특별시교육청 감사관-2334, 2016.3.17)</td></tr>
<tr><td>2</td><td>인성교육 연수</td><td>교원</td><td colspan="2">연간 4시간 이상</td><td>인성교육진흥법(제17조)
같은법 시행령(제14조)</td></tr>
<tr><td>3</td><td>통일교육</td><td>공립
교직원</td><td colspan="2">연 1회 1시간 이상</td><td>통일교육지원법(제6조의 7)
같은법 시행령(제5조의 3)</td></tr>
<tr><td>4</td><td>교육활동 침해
행위 예방 교육</td><td>교직원,
학생의
보호자</td><td colspan="2">연 1회</td><td>교원의 지위향상 및 교육활동 보호를
위해 특별법(제16조의 3)
같은법 시행령(제2조의1, 제9조의3)</td></tr>
<tr><td>5</td><td>개인정보 보호에
관한 연수</td><td>교직원</td><td colspan="2">연 1회 이상</td><td>서울특별시 정보통신 보안업무
처리규칙 제17조</td></tr>
<tr><td rowspan="2">6</td><td rowspan="2">학생인권에
관한 교육</td><td>교직원</td><td colspan="2">연 2시간 이상</td><td rowspan="2">서울특별시 학생인권 조례(제31조)</td></tr>
<tr><td>학생
보호자</td><td colspan="2">연 1회 이상
(교육 또는 간담회)</td></tr>
<tr><td>7</td><td>장애이해 교육
(장애인 인식
개선 교육)</td><td>교직원</td><td colspan="2">연 1회 이상</td><td>장애인복지법(제25조)
같은법 시행령(제16조)
장애인 차별금지 및 권리구제 등에 관한
법률(제32조)</td></tr>
<tr><td rowspan="2">8</td><td rowspan="2">다문화
이해교육</td><td rowspan="2">교원</td><td>교원
개인</td><td>3년 이내
(2018~2020)
15시간(1학점)이상</td><td rowspan="2">다문화가족지원법(제5조)
같은법 시행령(제10조)</td></tr>
<tr><td>유치원
전체</td><td>매년
교원·학부모
각 2시간 이상</td></tr>
<tr><td>9</td><td>아동학대 예방 및
신고의무자 교육</td><td>교직원</td><td colspan="2">연 1시간 이상</td><td>아동복지법(제26조)
같은법 시행령(제26조)</td></tr>
<tr><td>10</td><td>성교육 및
성폭력 예방
교육</td><td>교직원</td><td colspan="2">연 1회 1시간 이상</td><td>성폭력방지 및 피해자보호 등에 관한
법률(제5조)
같은법 시행령(제2조)</td></tr>
<tr><td>11</td><td>인터넷 중독
예방교육</td><td>공공기관
직원</td><td colspan="2">연 1회 이상</td><td>국가정보화기본법(제302조의 8)</td></tr>
<tr><td rowspan="3">12</td><td rowspan="3">안전교육</td><td>교직원</td><td colspan="2">3년 이내 15시간 이상
(2018.3.~2021.2.)</td><td rowspan="3">학교안전교육 실시 기준 등에 관한 고시
(교육부고시 제2017-121호)</td></tr>
<tr><td>3년 미만의
계약체결
종사자</td><td colspan="2">6개월마다
2시간 이상 이수</td></tr>
<tr><td>교육활동
참여자</td><td colspan="2">연간 1회 이상 이수</td></tr>
<tr><td>13</td><td>심폐소생술 등
응급처치 교육</td><td>교직원</td><td colspan="2">연간 4시간
(실습 2시간)</td><td>학교보건법시행규칙 제10조</td></tr>
</table>

번호	내용	대상	시수		근거
14	어린이 통학 버스 교육	운영자, 운전자	신규	운영 또는 운전 전 3시간 이상	도로교통법(제53조의3) 같은법 시행령(제31조의2)
			정기	2년마다 3시간 이상	

예시 9-2 | 연구의 필요성 및 목적

유치원의 흥미 영역 중 역할놀이 영역은 유아가 가장 선호하며 적극적인 참여가 이루어지는 활동 중 하나이다. 유아의 상상놀이는 놀잇감의 구조에 따라 영향을 받게 되는데, 놀잇감의 구조가 낮을수록 유아의 상상놀이의 내용이 다양하고 놀이 지속 시간이 길어진다(정성희, 2011/타당한 연구문헌 출처 명시). 우리 원의 교사는 역할놀이의 교육적 가치에 따라 주제에 적절한 물리적 환경을 제공해 주려고 노력하고 있다. 그러나 역할놀이 영역의 놀잇감을 대부분 구조화된 기본 놀잇감으로 고정하여 제공하고 있음을 알게 됨에 따라서 비구조적 놀잇감을 확대하여 제공함으로써 유아들의 역할놀이 확대 방안을 모색해 보는 필요성을 갖게 되었다.

이에 본 연구는 역할놀이와 비구조적 놀잇감의 교육적 가치를 바탕으로, 주제에 적합한 비구조적 놀잇감을 제공하고 놀이를 관찰·기록함으로써 비구조적 놀잇감을 활용한 역할놀이 활성화 방안을 모색해 보는 데 그 목적이 있다.

예시 9-3 | 연구 절차

내용/기간 단계	실행 내용	실행 기간											
		3	4	5	6	7	8	9	10	11	12	1	2
연구 계획	• 사전 협의 및 연구계획서 제출												
	• 주제 선정 및 자료 수집												
	• 관련 문헌 연구 및 선행연구 분석												
연구 실행	• 협의 및 연구과제 추진												
	• 연구 중간 보고서 제출												
	• 연구 결과 보고서 제출												
연구 결과	• 연구 활동 평가협의회												
	• 연구비 정산서 제출												
	• 운영 결과의 일반화												

예시 9-4 | 생활주제에 따른 역할놀이 주제 선정 및 계획

월	생활주제	예상 프로젝트 주제	예상 역할놀이 주제
6	우리 동네	시장, 은행, 경찰서, 우체국, 우리 동네 등	가게놀이, 은행놀이, 경찰놀이, 우체국 놀이 등
7/8	환경과 생활	물, 바람, 흙, 에너지, 소리, 빛, 공기, 그림자 등	수영장놀이, 환경미화원놀이, 그림자 극놀이, 동극 등
9	우리나라	전통놀이, 탈, 자랑거리, 위인, 떡, 전통가옥 등	떡가게놀이, 위인 되어 보기 등
10	세계 여러 나라	건축물, 의상, 세계의 위인, 세계 여행 등	음식점 놀이, 세계 여러 나라 사람 되어 보기, 세계 여행 놀이 등

예시 9-5 | 역할놀이 주제에 따른 비구조적 놀잇감 선정 및 목록화

월	역할놀이 주제	제시된 비구조적 놀잇감	유아가 첨가한 놀잇감
6	가게놀이	종이상자, 종이, 솔방울, 도미노 블록, 꽃 블록, 로꼬 블록, 색구슬, 색종이, 모루, 요구르트병, 음료수병, 우유병, 캔, 스카프, 보자기, 1가베	신문지
7/8	목욕탕놀이	스카프, 천, 럭스 블록, 로꼬 블록, 요구르트병, 종이벽돌블록, 종이, 상자, 솔방울, OHP필름지, 털실, 보자기, 신문지, 백업, 조개껍데기, 리본테이프	자석, 샴프통, 나무젓가락, 우유통, 바구니
9	전통놀이 체험장 놀이	벽돌 블록, 큐브 블록, 종이벽돌 블록, 털실, 종이, 우유 뚜껑, 아세테이트지, 커튼링, 과일포장지, 빈 우유통, 스티로폼 상자, 다 사용한 딱풀 케이스, 다양한 종류의 끈·리본	얇은 박스, 고무줄, 비닐, 플라스틱, 스티로폼 공, 옷걸이, 요구르트병
10	프랑스 전통 음식점놀이	스카프, 천, 럭스 블록, 로꼬 블록, 구성 블록, 종이, 상자, 리본끈, 구슬, 실끈, 플라스틱바구니, 백업, 종이접시	점토, 수수깡 포장용품, 털실, 사인펜 뚜껑

예시 9-6 | 비구조적 놀잇감을 활용한 역할놀이 관찰 및 기록

우리나라 프로젝트 활동을 하며 <전통놀이 체험장 놀이> 활동을 진행해 보았다. 놀이 계획을 할 때, 학기 초보다 다양한 비구조적 놀잇감을 원하는 유아의 모습을 볼 수 있었다. 또한 각 가정에서 분리수거하는 날이 되면 색다른 놀잇감을 가지고 오는 유아의 모습을 자주 접할 수 있었다. 나 또한 아파트 단지 내에서나 가정에서 새로운 것을 보면 더 관심을 갖게 되었고, 이것이 제공됐을 때 유아들이 어떻게 활용하며 놀이하는지에 대해 궁금해지고 있다.

(2013.10.11 지혜반 교사의 저널 내용)

예시 9-7 | 연구과제 결과기술

- **연구과제 1의 결과**

연령별 누리과정 및 연령별 프로그램 특색을 반영한 생활주제와 역할놀이 주제를 선정하였다. 이를 통해 연령별 누리과정에 대한 이해를 높일 수 있었으며, 생활주제에 적합한 역할놀이 주제를 선정하는 과정을 통해 역할놀이의 교육적 가치와 교사의 역할에 대하여 다시 한 번 깨닫게 되었다.

- **연구과제 2의 결과**

역할놀이 주제에 따라 제시해 줄 수 있는 비구조적 놀잇감을 예측하여 목록을 작성하였으며, 유아들과 함께 역할놀이에 필요한 소품에 대해 이야기 나누며 비구조적인 놀잇감을 추가하여 제시해 주었다. 이를 통해 역할놀이 영역에 구조적 놀잇감과 비구조적 놀잇감을 보다 균형 있게 제시해 줄 수 있었으며, 유아의 의견을 충분히 반영함으로써 비구조적 놀잇감을 활용한 상상놀이를 즐기며 서로 간의 생각을 공유해 보는 시간과 기회가 많이 확장되었다. 또한 유아의 의견이 반영된 비구조적 놀잇감을 목록에 추가하여 작성하였다.

- **연구과제 3의 결과**

유아가 놀이하는 것을 관찰하며 일화기록과 저널을 통해 기록하였으며, 각 학급당 주제에 따라 실행된 내용을 사진을 첨부하여 기록하였다. 이를 살펴보면, 비구조적 놀잇감을 탐색하고 놀이에 반영해보며 유아는 가작화 놀이시간이 길어지는 것을 관찰할 수 있었으며, 한 가지의 놀잇감으로도 유아의 상상력에 따라 다양한 용도로 사용되는 것을 볼 수 있었다. 또한 놀이 시 소극적인 모습을 보였던 유아의 경우, 비구조적 놀잇감을 제시했을 때 적극적으로 놀이를 탐색하며 즐기는 모습을 볼 수 있었다.

예시 9-8 | 연구의 제언

첫째, 비구조적 놀잇감을 활용한 역할놀이가 유아의 창의성, 언어 발달 등 다양한 측면에서 긍정적인 효과를 나타내는 것을 볼 수 있었으나, 연구 방법 측면에서 질적·양적 접근을 통해 비구조적 놀잇감이 역할놀이에 미치는 효과에 대한 체계적인 입증이 필요하겠다.
둘째, 역할놀이 영역에 구조적 놀잇감과 비구조적 놀잇감을 보다 균형 있게 제공할 수 있게 되었으나, 교실이 좁을 경우에도 비구조적 놀잇감과 구조적 놀잇감을 풍성하고 균형 있게 제공될 수 있도록 물리적 환경을 고려한 다양하고 현실적인 방법을 모색해 보는 것이 필요하겠다.
셋째, 실제성을 가지고 있는 구조적 놀잇감, 개방성이 띠고 있는 비구조적 놀잇감이 연령에 따라 나타내는 선호도와 유아에게 미치는 영향이 다름을 느낄 수 있었으므로, 구조적 놀잇감과 비구조적 놀잇감 사이의 균형적인 접근이 더욱 필요하겠다.

부모와의 올바른 관계 형성을 위한 방법

① 부모와 감정 이입을 하여 공감대를 형성한다.
부모에게 항의를 받은 경우 일단 학부모의 생각을 충분히 들은 후 이에 적절한 반응을 나타내 주는 것이 반드시 필요하다. "어머, 그런 일이 있었어요.", "얼마나 놀라셨어요.", "정말 큰일 날 뻔 했네요.", "얼마나 속상하셨어요.", "저도 너무 속상하고 놀랐어요.." 이러한 언어적인 반응뿐 아니라 충분히 공감하고 있다는 끄덕임이나 함께 안타까워하고 놀라워하고 있다는 표정 등의 반응을 하여 충분히 이해하고 있다는 표현으로 공감대를 형성하도록 한다.

② 교사로서의 책임 부분에 관한 내용에 대한 것은 충분히 사과한다.
일단 잘 듣고 반응을 한 후에는 교사로서의 책임에 대한 부분을 인정하고 사과하여야 한다. "제가 더욱 잘 살폈어야 했는데 미처 보지 못했네요.", "교사로서 아이를 잘 돌보지 못한 점 죄송합니다."

③ 부모에게 객관적인 상황에 대해 설명을 한다.
교사가 상황을 직접 본 경우에는 전체 상황을 객관적으로 설명해야 하지만 직접 목격하지 않은 것은 추측해서 언급하지 않도록 한다. 상황을 보지 못한 경우에는 일단 정황을 근거로 한 설명을 하되 추측해서 단정적으로 말하지 않는다. 위의 사례에서라면 "미술 영역에서 만들기 도중 입에 넣은 것 같지만, 자세한 것은 좀 더 충분히 알아본 후 말씀드리겠습니다."

④ 문제 해결 방안을 제시하여 부모에 대한 신뢰감을 형성하도록 노력한다.
위 사례의 경우 도구의 안전한 사용에 관한 안전문제이므로 유아가 더욱 규칙을 숙지하게 한다든지 혹은 어린 연령의 경우 유아의 손에 닿지 않는 곳에 비치하는 등의 조치가 필요하다. 부모에게는 앞으로의 상황에 대한 대처법 등에 대하여 설명해야 한다. "앞으로는 더욱 유의해서 지도하도록 하겠습니다.", "아이가 호기심이 많아서 그런 것 같지만 안전에 관한 문제이므로 이 문제에 대하여 함께 이야기 나누고 조심할 수 있도록 하겠습니다." 등의 솔직하고 신뢰할 수 있는 반응을 보여야 한다.

⑤ 지나치게 선과 후, 옳고 그름을 따지는 일은 삼가는 지혜도 필요하다.
간혹 무리한 요구를 하거나 상황을 오해하여 민원을 제기하는 학부모가 있을 수 있다. 교사의 입장에서는 억울한 일이라고 생각되어 흥분해 있는 학부모 앞에서 지나치게 해명하거나 자기주장을 하면 오히려 역효과가 발생할 수 있다. 본인의 실수를 쉽게 인정하지 않으려 하는 성인의 특성상 "우리 아이가 거짓말을 한다는 것인가요?"거나, "지금 잘못한 것이 없단 말인가요?"며 더욱 자극적으로 반응할 수 있으므로, 일단 충분히 듣고 시간이 지나 안정이 되었을 때 상황을 충분히 설명하는 것이 좋다.

⑥ 원장이나 다른 교사에게 솔직히 말하여 조언을 구한다.
본의 아니게 실수를 하거나 잘못한 일이 발생하였을 때 아무에게도 알리지 않고 조용히 마무리하려다가 더 어려운 일이 발생할 수 있다. 원에서 일어나는 일은 모두 원장에게 알리고, 이에 대한 조언을 구한다.

예시 11-1 | 내부결재 기안의 예

K-에듀파인시스템 상에서 기안시 자동으로 생성됨

창의적 민주시민을 기르는 혁신미래교육

○○ 유치원

수 신 내부결제
(경유)
제 목 유치원 시설 및 위생 검사 실리

1. 연 2회 공기질 검사 실시 기준에 의거하여 1차 2020년 교사냐 공기질 검사를 실시 하고자 합니다.
   가. 관련 : 학교보건법 제4조, 학교보건법 시행규칙 제3조, 학교 환경위생 및 식품위생 점검 기준에 관한 고시
   나. 검사 업체 : (주)푸른환경산업연구소
   다. 예상 비용 : 34만원

2. 매 2년 1회 놀이시설 안전검사 실시 기준에 의거라여 어린이 놀이시설 정지시설검사를 실시하고자 합니다.
   가. 관련 : 어린이 놀이시설 안전관리법 시행규칙
   나. 검사 업체 : (사)대한산업안전협회
   다. 예상 비용 : 18만원. 끝.

기안자: 직급에 관계없이 업무분장에 의해 업무를 담당하는 자 또는 결재권자가 지정한 자.

★ 주무관 ○○○ 원장 2020. 04. 20. ○○○

협조자
시행 ○○유치원-836 ( ) 접수 ( )
우 02815 서울시특별시 성북구 정릉로 282 ○○유치원 / www.○○○.co.kr
전화 02-919-○○○○ 전송 02-919-○○○○ / ○○○@hanmail.net / 비공개(6)

언제나 The청렴한 성북강북교육

K-에듀파인시스템 상
기안시 자동으로 생성

예시 11-2 | 발송 공문 기안의 예

창의적 민주시민을 기르는 혁신미래교육

○○ 유치원

두문

수 신 서울특별시성북강북교육지원청교육장(초등교육지원과장)
(경유)
제 목 ○○유)방과후 과정 운영기간 제출

본문

1. 관련 : 초등교육지원과-1448(2020. 2. 19.)입니다.
2. 우리원의 방과후 과정 운영기간 확인서를 붙임과 같이 제출합니다.

붙임. ○○유)방과후과정 운영사실 확인서

○○ 유치원장

결문

전결
원장 2020. 04. 20.
○○○

협조자
시행 ○○유치원-181 ( ) 접수 ( )
우 02815 서울시특별시 성북구 정릉로 ○○유치원 / www.○○○.co.kr
전화 02-919-○○○○ 전송 02-919-○○○○ / ○○○@hanmail.net / 비공개(6)

언제나 The청렴한 성북강북교육

예시 11-3 | 지출품의서의 예

지출 품의서

회계연도 : 2020년

품의번호	2020B100004837300018

제 목	신학기 홈페이지 수정		
품 의 개 요	신학기 홈페이지 메뉴 수정 견적입니다. 상세내용 : 메뉴 수정 및 서브 페이지 추가(교직원 조직도 추가) 담당자 : ○○○		
정책사업	사립유치원	요구부서	○○유치원 ○○유치원
단위사업	사립유치원	품의일자	2020년 3월 6일
세부사업	수익자부담금	품의금액	₩77,000

<예산내역>

순번	세부사업	세부항목	산출내역	품의금액	예산잔액	사업잔액
1	수익자부담금	관리운영비	홈페이지수정및사용료(수용비)	77,000	1,804,000	548,391,670
합 계				77,000	1,804,000	

<품목내역>

순번	내용	규격	수량	예상단가	예상금액
1	홈페이지 디자인 수정		1	77,000	77,000
합 계					77,000

◆ 전자문서(업무관리시스템)

(1) 업무관리시스템(K-에듀파인)에서 전자문서 접수 흐름도

① 업무관리시스템 초기화면 → K-에듀파인 →문서관리를 누른다.

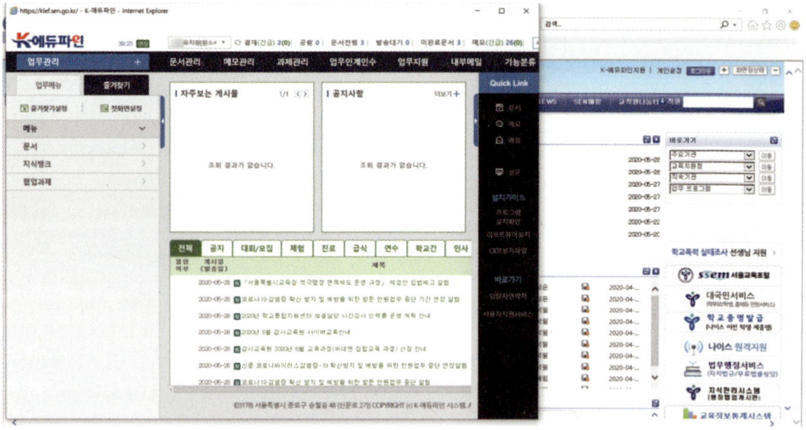

② 문서관리에서 → 접수대기를 누르고 수신된 문서를 확인한다.

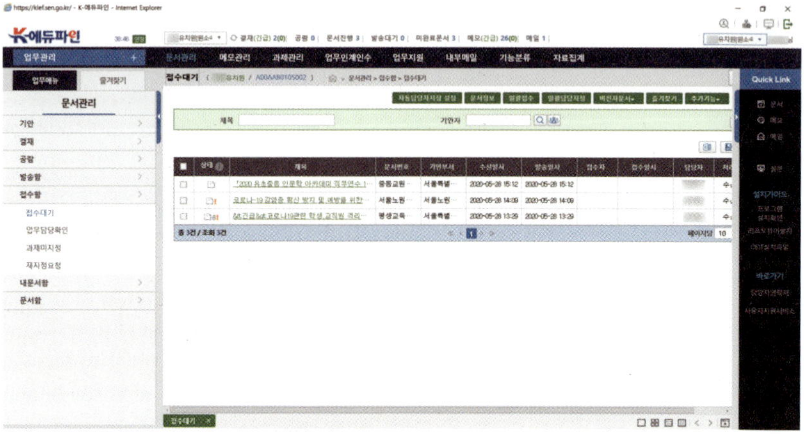

③ [본문]을 눌러 문서 내용을 확인한 후 결재정보를 눌러 접수 절차를 진행한다.

[결재경로지정] →단위과제카드 지정 후 확인을 누른다.

④ [접수] → [확인]을 누르면 접수 절차가 종료된다.

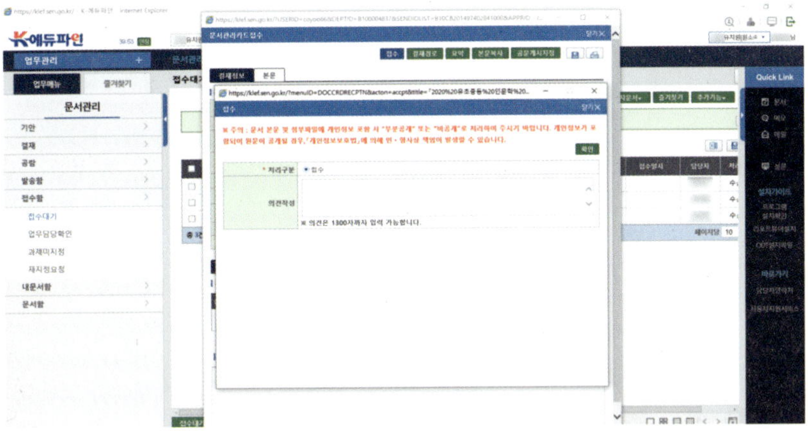

(2) 업무관리시스템(K-에듀파인)에서 전자문서 작성(기안) 흐름도

① 전자문서 작성(기안) 시 업무관리시스템 초기화면 → K-에듀파인 → 문서관리를 누른다. (부록예시 11-2 참조)

② 문서관리에서 기안 → 공용서식 → 일반기안문 서식(결재4인, 협조4인)을 누른다.

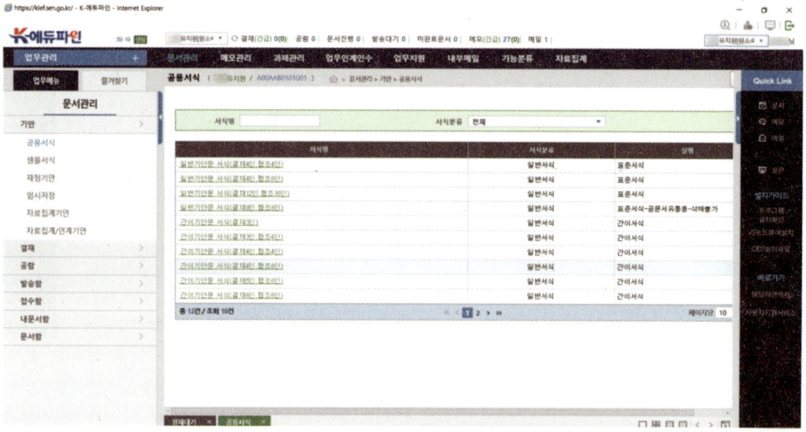

③ 결재정보 를 누르고 다음 절차를 시행한다.

㉠ 문서정보 입력

- 제목 기입 : 00유) 00000
- 과제카드 검색 후 적절한 항목 선택
- 대국민공개여부 선택 시 비공개이면 공개 제한 근거 선택(보통 6호 지정: 개인정보에 관한 사항)
- 열람제한 기간과 기타보안 여부 선택

㉡ 결재경로 : 결재경로지정

㉢ 시행정보 : 수신자지정

㉣ 첨부 : 첨부 문서가 있는 경우 파일추가를 눌러서 문서를 선택

④ 본문 을 누르고 다음 절차를 진행한다.

㉠ 제목 : 제목은 결재정보에 입력한 내용이 자동 생성

㉡ 내용 기입 (부록 예시11-2 참조)

㉢ 결재올림 을 누르면 창이 닫힌다.

(3) 업무관리시스템(K-에듀파인)에서 전자문서 발송 흐름도

㉠ 문서관리에서 발송함→ 발송 대기를 누른다.

ⓛ 문서를 열어서 내용을 다시 확인한 후 생성된 팝업창의 발송처리 를 누른다.

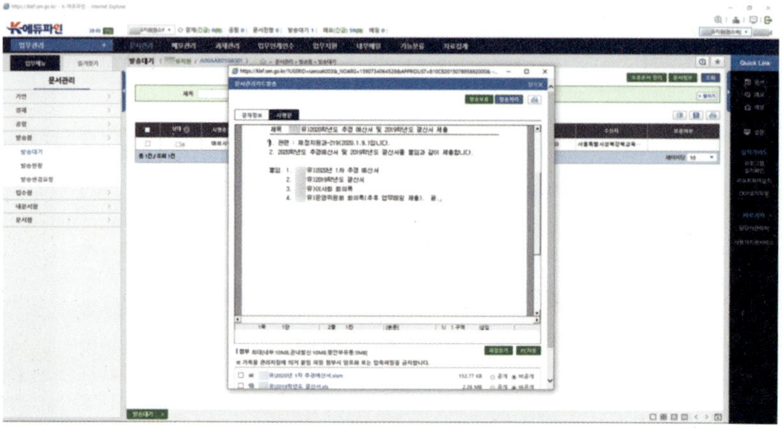

ⓒ 확인 을 누르면 관인( )이 삽입되고, 문서 발송 절차가 종료된다.

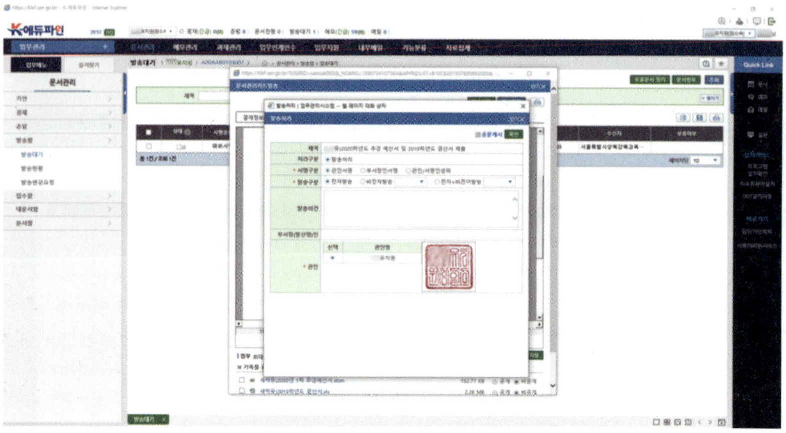

ⓔ 아래와 같은 웹 페이지 메시지에서 확인을 누르면 창이 닫힌다.

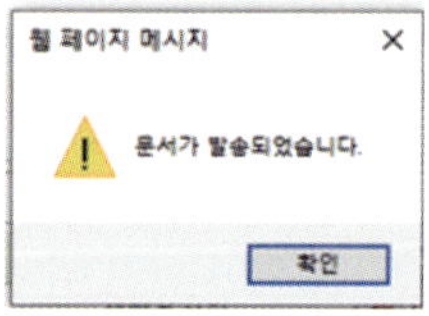

참고문헌

가명유치원(2013). 유치원교육과정 운영계획서.

고전, 강은주, 김민지(2012). 초등교사 교육을 위한「교직실무」프로그램 개발연구. 탐라문화, 41, 43-75.

고전, 강은주, 김민지(2012). 초등교사 교육을 위한「교직실무」프로그램 개발연구. 탐라문화, 41, 43-75.

교육과학기술부(2008). 유치원 교육과정 해설 Ⅰ 총론. 서울: 미래엔 컬처 그룹.

교육과학기술부(2009). 유치원 지도서 1. 총론. 서울: (주)두산.

교육과학기술부(2012). 유치원교육과정 운영 지원을 위한 유아 재난대비·생활안전교육 프로그램.

교육과학기술부, 경기도교육청(2013). 유치원 교무학사 업무매뉴얼.

교육과학기술부, 보건복지부(2013). 3~5세 연령별 누리과정 해설서.

교육부(2020). 교원자격검정 실무편람

교육부, 보건복지부(2019). 2019 개정 누리과정 해설서.

교육부, 보건복지부(2019). 2019 개정 누리과정 놀이이해자료.

교육부, 보건복지부(2019). 2019 개정 누리과정 놀이실행자료.

교육부, 서울특별시교육청(2014). 유치원생활기록부 기재요령.

교육부, 한국교육학술정보원(2018). 유아학비지원시스템 사용자 매뉴얼.

교육부, 한국교육학술정보원(2019). 2020학년도 편리하고 공정한 유치원입학관리시스템 처음학교로 사용설명서.

교육부, 한국교육학술정보원, 서울시교육청 http://neis.sen.go.kr/EP/web/portal/jsp/EP_Default1.jsp에서 2020.5.22에 검색.

국립국어원. 표준국어대사전(http://stdweb2.korean.go.kr/main.jsp).

권기욱(2006). 유치원 학급경영. 서울: 보현사.

권수경, 장은영(2010). 정신과 방문 아동들의 인터넷 사용문제: 동시이환 장애 및 영향 요소에 대한 탐색적 연구. 한국심리학회지: 임상. 29(4), 1067-1086.

김지원(2014, 3, 3). 오전엔 학교, 오후엔 학원 바쁜 9살에게 놀이터는 학원차 기다리며 30분 노는 곳. **경향신문**. http://news.khan.co.kr. 2014. 8. 20. 에 검색.

김진수(2013, 2, 12). 스마트폰 중독비상! 아이들 뇌가 죽이긴다. **동아닷컴**. http://weekly.donga.com에서 2014. 8. 20. 에 검색.

김향숙(2000). 포괄적 보육프로그램 실천에서 사회복지의 역할. 부산대학교 대학원 석사학위 논문.

김향자(2008). 유치원 학급보조 자원봉사자의 역할. 유치원 학급보조 자원봉사 연수자료. 서울: 서부교육청.

김혜린(1994). 유치원 교사들의 교직 전문성 인식과 역할수행. 이화여자대학교 대학원 석사학위 논문.

김희진(2006). **유아교육기관에서의 부모 교육과 지원**. 서울: 파란마음.
김희진(2008). 만 3, 4, 5세 유아를 위한 효과적인 교수-학습 방법: 무엇이 어떻게 다른가?. 사단법인 대한 어린이교육협회 하계 교사 연수.
김희진, 김현주, 김은영, 최명희(2011). **현장학습 바로 알기**. 서울: 창지사.
김희진, 박은혜, 이지현(2011). **영유아교육기관에서의 관찰(개정판)**. 서울: 창지사.
남은주(2012, 5, 4). 잘 노는 어린이를 찾습니다. **한겨레** 21,909.
도남희, 김정숙, 하민경(2013). 영유아의 생활시간조사 연구(연구보고 2013-10). 육아정책연구소.
명지전문대학 부속 명지유치원 편(2004). **종일제 프로그램**. 경기: 양서원.
미래창조과학부, 한국정보화진흥원(2013). 2012년 인터넷중독 실태조사 결과.
박용주(2013, 11, 20). '소리없는 비명' 황혼육아. **한국일보**.
박은혜(2006). **유아교사론**. 서울: 창지사.
박은혜(2009). **유아교사론**. 서울: 창지사.
박은혜, 김은심, 김난실, 곽아정, 최혜진, 이혜경(2010). **유치원 교사를 위한 교직실무**. 서울: 창지사.
박은혜, 박신영(2020). 인구구조 변화 대비 유아교원 정책의 방향. **유아교육학논집**, 24(2), 57-78.
박은혜, 신은수, 조형숙(2012). 유아기 기본능력에 기초한 연령별 누리과정 개편방안 연구. 2012 교육과학기술부 정책연구 과제.
박은혜, 조운주(2013). **반성적 실천을 위한 유아교육실습**. 서울: 창지사.
박향숙(1995). 유치원 교사의 역할지각과 역할수행에 관한 연구. 한국교원대학교 대학원 석사학위 논문.
박화윤, 최재숙(2002). 유치원에서의 어머니 자원봉사활동에 관한 연구. **유아교육연구**. 21(4), 391-409.
방송통신위원회,한국인터넷진흥원(2013). 2012년 인터넷이용실태조사.
서경혜, 최진영, 노선숙, 김수진, 이지영, 현성혜(2013). 예비교사 교직 인성 평가도구 개발 및 타당화. **교육과학연구**, 44(1), 147-176.
서울특별시교육청(2007). **유치원 교직실무 편람**.
서울특별시교육청(2016). **서울특별시 유치원 교육과정 편성·운영 지침 총론**.
서울특별시교육청(2019). **유치원 정보공시 입력지침서**.
서울특별시교육청(2019). **K-edufin 업무관리(학교용)**.
서울특별시교육청(2019). **2020학년도 유치원 유아모집 · 선발 계획**.
서울특별시교육청(2020), **2020 서울유아교육계획**
서울특별시북부교육지원청(2016). **2016 유치원 교육계획 수립을 위한 북부유아장학지원계획**.
서울특별시성북강북교육지원청(2017). 2017년 사립유치원 기록물 평가 및 폐기 사전연수 자료.
서울특별시유아교육진흥원(2012). **유치원교육과정 내실화를 위한 5세 누리과정 평가도구**.
서울특별시유아교육진흥원(2013). **연령별 누리과정 평가도구**.
서울특별시유아교육진흥원(2013). **제6회 교원현장 연구보고서**.
서울특별시유아교육진흥원(2014). **3, 4, 5세 연령별 누리과정 평가도구: 연령별 누리과정 평가도구**.
신은수(2002). 부모 학급 보조자로서의 부모참여. 유치원 학급자원봉사자 연수자료. 서울: 남부교육청.

오윤주(2013, 7, 18). '손주돌봄 십계명' 아시나요?. **한겨레**.
육아정책연구소(2018). **2018 보육실태조사**
육아정책연구소(2019). **2019 영유아주요통계**
윤정일, 송기창, 조동섭, 김병주(2008). **교육행정학원론**. 서울: 학지사.
이기숙(2004). **유아교육과정**. 서울: 교문사.
이병호(2009). 국가교육과정 기준 문서 체제 개선방안. **교육과정연구**, 27(4), 21-45.
이성봉, 방명애, 김은경, 박지연(2010). **정서 및 행동장애**. 서울: 학지사
이성희, 박은혜(2012). 유치원 교사의 교육과정 계획·실행·평가에 나타난 실천적 지식 분석. **열린유아교육연구**, 17(4), 319-353.
이소정(2007). 유치원에서의 부모 자원봉사 현황 및 교사의 인식. 성신여자대학교 교육대학원 석사학위 논문.
이순형(2009). **한국아동의 일상생활문화**. 서울: 서울대학교출판부.
이은화, 김영옥(2000). **유아를 위한 부모교육**. 서울: 동문사.
이화여자대학교 사범대학 부속이화유치원 편(2002). **이화유치원 교육과정**. 서울: 교문사.
정성숙(2003). 학부모 자원봉사에 대한 실태 및 교사와 학부모의 인식. 이화여자대학교 교육대학원 석사학위 논문.
제주특별자치도 교육청(2008). **영유아 기본학습능력 발달 지원 사업: 발달지도 프로그램**. 교육과학기술부.
조동섭 외(2009). **초등교직실무**. 서울: 학지사.
조부경(1997). 유치원 교사의 역할지각과 역할수행에 관한 한·미 비교 연구. **비교교육연구**, 7(1), 235-258.
진영란(2002). 유치원 학급보조 자원봉사자 교육에 대한 학부모의 의견분석. 중앙대학교 교육대학원 석사학위 논문.
조윤경, 김수진(2014). **유아교사를 위한 특수아동의 이해**. 경기: 공동체.
진영란(2002). 유치원 학급보조 자원봉사자 교육에 대한 학부모의 의견분석. 중앙대학교 교육대학원 석사학위 논문.
최미경, 도현심, 김민정, 신나나(2013). 부모공동양육 및 어머니의 양육스트레스와 유아의 불안 및 과잉행동 간의 관계. **한국가정관리학회지**, 31(2), 25-39.
탑동유치원(2008). 유아의 안전대처능력 향상을 위한 안전교육활동의 통합적 운영방안. 서울특별시 지정 시범연구.
편해문(2014, 2, 24). 아이, 소비를 얻고 놀이를 잃다. **경향신문**.
한국유아교육학회(1996). **유아교육사전(용어편)**. 서울: 교문사.
한국정보화진흥원· 과학기술정보통신부(2020). 스마트폰 과의존 실태조사.
히로야 마스다(増田寛也)(2015). 지방소멸 : 인구감소로 연쇄붕괴하는 도시와 지방의 생존전략[地方消滅 : 東京一極集中が招く人口急減]. (김정환 역). 서울: 와이즈베리(원저 2014년 출판).
황옥경(2014, 3, 13). 교육권과 동등한 아동기의 놀 권리. **경향신문**. http://news.khan.co.kr에서 2014. 3. 13.에 검색.
Bagnato, S. (2007). *Authentic assessment for early childhood intervention*. The Guilford Press.

Berliner, D. (1986). In the pursuit of the expert pedagogue. *Educational Researcher, 15*(7), 5-13.

Billman, J., & Sherman, J. (2008). *Observation and participation in early childhood settings: A practicum guide* (2nd ed.). Prentice Hall.

Carr, M. (2001). *Assessment in early childhood settings: Learning stories*. Paul Chapman Publishing.

Eldridge, D. (2001). Parent involvement. *Young Children, 56*(5), 65-69.

Elkind, D. (2008). 놀이의 힘(이주혜)/. 서울: 한스미디어. (원서 2007 출판)

Epstein, J. L. (2000). *School and family partnerships: Preparing educators and improving schools*. Boulder, CO: West view.

Fields, M. V., & Fields, D. (2006). 아동생활지도–구성주의적 접근 (이희영, 허승희 공역). 경기: 21세기사. (원서 2006 출판)

Fiore, L. (2012). *Assessment of young children: A collaborative approach*. Routledge.

Gartrell, D. (2003). *A guidance approach for the encouraging classroom*. Thomson: Delmar Learning.

Genishi, C. (1992). *Ways of assessing children and curriculum*. Teachers College Press.

Hartman, T. (2003). *Edison gene: ADHD and the gift of the hunter child*. Park Street Press.

Heck, S. F., & Williams, C. R. (1984). *The complex roles of the teacher: An ecological perspective*. New York: Teachers College Press.

McAfee, O. (2004). *Basics of assessment: Primer of early childhood educators*. NAEYC.

Mortimer, H. (2001). *The observation and assessment of children in the early years*. QEd.

OECD(2015). 「Starting Strong IV: Monitoring Quality in Early Childhood Education and Care」, OECD Publishing, Paris, <https://doi.org/10.1787/25216031]

OECD(2018). *Engaging Young Children: Lessons from Research about Quality in Early Childhood Education and Care, Starting Strong*. OECD Publishing, Paris, <http://dx.doi.org/10.1787/9789264085145-en]

Rose, S., Rose, S., & Feldman,J. (1989). Stability of behavior problems in very young children. *Developmental and Psychopathology, 1*, 5-19.

Saracho, O. N. (1988). A study of the role of early childhood teachers. *Early Child Development and Care*, 38, 43-56.

Wortham, S. (2011). *Assessment in early childhood education* (6th ed.). Pearson.

Wright, R. (2009). *Multifaceted assessment for early childhood education*. Sage Publications Inc.

Yoo, H. J., Cho, S. C., Ha, J., Yune, S. K., Kim, S. J., Hwang, J., Chung, A., Sung, Y. H., & Lyoo, I. K. (2004). Attention dificit hyperactivity symptoms and Internet addiction. *Psychiatry and Clinical Neurosciences, 58*(5), 487-494.

저자소개

박은혜 이화여자대학교 교육학과(학령전 교육) 졸업(학사)
이화여자대학교 대학원 유아교육과(석사)
미국 아리조나주립대학 유아교육과(박사)
미국 뉴욕주립대학(제네시오 소재) 유아교육과 교수 역임
현 이화여자대학교 유아교육과 교수

곽아정 이화여자대학교 사범대학 유아교육과 졸업(학사)
이화여자대학교 대학원 유아교육전공(석사·박사)
한림성심대학 유아교육과 교수 역임
현 연성대학교 유아교육과 교수

김난실 이화여자대학교 사범대학 유아교육과 졸업(학사)
이화여자대학교 대학원 유아교육전공(석사·박사)
현 명지전문대학 유아교육과 교수

김현주 이화여자대학교사범대학 교육학과(학령전 교육) 졸업(학사)
이화여자대학교 교육대학원 유아교육과(석사)
이화여자대학교 대학원 유아교육과(박사)
색동유치원 원장, 이화여자대학교 이화어린이연구원 원감 역임
현 성결대학교 유아교육과 교수

김희진 이화여자대학교 교육학과(학령전 교육) 졸업(학사)
미국 일리노이대학 유아교육과(석사)
미국 퍼듀대학 유아교육과(박사)
현 이화여자대학교 유아교육과 교수

유청옥 이화여자대학교 사범대학 유아교육과 졸업(학사)
이화여자대학교 교육대학원 유아교육과(석사)
현 새싹유치원 원장

이혜경 이화여자대학교 사범대학 유아교육과 졸업(학사)
이화여자대학교 교육대학원 유아교육과(석사)
현 예일유치원 원장

제4판
유치원 교사를 위한 **교직실무**

초 판	1쇄 발행	2010년	3월	5일
제 2 판	6쇄 발행	2014년	1월	20일
개정판	2쇄 발행	2015년	7월	10일
개정증보	6쇄 발행	2019년	8월	30일
제 4 판	4쇄 발행	2023년	8월	29일

지 은 이 | 박은혜 곽아정 김난실 김현주 김희진 유청옥 이혜경
펴 낸 이 | 김기섭
책임편집 | 이윤미
펴 낸 곳 | 창지사 www.changjisa.com
08589 서울시 금천구 가산디지털 1로 83 파트너스타워 1차 9층
전화 (02) 719-2211~3
팩스 (02) 701-9386
등 록 | 1977년 4월 28일 · 제1-421호

ISBN 978-89-426-1371-7 (93370)

값 24,000원